商标法在先权利保护研究

Research on Protection of Prior Rights of Trademark Law

杨凯旋　著

东北财经大学出版社
Dongbei University of Finance & Economics Press
大连

图书在版编目（CIP）数据

商标法在先权利保护研究 / 杨凯旋著. —大连：东北财经大学出版社，2024.5
ISBN 978-7-5654-5166-9

Ⅰ.商…　Ⅱ.杨…　Ⅲ.商标法-研究-中国　Ⅳ.D923.434

中国国家版本馆CIP数据核字（2024）第049997号

东北财经大学出版社出版发行
大连市黑石礁尖山街217号　邮政编码　116025
网　址：http://www.dufep.cn
读者信箱：dufep@dufe.edu.cn
大连图腾彩色印刷有限公司印刷

幅面尺寸：170mm×240mm　字数：189千字　印张：12.25　插页：1
2024年5月第1版　2024年5月第1次印刷
责任编辑：王　莹　孔利利　责任校对：雪　园
封面设计：原　皓　版式设计：原　皓
定价：65.00元

教学支持　售后服务　联系电话：（0411）84710309

如有印装质量问题，请联系营销部：（0411）84710711

前言

在先权利保护一直以来都是商标法领域的重点和难点，不仅涉及商标权的取得、维持与在先权利抗辩，而且涉及商标行政授权确权的具体程序与法律适用，同时，既要与著作权法和专利法等知识产权法相协调，又要与《中华人民共和国民法典》和《中华人民共和国反不正当竞争法》密切相关。因此，2001年《中华人民共和国商标法》便明确规定申请注册的商标“不得与他人在先取得的合法权利相冲突”。商标行政规范和司法解释、典型案例也形成了诸多保护在先权利的具体规则。理论界也非常重视这一问题，从上述法律规范缺失或存在争议的定义、特征、类型以及保护方式与途径等方面进行了深入分析。然而分析发现，愈发统一且完备的权利保护体系却同时在在先权利保护的上述重要方面未能达成一致观点，如定义缺失、特征不明、类型划分不一致、保护途径冲突未能协调以及在先权利过度保护等，看似不影响实践，却存在理论与制度上的问题。因此，以损害实质认定为出发点，体系化研究完善商标法在先权利保护不仅具有理论价值，而且具有立法以及行政与司法实践的现实意义。

首先，当前商标法在先权利保护主要存在四个方面的问题：第一，现有的商标法在先权利定义与类型等基础概念不明确，存在立法空白。第二，在先权利损害救济规则缺乏统一认定标准与请求权基础。第三，在先权利的商标行政、侵权救济和合同保护途径存在体系化困境。第四，在先权利存在认定范围不断扩展、以在先权利否定平等在后注册商标权等过度保护情况。

其次，阐释商标法在先权利保护的基础理论。第一，明确在先权利受损害的原因，即私权扩张潮流、知识产权的无形性与可注册商标标志的有限性。第二，认定在先权利损害实质。现有的客体重叠理论无法准确判断知识产权等无形权利的损害实质，因为基于符号理论的在先权利标识性权利客体符号独特意义遭受侵占。第三，确定在先权利保护的相关原则，即保护在先权利原则、诚实信用原则、禁止混淆与公平竞争原则、利益平衡和效益兼顾原则。

再次，类型化分析筛选商标法在先权利。第一，在我国现有法律明确规定的其他知识产权、人格权和商业标识权中只有肖像权和极少数类型客体的著作权和外观设计专利权符合要求。第二，在不属于我国法定权利的商品化权益、商业外观权益和未注册商标权益等潜在的在先权益中，只有符合稳定性、确定性、单一标志识别性和非功能性等要求的权益才属于在先权益。

继次，论述商标法在先权利行使限制。第一，在遵循权利不得滥用原则等法律原则和防止外部不经济等经济标准的前提下应限制在先权利行使。第二，从规范冲突角度讨论对在先权利行使限制。第三，从利益冲突角度阐述对在先权利行使限制。

最后，综合前述分析提出我国商标法在先权利保护制度的完善建议。第一，完善在先权利保护的制度基础。明确“权利产生在先性、客体标志性、先后权利客体关联性和商标注册范围有权性”的权利类型认定标准，谨慎将在先权益纳入保护范围，防止对商标权的过度限制。第二，确定在先权利的损害认定标准。在先权利与商标权的客体均为有形无体且内涵广泛的标志，且先后权利间符号意义有差异，其损害认定标准便应是广义关联关系混淆标准。第三，协调建立体系化的在先权利保护途径。明确商标行政保护途径的专门性与优先性，同时认可其对行政途径在行为定性和民事责任承担等方面的补充与衔接作用。第四，设计在先权利行使限制制度。其一，建立在先权利与在后商标权默示共存制度。其二，以共存协议和相互优先受让权确保共存的先后权利规范行使，禁止互相损害，防止二次混淆。其三，通过设置在先权利强制许可制度允许在后商标继续存在双赢共生，对在先权利救济手段进行限制，防止在先权利人不当得利，从而实现利益平衡与效益兼顾。

杨凯旋

于黑石礁獐子岛教学楼

2024年1月

目录

第一章　商标法在先权利保护的现状与问题分析 / 1

第一节　现有在先权利基础概念存在问题 / 2

第二节　在先权利损害救济规则并不明确 / 11

第三节　在先权利保护途径体系化存在困境 / 17

第四节　在先权利存在过度保护 / 24

第五节　本章小结 / 29

第二章　商标法在先权利保护基础理论分析 / 31

第一节　在先权利保护的基础 / 32

第二节　在先权利的损害实质 / 42

第三节　在先权利保护原则分析 / 53

第四节　本章小结 / 63

第三章　商标法相关在先权利的类型化分析 / 64

第一节　现有法定在先权利类型的筛选 / 64

第二节 法律未明确的在先权益类型认定／81
第三节 本章小结／93

第四章 商标法在先权利行使限制分析／95
第一节 在先权利行使限制的理论基础／95
第二节 规范冲突下的在先权利行使限制分析／105
第三节 利益冲突下的在先权利行使限制分析／112
第四节 本章小结／120

第五章 我国商标法在先权利保护制度的完善建议／121
第一节 完善在先权利保护制度的立法规则／122
第二节 确定在先权利损害认定的具体规则／133
第三节 完善体系化的在先权利保护体系／143
第四节 设计在先权利行使限制制度／152
第五节 本章小结／166

第六章 结论／168

附录／171
附录一 《商标法》中与在先权利相关的建议修改条文对照表／171
附录二 《商标法实施条例》中与在先权利相关的建议修改条文对照表／174
附录三 相关司法解释中与在先权利相关的建议修改条文对照表／174

参考文献／177

索引／189

后记／190

第一章　商标法在先权利保护的现状与问题分析

我国为遵守《保护工业产权巴黎公约》（以下简称《巴黎公约》）和《与贸易有关的知识产权协定》（以下简称《Trips协定》）的条约义务以及加入世界贸易组织，于2001年第二次修正《中华人民共和国商标法》（以下简称《商标法》）时在行政与司法实践的基础上增加了保护在先权利的条款。相关条款明确规定，商标申请注册及注册商标均不得损害在先权利。然而，该条款也没有进一步作出详细规定。首先，造成了相应的在先权利的定义、特征及具体类型均不明确的问题。其次，表述中的“损害”究竟是什么以及如何认定更无规定。可见，在商标法中在先权利保护制度的基础内容几乎没有。虽然国家知识产权局与最高人民法院分别通过行政规范和司法解释在一定程度上填补了上述空白，但是相关规定也存在着损害实质认知不清、损害认定标准不明、现有保护途径无法体系化以及由此导致的在先权利范围过大和保护过度缺乏相应限制等问题，因而很难使得该制度真正落到实处。因此，有必要对我国商标法在先权利保护的现状与问题进行分析，进而为后续有针对性地分析并提出完善建议做好铺垫。

第一节　现有在先权利基础概念存在问题

一、在先权利立法层面的局限

（一）《商标法》在先权利定义与类型缺位

我国《商标法》明确提及在先权利或在先权利人的条款有第九条、第三十二条、第三十三条以及第四十五条，除此之外还有其他条款间接涉及在先权利。然而在上述条款中仅存在“在先权利”或“在先权利人”的表述，但究竟何为商标法中的在先权利并没有明确规定。同时，我国也没有像德国、法国一样在商标法中罗列在先权利或如日本般详细列举重点的在先权利。而探查在先权利条款的立法沿革，在2001年《商标法》第二次修改过程中由国家工商行政管理局负责起草并受国务院委托提请全国人大常委会审议的《商标法修正案（草案）》并没有相应的条款[①]，而是在审议过程中因“有的常委委员、地方和部门提出，申请注册的商标，应不得与他人在先取得的合法权利相冲突”由全国人大法律委员会增加的[②]。可见，当时保护在先权利的立法规定并没有获得立法起草者足够的重视，缺乏在先权利保护是《巴黎公约》和《Trips协定》规定的必须履行的条约义务的认知，仍将其视为“以不正当手段取得注册的行为”的情形以维护商标注册秩序[③]，而非是对商标法中的在先权利人提供保护的重要规则。

当然，在本次《商标法》修改后全国人大常委会法制工作委员会组织编写的《中华人民共和国商标法释义》（以下简称《商标法释义》）一书中，对在先权利保护条款的解释在表明《商标法》“保护在先权利

---

① 王众孚. 关于《中华人民共和国商标法修正案（草案）》的说明［J］. 中华人民共和国全国人民代表大会常务委员会公报，2001（7）：543-546.

② 胡光宝. 全国人民代表大会法律委员会关于《中华人民共和国商标法修正案（草案）》修改情况的汇报［J］. 中华人民共和国全国人民代表大会常务委员会公报，2001（7）：546-548.

③ 《中华人民共和国商标法实施细则》（1993年修订）第二十五条规定，下列行为属于《商标法》第二十七条第一款所指的以欺骗手段或者其他不正当手段取得注册的行为：（4）侵犯他人合法的在先权利进行注册的。

是商标注册必备的要件”的同时规定“‘他人现有的在先权利’是指在商标注册申请人提出商标注册申请之前，他人已经取得的权利，比如外观设计专利权、著作权、企业名称权等等”①。之后，全国人民代表大会常务委员会法制工作委员会于2013年针对《商标法》第三次修订组织编写的新版《商标法释义》又在此基础上增加了“姓名权、肖像权”等在先权利类型，同时提出了商标法中的在先权利应当存在于“作为商标申请注册的标志”之上的观点，从而初步明确了商标法中的其他潜在的在先权利类型的标识性权利特征。②可见，全国人大常委会立法工作机构的人员对在先权利的定义、类型以及相应的构成要件有着明确具体的理解，也与第一章在理论上对在先权利的分析结论基本相同，可以为《商标法》中的抽象概括的在先权利保护条文提供注解。

（二）《反不正当竞争法》适用的权利与范围困境

除《商标法》外，在先权利也可以通过《中华人民共和国反不正当竞争法》（以下简称《反不正当竞争法》）获得保护。1993年制定的《反不正当竞争法》的立法目的在于“制止不正当竞争行为，保护经营者和消费者的合法权益”，而诸如著作权、外观设计专利权，特别是商业标识权等在先权利人与在后商标权人均是市场经济中的经营者，其市场经营行为均面向消费者（读者或相关公众）。根据第一章的分析，在后商标注册及后续使用行为与在先权利产生冲突而对其造成损害，其实质在于损害在先权利客体符号的独特性意义进而造成相关公众的误认与混淆。因此，损害在先权利的行为也具有不正当竞争属性，可以由《反不正当竞争法》进行规制。

同时，长期以来我国在“民商合一”的体例下，缺乏商事通则特别是商业标识的统一立法③，因而对商标权以外的以企业名称及相关的商号（字号）为核心的商业标识权缺乏体系化的认定、管理与保护。2020年最新出台的《中华人民共和国民法典》（以下简称《民法典》）总则编和分则侵权责任编也仅明确规定了法人和非法人组织的名称权以及可以参照其保护的字号与名称的简称。在此之前，《反不正当竞争法》第

① 卞耀武．中华人民共和国商标法释义［M］．北京：法律出版社，2002：51，86．
② 郎胜．中华人民共和国商标法释义［M］．北京：法律出版社，2013：523．
③ 王莲峰．商业标识立法体系化研究［M］．北京：北京大学出版社，2009：108-109．

五条（2017年修订后的第六条）便成为在我国立法中对广义的商业标识提供民事救济保护的最重要的依据。该条的立法目的在于“在市场交易中采用假冒、模仿、虚假表示这类欺骗行为，是损害竞争对手的不正当竞争行为”。[①]因此，应明确禁止以仿冒他人商业标识的“搭便车”“傍名牌”等方式不劳而获[②]。在司法实践中，法院便认定作为在先姓名权客体的姓名“具有了商业标识的意义，受到反不正当竞争法的保护”。[③]由此，广义商业标识类的在先权利不仅能通过无效宣告在后注册商标而获得行政保护，而且能通过《反不正当竞争法》获得民事救济。

但问题在于，《反不正当竞争法》作为经济法部门中的市场调节法，其作用主要在于立法宗旨所规定的制止不正当竞争行为并据此维护市场正常经营者与消费者的合法权益[④]。因而，该法并不为经营者与消费者创设任何权利[⑤]。换言之，《反不正当竞争法》第六条并不能创设任何商业标识权，因此，商业标识类的在先权利无法以其为权利基础，也不同于著作权、外观设计专利权以及姓名权所具有民法和知识产权单行法的依据。此时，其是否能以在先权利的身份对抗依据《商标法》在后注册公示产生的商标权是存在疑问的。在权利法定原则下，《反不正当竞争法》的适用便由于部分在先权利缺少请求权基础显得底气不足。

另一方面，《反不正当竞争法》对广义商业标识的保护设定了前提。1993年版的《反不正当竞争法》第五条规定相关标识应当是用于“知名商品”的，并在2017年修订后的第六条改为商业标识应当具有“有一定影响”。理由在于，被假冒的标识一般都是在相关领域有一定影响且“如果标识在相关领域没有一定影响，也不可能造成混淆”。[⑥]可见，从制止不正当竞争行为以保护经营者与消费者的角度来看，上述限定条

---

① 胡康生．中华人民共和国反不正当竞争法释义［M］．北京：法律出版社，1994：13.

② 王瑞贺．中华人民共和国反不正当竞争法释义［M］．北京：法律出版社，2018：13.

③ 北京市朝阳区人民法院．钮春华等诉上加一线公司不正当竞争纠纷（2013）朝民初字第37679号民事判决书［Z/OL］．（2014-09-19）［2024-01-10］．https：//wenshu.court.gov.cn/website/wenshu/181107ANFZ0BXSK4/index. html? docId=AOerA/kqNAP37BOS6mPZcWsuj7UDkJPVKcMqOv6sdLcDrHvnphyfC/UKq3u+IEo49VJItWTtmBadI89R7xoNasKw4MC0h3o54pw21uFqx9tcxVu/IkuMYYAKgFBCI37J.

④ 杨紫烜，徐杰．经济法学［M］．6版．北京：北京大学出版社，2012：143.

⑤ 王太平．商标法：原理与案例［M］．北京：北京大学出版社，2015：433.

⑥ 王瑞贺．中华人民共和国反不正当竞争法释义［M］．北京：法律出版社，2018：17.

件符合实际情况和反不正当竞争法的本质特征。毕竟，前面分析了并非一切损害在先权利的行为均属侵权。但无论是非商业标识类的著作权或外观设计专利权，还是理论或立法中的众多商业标识权并不以反不正当竞争法规定的要件为权利产生条件，因而商标法下的在先权利也不区分是否具有一定影响。因此，具体禁止商业混淆的条款为在先权利提供保护的范围有限，而只能尝试援引原则性的第二条获得保护[①]。可见，《反不正当竞争法》在保护在先权利的适用方面也存在困境。

二、在先权利实践规则的过度扩张

（一）行政审查标准对在先权利类型的扩张

在先权利保护涉及的商标行政程序分为由商标局负责的商标审查和原商标评审委员会负责的商标审理两部分。商标审查与评审工作主要以《商标法》和《中华人民共和国商标法实施细则》后改为《中华人民共和国商标法实施条例》（两者以下分别简称为《商标法实施细则》和《商标法实施条例》），特别是《商标审查及审理标准》（后改为《商标审查审理指南》）为依据，对商标注册申请及后续情形中的损害在先权利的行为进行规制。而我国法律法规明确规定保护在先权利源于1993年修订的《商标法实施细则》第二十五条第四项，随后1994年商标局便修订了《商标审查准则》以“统一审查标准、规范审查工作、指导申请人申请注册商标”。[②]而在2001年《商标法》第二次修改后，原商标评审委员会也制定了《商标评审基准（试行）》。遗憾的是，上述两个文件并未进行公开而仅作为内部审查与评审指导规则[③]。因而，究竟其是否对1993年《商标法实施细则》及2001年《商标法》保护在先权利的规则予以细化不得而知[④]。但根据国家工商行政管理局1999年发布的《关于解决商标与企业名称中若干问题的意

① 《中华人民共和国反不正当竞争法》（2019年修正）第二条规定，经营者在生产经营活动中，应当遵循自愿、平等、公平、诚信的原则，遵守法律和商业道德。

本法所称的不正当竞争行为，是指经营者在生产经营活动中，违反本法规定，扰乱市场竞争秩序，损害其他经营者或者消费者的合法权益的行为。

② 国春. 专家解读《商标审查标准》[J]. 世界标准信息，2006（2）：87.

③ 曹新伟. 关于公开商标审查标准之我见［J］. 中国工商管理研究，2000（10）：39-40.

④ 通过查询原国家工商行政总局商标局的官方出版物及《中国百年商标法律集成》（董葆霖主编，中国工商出版社2014年版）一书均未查找到上述提及的《商标审查准则》及《商标评审基准（试行）》的原文内容。

见》[①]来看，在2001年修改《商标法》前商标注册侵犯他人在先注册的企业名称权的问题也较为严重。由此可见，上述《商标审查准则》对在先权利保护或未作规定或规定不明，相应作用并不明显。

有鉴于此，商标局会同原商标评审委员会在上述文件基础上于2005年制定了统一的《商标审查及审理标准》在审查商标及审理商标案件时执行，并在2017年修订的《商标审查及审理标准》中针对2013年《商标法》进行了修订。其中专门规定了“在商标异议、异议复审及争议案件审理中，对涉及在先权利保护问题”的审理标准。标准首先明确了在先权利的定义及主要类型，规定“在先权利是指在系争商标申请注册日之前已经取得的，除商标权以外的其他权利，包括商号权，著作权，外观设计专利权，姓名权，肖像权等”。同时，针对上述重点列举的商号权（2016年改为字号权）等在先权利类型在适用要件、标志范围、损害认定标准等方面进行了详细的规定，“对《商标法》的相关概念作了充分的解释，增强了对商标审查与审理工作的规范性和指导性”。[②]而在2016年修订的《商标审查及审理标准》中，除上述五类重点在先权利外，特别增加了对在先权益的保护，明确了“知名商品/服务特有名称、包装、装潢权益”作为典型的在先权益禁止他人注册为商标，同时以“其他应予保护的合法在先权益”的开放性规定为其他潜在的权益类型提供了保护依据。2021年11月，国家知识产权局制定了新的《商标审查审理指南》取代原来的《商标审查及审理标准》，但相关内容并无实质变化。

可见，《商标审查审理指南》不仅明确了在先权利的定义及主要类型，而且更细致地规定了商标权损害在先权利的适用要件及认定标准等内容，因而在我国现行的商标法律体系下，由于《商标法》在先权利保护条款的局限，其便构成了在先权利保护在行政层面的重要行政规范依据及具体操作标准。

---

① 《国家工商行政管理局关于解决商标与企业名称中若干问题的意见》（工商标字〔1999〕第81号）规定，七、处理商标与企业名称混淆的案件，应当符合下列条件：（一）商标与企业名称产生混淆，损害在先权利人的合法权益。

② 国春. 专家解读《商标审查标准》[J]. 世界标准信息，2006（2）：87.

（二）司法解释规定架空了行政保护规则

由于在后商标使用与在先权利相关的标志申请注册而引发权利冲突，此时司法在很大程度上会介入其中，因而司法解释必然会设计在先权利保护规则。不同于商标行政机关自商标注册伊始便接手在先权利保护，在司法实践中虽一早便存在损害在先权利的案例①，但在司法解释中明确提到在先权利的则是2008年出台的《最高人民法院关于审理注册商标、企业名称与在先权利冲突的民事纠纷案件若干问题的规定》（以下简称《审理在先权利冲突案件规定》）。该解释首先明确了在先权利是指“注册商标使用的文字、图形等侵犯其著作权、外观设计专利权、企业名称权等”②。这一定义不仅列举了在先权利的类型，而且确定了在先权利与商标权的客体标志相关的特征。此外，与注册商标相关的在先权利类型不仅包括条文表述的著作权等，而且包括反不正当竞争法下的“知名商品的特有名称、包装、装潢、域名以及其他在先权利”③，其具体类型可在个案中进行把握。同时，该条规定在先权利人可以直接通过民事诉讼主张侵权或不正当竞争救济而不必经过商标行政程序及后续的行政诉讼。不过本规定仅限于在先权利人提起民事诉讼，而不涉及商标行政程序所产生的争议。

也正因如此，在2009年的《最高人民法院关于当前经济形势下知识产权审判服务大局若干问题的意见》（以下简称《知识产权审判意见》）和2010年出台的《最高人民法院关于审理商标授权确权行政案件若干问题的意见》（以下简称《审理商标行政案件意见》）中都在肯定在先权利人可以直接以民事诉讼解决在先权利纠纷的基础上，明确要求在商标行政授权确权案件审理中“注重对于他人在先使用并具有一定影响的商号等商业标志权益的保护”④，并重申了在先权利的判断时间

---

① 北京市第一中级人民法院. 裴某等诉山东景阳岗酒厂侵犯著作权纠纷（1997）一中知终字第14号民事判决书［M］//孙建，罗东川. 知识产权名案评析2. 北京：中国法制出版社，1998：78-89.
这是现在可以查到的最早的注册商标损害在先权利的判决，“武松打虎图”案。

② 《最高人民法院关于审理注册商标、企业名称民事纠纷案件若干问题的规定》（法释〔2008〕3号，法释〔2020〕19号）第一条规定，原告以他人注册商标使用的文字、图形等侵犯其著作权、外观设计专利权、企业名称权等在先权利为由提起诉讼，符合民事诉讼法第一百一十九条规定的，人民法院应当受理。

③ 蒋志培，孔祥俊，夏君丽. 对《最高人民法院关于审理注册商标、企业名称民事纠纷案件若干问题的规定》的理解与适用（上）［J］. 工商行政管理，2008（8）：37.

④ 孔祥俊，夏君丽，周云川.《关于审理商标授权确权行政案件若干问题的意见》的理解与适用［J］. 人民司法，2010（11）：22.

点以及类型的开放性。2017年在上述司法意见的基础上重新出台的《审理商标行政案件规定》借鉴吸收了具体案件审判经验[①]而细化了原有的在先权利保护规则并对重点在先权利类型进行了具体认定，成为在商标行政授权确权案件审理过程中在先权利保护的最高规则。

一方面，《审理商标行政案件规定》明确扩大了在先权利的保护范围，将“在先权利”改为“在先权益”。定义在先权利为“当事人在诉争商标申请日之前享有的民事权利或者其他应予保护的合法权益”，并在细化著作权、姓名权和字号权（包括简称）的损害认定之外特别规定了“作品名称、作品中的角色名称”的在先权益同样不得损害。理由在于这些名称虽然一般不具有著作权，但其具有知名度便能够产生商业价值，其所有人通过使用或许可他人使用而获得经济利益，此时便属于一种应予保护的合法权益[②]。另一方面，明确以造成相关公众误认的混淆标准来判断相关的标记性在先权利是否遭到损害。注册商标使用诸如姓名权、字号权以及角色形象著作的相关客体，应当造成相关公众误认为商品或服务的来源与在先权利人或与在先权利人存在特定关联[③]。

（三）法律适用体现为对在先权利过度保护

在我国的法律体系下，都会有相关配套的行政法规和司法解释等实践性规则对立法进行细化与解释，以便法律能够更好地执行，商标法自然也不例外。特别是由于商标法对在先权利保护的规定过于抽象概括，对具体保护实践基本无法发挥指引作用，因而《商标审查审理指南》和《审理商标行政案件规定》在明确在先权利的定义和类型以及细化在先权利损害认定标准方面具有重要的操作指引作用。同时，《商标审查审理指南》和《审理商标行政案件规定》在在先权利的特征、定义的开放性、主要类型以及各类权利的损害认定标准等方面的观点具有一致性，

---

① 宋晓明，王闯，夏君丽，等.《关于审理商标授权确权行政案件若干问题的规定》的理解与适用［J］. 人民司法（应用），2017（10）：41.

② 罗书臻. 完善法律适用标准促进和维护诚信有序的商标法治环境［N］. 人民法院报，2017-01-12（003）.

③ 《最高人民法院关于审理商标授权确权行政案件若干问题的规定》（法释〔2017〕2号，法释〔2020〕19号）第二十条至第二十二条分别规定了，当事人有权以其姓名权、有一定知名度的别名权益、字号及其知名简称权益以及角色形象著作权主张诉争在后商标权损害其在先权益。

也使得商标行政制度与司法诉讼制度能够有效衔接，避免了相关标准不一致导致制度体系混乱和商标权人与在先权利人无所适从的问题，客观上弥补了立法规则的缺失与空白，从而实现了在先权利保护规则的体系化。

当然，正是由于立法规则的缺失与空白，导致了完善且体系化的实践规则存在各种问题。一方面，《商标审查与审理标准》和《审理商标行政案件规定》限定了商号（字号）获得在先权利保护的范围。根据两者的规定，字号权的客体标志应当是“与他人在先登记、使用并具有一定知名度的字号”[①]或“当事人主张的字号具有一定的市场知名度”[②]。然而，字号作为企业名称的重要组成部分所享有的企业名称权的产生前提只需要进行登记[③]，而不需附加知名度要求。可见，两者对字号获得商标法保护的范围进行了限缩，而原有的《审理在先权利冲突案件规定》则对包含字号在内的企业名称无条件地作为在先权利提供保护，由此可见司法解释规定的保护范围间的价值冲突[④]。

另一方面，两者却又对在先权利的定义进行了开放性规定，明确在先权利不仅包括民事权利，而且包括合法的在先权益。同时，分别具体列举了“知名商品/服务特有名称、包装、装潢”和“作品名称、作品中的角色名称”两类在先权益。然而，民事权利应当遵循权利法定的原则，而非由司法解释或行政机关的部门规章甚至更低级别的行政规范性文件随意创设出新的权利。特别是司法解释所创设的“作品名称、作品中的角色名称权益”从未在我国广义的法律规范范围内出现过，且之前的司法实践中便存在否定过注册商标使用作品名称属于

---

① 国家知识产权局《商标审查审理指南》（2021年）下编第十四章损害他人在先权利的审查审理 3.1.字号权。

② 《最高人民法院关于审理商标授权确权行政案件若干问题的规定》（法释〔2017〕2号，法释〔2020〕19号）第二十一条规定，当事人主张的字号具有一定的市场知名度，他人未经许可申请注册与该字号相同或者近似的商标，容易导致相关公众对商品来源产生混淆，当事人以此主张构成在先权益的，人民法院予以支持。

当事人以具有一定市场知名度并已与企业建立稳定对应关系的企业名称的简称为依据提出主张的，适用前款规定。

③ 范健. 商法［M］. 4版. 北京：高等教育出版社，2011：84-85.

④ 当然，2019年《中华人民共和国反不正当竞争法》对商业标识的保护也有类似条件限制，但前面业已分析其符合立法目的且并非仅指向在先权利保护。同时，《最高人民法院关于审理不正当竞争民事案件应用法律若干问题的解释》（法释〔2007〕2号）和《最高人民法院关于适用〈中华人民共和国反不正当竞争法〉若干问题的解释》（法释〔2022〕9号）也有类似规定。

损害在先权利的“五朵金花案”等生效案例存在[①]，并为最高法所肯定。如此并不利于公众对行为自由的合理预期，也很难实现新型权利创设后权利人与他人以及个人与社会间的利益平衡[②]。此外，《商标审查与审理标准》和《审理商标行政案件规定》在限制一般字号获得在先权利保护的同时又创设新型权益的做法也很难自圆其说。毕竟创设新型权益是为了回应社会对不为法律所明确规定的但客观应予保护的正当权益的现实需求，而这实际上恰好与对现有的字号附加保护条件的行为相矛盾。

因此不难发现，实践层面上行政与司法规则在发挥补充细化立法缺失与空白作用以构建在先权利保护规则体系的同时，却又存在通过限缩现有权利但创设新型权利而破坏规则体系化与内在自洽逻辑的问题。换言之，现有的立法、行政与司法规范规则无论从理论上还是实践上都不能有效支撑在先权利保护制度的正常运行，也未能较好满足规范商标注册、保护在先权利的现实期望。

当然，上述问题的产生并不能完全归因于立法过于粗糙或规则制定者的大意。无论是在注册体制的欧盟和英国、法国、德国、日本、韩国等国家，还是使用体制的美国，商标立法对在先权利均没有进行明确的定义。毕竟在先权利潜在的范围广、类型多，通过合并同类项来提取普适的定义也存在操作上的困难，正如在我国行政与司法规则中所规定的定义也很难对实践进行具体指导。同时，在上述国家立法中列举较为常见的在先权利类型虽然能够进一步明确相应在先权利人的地位，但仅明确权利类型而未给出损害认定的标准也无法确定究竟哪种在先权利真正会遭受在后商标权的损害。可见，即便列举为在先权利也并非是真正的在先权利，相应具体判断还需由行政与司法的具体规则进行指导。因此，究竟哪些权利或权益属于商标法中的在先权利，即会遭受在后商标权的损害还需要一一进行具体分析。

---

① 云南省高级人民法院．赵继康与曲靖卷烟厂著作权侵权、不正当竞争纠纷（2003）云高民三终字第16号民事判决书［M］//胡凤滨．中国指导案例、参考案例判旨总提炼：知识产权纠纷．北京：法律出版社，2012：502-504.

② 崔国斌．知识产权法官造法批判［J］．中国法学，2006（1）：144-164.

第二节 在先权利损害救济规则并不明确

既然《商标法》明确规定商标注册不得损害他人享有的在先权利，便意味着在先权利保护的核心问题在于判断商标注册是否对在先权利构成了损害，即要构建以判断和认定损害为核心的在先权利保护与救济规则。因此，损害的含义为何、损害实质是什么以及损害认定标准便是重中之重。

一、在先权利损害实质不明

（一）损害含义未作规定

《商标法》第三十二条规定商标注册不得"损害"在先权利，而同时第九条又规定为不得与在先权利"冲突"，但除此之外便再无直接涉及在先权利损害的规定。从立法沿革来看，1993年首次明确在先权利保护的《商标法实施细则》第二十五条不得"侵犯"他人在先权利便意指这样的商标注册行为是一种侵权行为。毕竟该《商标法实施细则》第四十一条、1993年《商标法》第三十八条对商标侵权行为均表述为"侵犯商标专用权"。可见，立法之初对此类商标注册行为的认定实际上就是侵犯他人在先权利的行为。也正因如此，在"武松打虎图案"中，案由便确定为"侵犯著作权纠纷"[①]。然而，在2001年该条规定纳入《商标法》时却将"侵犯"改为"损害"和"冲突"。从体系解释来看，原《中华人民共和国民法通则》（以下简称《民法通则》）和《中华人民共和国侵权责任法》（以下简称《侵权责任法》）也有以"损害"表述意指侵权[②]，但"冲突"则更为中性而不评价行为性质。由此便可初步分析，虽然除此之外在《商标法》中再无"损害"表述，但在商标注册与在先权利冲突中的损害应当意指侵

① 北京市第一中级人民法院．裴某等诉山东景阳岗酒厂侵犯著作权纠纷（1997）一中知终字第14号民事判决书［M］//孙建，罗东川．知识产权名案评析2．北京：中国法制出版社，1998：78-89.

② 例如，原《中华人民共和国民法通则》第一百零一条规定，公民、法人享有名誉权，公民的人格尊严受法律保护，禁止用侮辱、诽谤等方式损害公民、法人的名誉。

权行为。也正因如此，在《审理在先权利冲突案件规定》中才规定在先权利人可以依据原《民法通则》（现并入《民法典》）和《中华人民共和国民事诉讼法》（以下简称《民事诉讼法》）提起侵权民事诉讼。

然而，在实践中损害的含义却不仅限于侵权。正如前述，在具体的行政与司法规则中在先权利范围十分广泛，不仅包含有明确法律规定的在先权利，而且也有《反不正当竞争法》中规定的有一定影响的商业标识乃至《审理商标行政案件规定》中的“作品名称、角色名称”等客体所承载的新型在先权益。对于前者，损害在先权利的商标注册行为自然可以认定为侵权行为，但后者并非我国法律中明确规定的权利。虽然原有的《民法通则》《侵权责任法》以及《民法典》侵权责任编均规定“民事权益”而仅非“民事权利”，但同时也规定“民事主体享有法律规定的其他民事权利和利益”①。如此可见，在权利法定原则下未为我国法律明确规定为权利或利益的在先权利，诸如前面提及的《反不正当竞争法》中的相关商业标识的权益便很难认定为法定的权利或利益，自然无法获得侵权保护。因而行政和司法实践虽然将其纳入在先权利范畴，但此时的损害便很难解释为侵权，毕竟在在先权利保护语境之外行政与司法实践和规则均不支持对此类在先权益的认可与保护②。换言之，此类在先权益仅能获得《反不正当竞争法》的保护。而《反不正当竞争法》保护的是竞争优势、经济利益以及商誉等而非民事权利③，所以在此语境下的损害也仅能指向不正当竞争行为或单纯的经济利益损害。同时，由于被注册商标损害的在先权利人可能也是市场主体，因此，损害行为在构成侵权的同时也可以构成不正当竞争。可见，《商标法》及相关的行政与司法规则既没有明确在先权利损害的含义，当进行法条分析和实践适用时又未能明确、统一地确定损害的含义，进而导致在先权利

---

① 《中华人民共和国民法典》第一百二十六条规定，民事主体享有法律规定的其他民事权利和利益。

② 云南省高级人民法院．赵继康与曲靖卷烟厂著作权侵权、不正当竞争纠纷（2003）云高民三终字第16号民事判决书［M］//胡凤滨．中国指导案例、参考案例判旨总提炼：知识产权纠纷．北京：法律出版社，2012：502-504.

在该案中作为在先权益的作品名称权益在单纯的民事侵权案件中便被否定了获得侵权保护的可能。

③ 杨紫烜，徐杰．经济法学［M］．6版．北京：北京大学出版社，2012：143.

损害的实质空白、认定标准复杂多样。

（二）损害认定标准缺乏统一

立法上对在先权利定义与类型的规定固然重要，但更为重要的是如何认定在先权利，而这又以在先权利损害认定标准为重中之重。根据《商标法》的表述，在先权利保护是指防止在后的商标权损害在先权利或与其相冲突。换言之，在先权利并非符合规定的定义与类型便自动、无条件地获得保护，而只有可能为在后商标权所损害或称为发生冲突者才是真正意义上的在先权利。因此，相比之下在先权利损害行为或结果的认定标准便具有更为重要的作用，是在行政与司法实践中确定在先权利保护范围的关键。

但遗憾的是，在定义与类型缺位的前提下在先权利损害认定标准同样处于空白状态。此时，由于前者是后者的基础，因此，在商标法条文表述或解释中并不能明确找到可能的损害或冲突的认定标准。不过在2001年和2013年两版的《商标法释义》中对此也有提及，其中对法律规定在先权利保护条款的目的解释为“保护先于商标专用权的已取得的合法权利”和“避免在商标注册中产生侵权行为”[①]。由此可见，法条中的在先权利损害似乎便是指向在商标注册过程中及注册后的使用行为对先于商标权产生的合法权利而发生的侵权行为。当然，仅仅提及侵权并无法对在先权利的损害认定标准给出明确指引，毕竟在商标法中潜在的在先权利类型众多，立法起草者也很难逐一分析并确定出一个统一的损害认定标准。但也能借此明确，商标法中的在先权利保护标准包含保护在先权利免受在后商标权侵犯等损害的含义。

当然，上述两本《商标法释义》并不是全国人大常委会作出的具有法律效力的法律解释，虽然是由全国人大常委会立法工作机构编辑出版，但也仅能作为学理解释或立法背景资料进行参考，实际上无法改变我国商标立法中在先权利的定义与类型规则缺位和损害认定标准空白的现状。可见，在《商标法》中反复出现的在先权利保护条款仅是一个较为概括抽象的规则，也很难为商标注册与无效宣告等行政规则和后续的

① 卞耀武. 中华人民共和国商标法释义［M］. 北京：法律出版社，2002：51.

商标授权确权行政诉讼，以及商标权与在先权利间的侵权或不正当竞争诉讼提供明确的立法指引。而从立法的规范和指引作用以及原则与规则构成的角度看待这一情形，便会得出我国商标立法对在先权利保护存在着明显的局限而亟需完善的结论。

同时，根据前面对损害含义的分析可知，在商标行政与司法规则中也没有明确统一的损害认定标准，而是将其按照不同的在先权利类型分别援引不同的侵权损害认定标准进行具体案件的适用。此外，对于法律没有明确规定的在先权利类型则创设了新的侵权认定标准，并在具体案件中根据在先权利人提出的请求权基础和民事案由才确定损害认定标准①。由此可见，在实践中根本不存在统一的在先权利损害认定标准，特别是在在先权利定义和类型本身也不明确的背景下更没有统一该标准的动力，进而也就没有了统一损害责任构成要件的可能。在理论、立法与实践默认损害就是一种民事侵权或不正当竞争行为的前提下，只需要援引既定的、成熟且完善的民事侵权或不正当竞争行为的认定标准和责任构成要件即可。如此一来，在先权利损害既直接被定性为侵犯合法权益的行为，又将商标行政规则与司法救济规则杂糅在一起，很难避免产生规则冲突的新问题。

二、既有的商标恶意损害规则赔偿效果不明显

（一）商标恶意注册赔偿规则的作用

有损害便会有损失而需赔偿，在后商标注册不仅侵占了在先权利客体标志符号独特的意指意义，而且造成了权利人等的经济损失，因此对权利人应予赔偿。商标法既然明确规定禁止商标注册损害在先权利，并提供了异议与无效宣告的行政保护途径，也应存在相对应或衔接的损害赔偿的规则。然而，商标法作为商标注册管理及商标权保护的法律，其立法目的及保护范围实际上仅及于商标权，如第五十七条和第六十条均

---

① 北京市朝阳区人民法院．钮春华等诉上加一线公司不正当竞争纠纷（2013）朝民初字第37679号民事判决书［Z/OL］．（2014-09-19）［2024-01-10］．https：//wenshu.court.gov.cn/website/wenshu/181107ANFZ0BXSK4/index．html？ docId=AOerA/kqNAP37BOS6mPZcWsuj7UDkJPVKcMqOv6sdLcDrHvnphyfC/UKq3u+IEo49VJItWTtmBadI89R7xoNasKw4MC0h3o54pw21uFqx9tcxVu/IkuMYYAKgFBCI37J.

在个案中法院认定损害在先姓名权的行为构成姓名权侵权并同时构成不正当竞争。

表述为“侵犯注册商标专用权”，且根据《商标法实施条例》、司法解释及行政规范等的规定既不包含概括性的“在先权利”，又不包含明确列举的“在先使用有一定影响的未注册商标权益”。可见，在先权利人依据商标法侵权救济条款无法获得损害赔偿救济。也正因如此，相关学者认为商标法现有体制对包含损害在先权利在内的恶意抢注行为规制力度不足①，存在制度漏洞。

当然，这只是因为商标法是专司商标的法律而无力无权保护其他类型的权利，同时商标法在制度范围内也提供了一定程度的损害赔偿救济空间。若商标异议成功则不予注册，此时从未有商标权存在过，也便不会有先后权利冲突。而即便自将标志附在申请书上这一行为发生即造成损害，也很难认定造成了在先权利人的经济利益损失。因此，异议制度并不需要提供损害赔偿救济。若商标已注册而后被宣告无效，虽视为自始不存在却实际存在过，此时注册后的使用、许可、质押等行为便会同时损害在先权利。但为维护“司法及行政机关决定的稳定及社会经济的稳定性”②，对无效宣告前已执行完毕的相关文书、决定不再追溯，而仅要求无效商标权人对恶意给他人造成的损失承担赔偿责任。

这一规定最早源于1993年修改的《中华人民共和国专利法》（以下简称《专利法》），当时第五十条（现第四十七条）在明确专利权宣告无效后的法律效力问题作出了上述规定，以在维护稳定的情形下规制恶意造成损失的原专利权人③。可见，根据2013年修改后的《商标法》第四十七条第一款和第二款关于商标无效宣告法律效力的规定，无效宣告的商标权人在恶意给他人造成损失时同样应当承担赔偿责任。联系法条中对司法及行政文书、决定的表述，此处的他人自然也包括在先权利人。换言之，在先权利人可以恶意造成损失为由，通过《商标法》第四十七条第二款主张损害赔偿。在实践中也存在相关案例，在“无讼案例”网站中，以“商标法第四十七条第二款”和“恶意”为关键词进行检索，自2014年以来仅有50份左右的裁判文书中的当事人主张损害赔

① 魏丽丽. 商标恶意抢注法律规制路径探究［J］. 政法论丛，2020（1）：115-116.
② 郎胜. 中华人民共和国商标法释义［M］. 北京：法律出版社，2013：92-93.
③ 项淳一. 全国人大法律委员会对《中华人民共和国专利法修正案（草案）》审议结果的报告［M］// 全国人大常委会办公厅. 中华人民共和国全国人民代表大会常务委员会公报（1992年卷）. 北京：中国法制出版社，2004：279-310.

偿。虽然法院都未支持赔偿，但也认可该请求权基础，认为“商标被宣告无效前的使用行为是否构成侵权并承担赔偿责任，应以存在主观恶意为前提”。[①]可见，虽然适用该规定的案件不多，但也足以表明其能够作为恶意造成在先权利损害赔偿的保护途径。

（二）恶意注册赔偿规则存在的问题

当然，专注商标的商标法为在先权利保护虽然提供了损害赔偿救济的途径，但该途径也存在以下问题。

第一，适用范围过窄。根据法条表述其适用范围仅限于原商标权人恶意行为所造成的损失，小于商标法损害赔偿的适用范围，更小于通过民法能够获得侵权损害赔偿的适用范围。对在先权利保护而言，一方面，在后注册商标造成在先权利损害是一个客观事实，因而行为人将具有在先权利的相关标志注册为商标并非均有主观恶意，更不能全部评价为恶意抢注，该赔偿对于非恶意抢注的在后商标便无法适用。另一方面，在先权利的类型较多，既有传统民事权利，又有知识产权乃至新型权利或权益，因而对其造成损害的侵权等行为构成要件并不完全一致。既有传统以过错为必备要件的规则，又有不考虑主观意图而只以客观行为为标准的认定规则。同时，过错包含故意与重大过失，而恶意仅是故意的一种[②]。无论从在后商标抢先注册还是从在先权利侵权认定角度看，在先权利能够获得的赔偿范围十分有限。

第二，恶意的含义也不确定。2013年在《商标法》中涉及恶意的有“在先使用人恶意造成注册人损失”（第三十六条第二款）、“恶意抢注驰名商标不受无效宣告期限限制”（第四十五条第一款）、“原注册人恶意造成在先权利人损失应赔偿”（第四十七条第二款）以及“恶意侵犯商标权应惩罚性赔偿”（第六十三条第一款）四处，2019年修改后增加了“不以使用为目的的恶意注册”（第四条第一款）。然而，目前的法律、行政法规及规章和司法解释仅明确了恶意抢注和惩罚性赔偿中“恶

---

① 新疆维吾尔自治区阿克苏地区中级人民法院. 潍坊泰鸿公司诉阿克苏金信园公司等侵害商标权纠纷（2018）新29民初39号民事判决书［Z/OL］.（2019-06-12）［2024-01-10］. https：//wenshu. court. gov. cn/website/wenshu/181107ANFZ0BXSK4/index. html? docId=SgtEef6D6MlupnEJpcag019DB9JyUgRPk1sB1Y/aMlVbHC8MlRMO4/UKq3u+IEo49VJItWTtmBadI89R7xoNasKw4MC0h3o54pw21uFqx9s5IEmFd3zr2rpp9a54Mbbt.

② 朱丹. 侵犯商标专用权惩罚性赔偿责任的司法适用［N］. 人民法院报，2014-08-27（007）.

意”的含义及认定标准，却从未提及此处损害赔偿的恶意究竟为何。在司法实践中认定此处的恶意既包括商标注册时的恶意，又包括注册后向在先权利人提起恶意诉讼的恶意①。但究竟以何时的恶意为准，抑或何时恶意会造成损失却并不明确。也因此，该条款自制定近七年以来几乎未被任何法院援引用于支持恶意损害赔偿。

第三，损失范围不明。法条中的表述为“损失”而非商标权损害赔偿条款中的“侵权损失”，从字面来看前者范围应当更大一些。在《商标法》中对侵权损失是指权利人实际损失或侵权人违法所得等，因此理论上在先权利人的损失便应当包括商标注册后的使用行为损害在先权利所造成的实际损失或违法所得等，但除此之外的其他损失便不甚明了。在同款条文中提到了商标侵权案件的判决书、调解书以及行政处罚决定等，结合《商标法》其他条文分析其相比侵权损失仅包括侵权诉讼中“权利人为制止侵权行为所支付的合理开支”。同时，我国商标异议及无效宣告制度并不存在获支持方有权主张对方承担相关程序费用的规则，故而损失便无法包含这一部分费用，更遑论其他。可见，在先权利人的损失仅限于商标注册及后续使用行为所造成的侵权损害及诉讼合理开支，但相关赔偿通过侵权诉讼便可获得，没必要同时以此规定作为损害赔偿的请求权基础②。总之，商标法虽提供了在先权利损害赔偿的保护途径，但概念不明且适用范围有限，因此，实践效果并不理想。

第三节　在先权利保护途径体系化存在困境

现有法律中的各种保护途径从法律部门角度可分为商标法、其他知识产权法、反不正当竞争法和民法途径，从救济方式上又可分为商标行

---

① 江苏省高级人民法院. 江苏中讯公司诉山东比特公司因恶意提起知识产权诉讼损害责任纠纷（2017）苏民终1874号民事判决书［Z/OL］.（2018-12-25）［2024-01-10］. http://gongbao.court.gov.cn/Details/3c38571b7838044961ef6ab5ec3755.html.

② 贵州省高级人民法院. 深圳博林文创公司诉贵州梦香园公司著作权权属、侵权纠纷（2018）黔民终1068号民事判决书［Z/OL］.（2019-08-05）［2024-01-10］. https://wenshu.court.gov.cn/website/wenshu/181107ANFZ0BXSK4/index.html? docId=2qPlRbnPx/9IUjaRVExO+GH/sl3nSYOf1qMqGw1GUbp9wJ6Is6RXrfUKq3u+IEo49VJItWTtmBadI89R7xoNasKw4MC0h3c54pw21uFqx9tYXBdbtu5CqOI9HtQWppbN.在在先权利案件中，一般援引《中华人民共和国商标法》（2019年修正）第四十七条第一款认定无效宣告前的商标使用行为便是侵犯在先权人的侵权行为，并依据在先权利相关法律规定判决损害赔偿。

政、侵权、反不正当竞争与合同等不同的保护途径。这便意味着上述诸多途径由于法律体系、立法目的等的不同而存在各种差异，进而也会出现竞合、冲突等问题。特别是侵权、反不正当竞争和合同保护途径的认定标准差异明显，很难实现现有保护途径的体系化。因此，有必要对存在的体系化困境进行分析，为相关保护途径的协调与整合奠定基础。

一、商标法行政途径的内在终局性

商标是本书写作的逻辑起点，商标法自然也应当是问题解决的终点之一。商标法作为传统知识产权法之一的民事单行法虽然具有知识产权的共有特征并遵循民法原则和基本规则，但也与著作权法、专利法等有着明确的差别，多数规则与传统的民事规则也存在差异。可见，商标法的体系规则是较为封闭的，相应的商标注册的行政授权确权规则体系则更加封闭，进而可知商标行政保护途径具有内在的终局性。

一方面，商标授权与确权规则具有独特性。一般而言，商标以注册为获权条件，商标法也以注册实体与程序规则为首。商标作为具有区别不同商品或服务来源的符号，既不同于其他类型民事权利的客体，又不同于其他种类的商业标识。因此，商标注册所要符合的要求便不同于其他法律，进而商标法基础的商标注册实体与程序规则也具有独特性，最直观的差异便是其明显不同于企业名称登记规则和专利授权确权规则。例如，商标法与专利法虽然均有优先权、先用权，特别是在先权利保护等类似的规则，但也仅是在抽象的理论层面的统一与一致，客体间的差异足以使相关规则的具体内容存在明显不同[①]。同样，诚实信用原则在商标法与其他知识产权法中的具体体现和规制重点也是不同的。同理，著作权法等知识产权法也具有相应的独特性。

另一方面，商标授权与确权规则具有独立性。同样，从单纯的程序流程与要求等方面来看，商标异议审查与专利实质审查以及商标评审的无效宣告和专利复审的无效宣告程序也是大同小异的。但在实质方面，由于商标授权与确权规则的独特性，两法间具体的异议审查和无效宣告

① 国家知识产权局《专利审查指南》（2023年修订）第四部分第五章7.根据专利法第二十三条第三款的审查和国家知识产权局《商标审查审理指南》（2021年）下编第十四章损害他人在先权利的审查审理。

评审的要求与内容均截然不同且毫无关联。这也决定了商标授权与确权规则具有独立性，且不会受到其他法律规范的影响或干涉。换言之，没有其他法律能够脱离商标法而直接讨论商标授权确权结果是否合法或应当如何调整。这既涉及行政权之间、行政权与司法权（审判权）之间的管辖范围分配，又涉及商标法和其他法律规范之间的体系作用分配。也正因如此，即便相关司法解释和文件乃至最高法的指导性案例[①]也仅能在判决中认定商标权作为民事权利若实质上损害在先权利便不应获得保护，而无法直接越过商标行政授权或确权规则乃至越过《商标法》直接依据司法解释、其他知识产权法或民法认定商标权或商标注册行为无效。

由此可见，在先权利的商标法保护途径由于商标行政授权确权规则的独特性与独立性而具有内在终局性，即只能按照商标法的要求通过商标异议和无效宣告程序以及后续的商标行政诉讼解决损害在先权利的在后商标注册状态及其产生的商标权[②]。否则，即便法院通过司法解释、其他知识产权法或民法直接认定在后商标注册产生的商标权实际无效而不应保护也仅具有个案效力，其公示公信的效果远小于《商标公告》、商标注册簿和商标注册证，而后者能够一直为被许可使用人、受让人、质权人以及接受商标投资入股或合伙出资的其他善意第三人提供确保交易安全的法律保护。因此，内在终局性既是《商标法》等作为知识产权法类民事单行法难以编入民法典的天然特征[③]，又是商标权经审查登记才具有公示公信效力的必然结果。总之，现行商标行政保护途径并不因商标权损害在先权利而在实际与形式上丧失效力失去存在意义，这也将使得其与其他保护途径存在难以调和的冲突。

当然，商标行政保护途径的内在终局性并不等于排他性。前述已经分析过，商标法是专司商标注册管理与商标权保护的法律，因而仅能简单规定商标注册不得损害在先权利或列举主要的在先权利类型。但商标注册是否会损害在先权利以及损害如何认定等内容则超出了商标法的职

---

① 最高人民法院审判委员会.王碎永诉深圳歌力思服饰股份有限公司、杭州银泰世纪百货有限公司侵害商标权纠纷案［N］.人民法院报，2017-03-16（005）.
本案系最高人民法院指导案例82号。

② 李扬.知识产权法基本原理［M］.北京：法律出版社，2010：774.

③ 沈春耀.全国人民代表大会常务委员会法制工作委员会关于提请审议《民法典各分编（草案）》议案的说明［M］//何勤华，李秀清，陈颐.新中国民法典草案总览（增订本）：续编.北京：北京大学出版社，2020：315-323.

能范围，需要援引相应的法律规范进行认定。换言之，商标法中的在先权利的行政保护途径需要其他法律规范的协助以明确在先权利的类型与内容，但最终的判断还是以商标行政规则为准。毕竟，对相应在先权利及其损害均是以商标为判断对象与标准，否则便脱离了讨论的主题而丧失研究的意义。

二、侵权救济保护途径的体系复杂性

（一）不同类型侵权责任的多样性

在后注册商标损害在先权利不仅体现为抢占了在先权利人注册商标获权并取得收益的机会，其更是侵占他人在先权利客体符号独特意义的侵权行为。因此，在商标法外独立的侵权救济保护途径发挥着更重要的作用。但在先权利类型多样，既有传统民法体系下的民事权利，又有著作权和专利权等知识产权，同时也存在着未被法律所明确规定而出现在司法实践中的新型权益，加之不同类型权利具有诸如民法、著作权法等各自不同请求权基础，便会导致侵权救济保护途径存在体系的多样性。换言之，严格意义上并不存在统一的侵权救济保护途径，只不过其行为性质在理论与实践上均可以归类为侵权而被人为放置在一起。

具体言之，一方面在先权利类型的多样化导致具体侵权认定标准的多样化。虽然在商标法上统称为在先权利，但其构成的多样性使得国际条约及世界各国的商标立法均无法穷尽性列举具体的在先权利种类或提出在先权利认定标准。进而，对在先权利的保护，特别是侵权保护也无法完整地作出预先判断，而仅能就个案或典型的权利类型设定相应的认定标准①。但由于在先权利类型的多样化，侵权认定标准也同样无法统一。例如，著作权、肖像权及名称财产利益三者在权利类型、性质、范围等方面存在差异巨大，相应的“接触与实质性相似”、“擅自使用自然人相貌特征的再现”和“擅自使用他人有知名度的名称造成混淆”等侵权认定标准在立法与理论上也很难达成一致。此外，还存在着未被法律所明确的新型在先权益，其类型、性质、范

① 博登浩森．保护工业产权巴黎公约指南［M］．汤宗舜，段瑞林，译．北京：中国人民大学出版社，2003：76-77.

围等以及侵权认定标准仍处于不确定的状态。如此一来，侵权救济保护途径也必然处于各说各话、各自为政的多样化状态，仅能对在先权利保护做个案分析。可见，在商标法中，在先权利侵权救济保护途径体系仍是政出多门、名不副实。

另一方面，请求权基础的差异也会导致侵权保护规则的差异。民事侵权制度以民法为源头，因此各个国家一般都会有专门的侵权责任法或民法典侵权责任编用以指导侵权责任的认定、承担等规则。但随着权利类型的发展变化，特别是知识产权法等民事单行法的产生与发展使得传统民法的侵权保护规则在单行法领域也发生了变化。诸如传统的四要件或三要件的责任构成很少被提及，主观过错也被否定，损害结果及因果关系的确定与认定也不再重要①，相应的知识产权法等的侵权责任认定乃至承担等保护规则均形成了一定的独立体系。同样，在被称为“兜底保护法”的反不正当竞争法中，传统的民事侵权保护规则也在一定程度上被改变和忽略。更遑论新型在先权益还存在着如何确定请求权基础的问题。可见在这背景之下，使得商标法中的在先权利由知识产权法、传统民法和反不正当竞争法共同构成的侵权救济保护途径的体系也变得更加多样化。由此不难发现，由众多权利类型所构成的在先权利的侵权救济保护途径存在体系复杂性，从而较难整合成一个真正统一的保护路径体系。

（二）侵权救济保护途径与其他保护途径的竞争

在民法体系下，侵犯他人所享有的绝对权均属于侵权行为。这一分类标准既将民法下的合同债权等与侵权债权进行了区分，又划清了绝对权民事保护途径与其他保护途径间的界限，由此侵权途径便能完全独立于民法和其他类型的权利保护途径。但民事侵权救济保护途径并非民事权利，特别是绝对权的唯一保护途径，对在先权利而言除侵权途径外还存在商标以及合同的保护途径，由此也会产生冲突或竞合。

一方面，侵权途径与商标途径存在冲突。商标法中的在先权利保护的前提是将承载他人在先权利的标志相同或近似的标志作为商标注册并

① 吴汉东. 知识产权保护论［J］. 法学研究，2000（1）：68-79.

使用。在注册体制下，该商标取得注册便具有了相应的商标权，使得注册行为所产生的侵占在先权利客体符号独特意义的侵权结果为法律所认可，从而会出现为商标法所创设授予的在后商标权损害、阻碍在先权利的情形。因此，商标保护途径的重点便在于商标注册，对损害他人在先权利的商标不予注册或将注册宣告无效使该侵权行为与商标权均归于消灭进而从根本上解决问题。但商标途径具有内在终局性，侵权救济保护途径也具有独立性，当商标途径不被启动而直接适用侵权救济保护途径时，便会产生行使商标权的行为被认定为侵权的局面。虽然此时的商标权在理论上自始不应存在，但毕竟未经法定程序无效宣告，而经过公告及颁发注册证仍为第三人提供了可信赖的官方依据，不宜绕过商标途径而仅通过侵权途径在实质上予以消灭。因此，形式上的商标权与在先权利便存在冲突，而其实质便是行政权属的商标保护途径与司法权属的侵权救济保护途径的冲突，且在现有的法律体系和司法实践中两者的冲突难以调和。

另一方面，侵权救济保护途径与合同途径存在一定程度的竞合。注册商标损害他人在先权利的前提是商标注册人知道该在先权利的存在，且多是在订立、履行合同的过程中知晓。因此，在诚信原则下其注册商标的行为会违反合同义务或广义的合同义务，从而出现侵权与合同保护途径的竞合。当然，不同于侵权救济保护与商标保护途径的关系，在竞合情形下在先权利人可以自行选择违约或侵权的请求权基础，两者只会因防止在先权利人不当得利无法同时适用而不存在冲突①。但两者在保护基础、范围特别是损害赔偿的范围及数额等方面也存在差异，在先权利人更倾向于权衡保护的实际效果与经济价值而非法律意义对两种保护途径进行选择，合同途径明显处于劣势。换言之，在一定情形下合同保护途径可能会被侵权救济途径所替代或架空。由此可见，由于侵权救济保护途径同样具有独立性，其与现行的同样独立的商标及合同保护途径间的关系并非合作而是竞争，因此，难以真正构建出商标法中的在先权利保护途径的体系。

---

① 程啸．侵权责任法［M］．3版．北京：法律出版社，2020：85-92．

三、合同保护途径的适用有限性

除商标和侵权救济保护途径外，在先权利保护还存在着通过合同保护途径获得保护的可能。根据合同的相对性，此处所指合同的一方当事人必然是在先权利人，而另一方当事人则是在后商标注册人。具体言之，在先权利人与在后商标注册人因一定原因而签订诸如买卖、担保等合同，而在合同签订过程中、合同存续期间以及合同解除或履行完毕后出现一方当事人违背诚实信用原则将与在先权利人相关的客体标志注册为商标，从而损害在先权利的情形。由于此时两者间存在一定的合同关系，因而在先权利人可以准用合同法的规定以在后商标注册人承担缔约过失责任或违反合同义务、附随义务及后合同义务为由通过合同法主张救济获得保护。

合同是特定当事人之间真实意思表示达成一致的结果，因而其法律效力及相应产生的债权具有相对性。因此，其作为属于绝对权的在先权利为不特定人申请注册商标而受到损害的保护途径之一，适用范围相对于商标和侵权救济保护途径明显要小得多，具有适用的有限性。

具体而言，一方面违反合同附随义务情形的保护途径的作用范围有限。前面对合同保护途径依据违反的合同义务种类不同而划分为缔约过失责任、合同义务和附随义务三类。在理论上，作为缔约过失责任基础的先合同义务、合同履行过程中的附随义务以及后合同义务均属诚信原则指引下为实现合同目的、协助完成合同义务而出现的附随义务。因此，可将其一并归入附随义务的范围进行讨论。附随义务基于合同而产生，其作用发挥虽然不需合同义务与在先权利有关，但毕竟要依附于合同义务，因此相较于商标及侵权救济保护途径的作用效果与适用范围便要窄，在先权利的保护效果也会大打折扣。同时，根据先后合同附随义务中能获得保护的利益仅是基于合同产生的信赖利益，而不包括固有利益[①]。但合同当事人所享有的在先权利并非是基于合同产生，因此，对方当事人违反先后合同附随义务的行为虽然会侵害在先权利，但是超出

① 马俊驹，余延满．民法原论［M］．北京：法律出版社，2010：544.

了该附随义务的保护及赔偿范围。当然，前述已经分析合同履行过程中的附随义务可以赔偿包含固有利益在内的当事人利益损失，但整体而言广义的附随义务赔偿范围仍然有限。

另一方面，违反合同义务的适用范围极小。不同于附随义务所依附的合同不需有关在先权利，只有合同内容直接涉及在先权利时，注册商标损害在先权利的行为才属于违反合同义务。可见，违反合同义务的保护途径适用范围相比于附随义务较小，更难以比拟商标及侵权救济保护途径。因此，通过违反合同义务的救济途径获得在先权利保护的空间不大。当然，正因其合同内容须与在先权利相关的硬性要求，也使得违反合同义务的行为直接侵犯了在先权利，此时的损害赔偿范围不仅包括履行利益，而且包括指向在先权利的固有利益，从而为在先权利提供了相对完整的保护。也因此保护途径会与相应的侵权救济保护途径发生竞合，而可由在先权利人自由选择。

不难发现，合同保护途径因法律性质的限制而需要与在先权利有关等特定启动条件才能适用，且损害赔偿范围与在先权利人的需求不太符合，因此其适用具有明显的有限性。这便在实践中造成了其适用次数少，容易被忽视的现象且无论中外[①]。但其毕竟是理论与实践上均存在的保护途径，且保护的方式与范围和商标、侵权救济保护途径存在差异，因此，只有将其纳入在先权利保护途径之中进行分析，才能避免对在先权利人的保护需求造成限制或阻碍，从而确保保护体系的完整性。

第四节　在先权利存在过度保护

一、在先权利认定范围过大

如上所述，由于《商标法》及《商标法实施条例》并未对在先权利的定义及类型作出规定，因此国家知识产权局制定的《商标审查审理指

① U.S.Court of Appeals，Ninth Circuit.Watec Co.，Ltd.v.Liu，403 F.3d 645，652 (9th Cir. 2005)［Z/OL］.（2005-03-30）［2024-01-10］. https://law. resource. org/pub/us/case/reporter/F3/403/403.F3d.645.03-56079.03-55823.html.

在美国，若代理人抢注他人在美国的使用商标，权利人最终选择以侵权救济途径获得更多的赔偿。

南》一方面对在先权利的概念作出了规定，另一方面从类型及损害认定标准方面对在先权利和在先权益进行了详细列举，从而为商标局（异议）审查和无效宣告审理提供了明确规范和操作细则，从在先权利的商标行政保护途径上填补了商标法的空白。同时，最高法出台的《审理商标行政案件规定》也规定了在先权利的定义、类型和典型权利的认定标准，使得整个商标行政保护途径在行政与行政诉讼两个阶段均能得到明确指引。然而，前述也已分析了商标行政和侵权等司法途径不断扩张在先权利认定范围会导致对在先权利的过度保护。

具体言之，首先便是超越立法认定在先权利类型使得在先权利的范围从法条扩张到了理论与实践层面。众所周知，我国作为成文法国家，对于民事权利一直遵循权利法定原则[①]，同时对于理论与实践中的新型权利的立法一直采取谨慎的态度[②]，防止过度超前立法。正因如此，虽然1993年出台的《反不正当竞争法》便明确保护市场主体的商业秘密，但直至2017年《中华人民共和国民法总则》（以下简称《民法总则》）出台才将其纳入知识产权的客体之中，并延续到《民法典》第一百二十三条。此外，该条虽然在第八项以“法律规定的其他客体”为未来的知识产权发展预留了空间，但也明确以“法律”而非“法律和行政法规”进行严格限制[③]，从而确立了知识产权法定原则。与此同时，《反不正当竞争法》第六条（原第五条）规定的各类有一定影响的商业标识却并没有被纳入原《民法总则》和《民法典》之中。同时，回溯2002年《中华人民共和国民法（草案）》（以下简称《民法（草案）》）第一编总则可知，当时的知识产权客体还包括商标及其他商业标识和企业名称[④]。由此可见，在理论与实践中存在的客体，即便受到非权利法的保护，也不当然享有一定的民事权利。

其次，便是扩张已有在先权利的保护范围。无论是传统的原《民法通则》和《侵权责任法》，还是最新出台的《民法典》，对姓名权的保护

① 王涌．财产权谱系、财产权法定主义与民法典《财产法总则》[J]．政法论坛，2016，34（1）：103-118.

② 黄薇．民法典的主要制度与创新［J］．中国人大，2020（13）：22-25.

③ 黄薇．中华人民共和国民法典总则编释义［M］．北京：法律出版社，2020：30.

④ 《中华人民共和国民法（草案）》（2002年）第八十九条规定，本法所称的知识产权，是指就下列内容所享有的权利：（三）商标及其他有关商业标识；（四）企业名称；（五）原产地名称；（六）商业秘密。

均以人格混同为前提[①]，而非采取商业标识性混淆的标准。理由在于，姓名的功能在于表征独特法律主体，而非区分商品来源等商业信息，因此，在明确区分人格混同与商业混淆的前提下，姓名权和名称权的权利范围，即保护范围是否构成商业混淆便存在疑问，且基本处于否定态度[②]。可见，上述规则将姓名权直接纳入在先权利的范围便是扩张了姓名权既有的保护范围。综上，在《商标审查审理指南》与《审理商标行政案件规定》中所规定的字号权、知名商品的包装装潢权益等均不属于法律明确规定的在先权利，两者创设的所谓在先权益更不符合我国立法精神。因此，虽然在实践中保护上述未被法律明确规定的在先权利（益）存在一定的需求正当性，但从立法体系及权利法定原则方面来看，便是通过扩大法律规定对在先权利提供过度的保护。

二、以在先权利直接否定在后商标权

不仅是行政保护途径，在民事侵权和不正当竞争救济等司法保护途径中也存在随意扩张在先权利的情形，从而形成了以未被法律明确规定的在先权利或扩张后的在先权利直接否定在后注册商标权的案例。例如，在2013年“钮春华在先姓名权”案中，两审法院一方面认定原告钮春华的艺名“云菲菲”属于原《民法通则》规定的姓名并享有姓名权，同时认定其符合1993年《反不正当竞争法》第五条及相关司法解释规定的知名姓名，认为“姓名权是民法中的人格权，权利人有权禁止他人冒用自己的姓名。同时，当自然人的姓名具有商品来源的标识意义，能够发挥出引导消费者做出消费决定的作用时，姓名就又具有了商业标识的意义，受到反不正当竞争法的保护。因此，反不正当竞争法对自然人姓名的保护是民法中的自然人姓名权在市场竞争中的延伸”。[③]最终，两审法院以此理由认定一审被告上加一线公司，即钮春华原经纪

---

① 崔建远．姓名与商标：路径及方法论之检讨 最高人民法院（2016）最高法行再27号行政判决书之评释［J］．中外法学，2017，29（2）：287-288.

② 孔祥俊．姓名权与姓名的商品化权益及其保护——兼评“乔丹商标案”和相关司法解释［J］．法学，2018（3）：161-176.

③ 北京市朝阳区人民法院．钮春华等诉上加一线公司不正当竞争纠纷（2013）朝民初字第37679号民事判决书［Z/OL］．（2014-09-19）［2024-01-10］．https://wenshu.court.gov.cn/website/wenshu/181107ANFZ0BXSK4/index. html? docId=AOerA/kqNAP37BOS6mPZcWsuj7UDkJPVKcMqOv6sdLcDrHvnphyfC/UKq3u+IEo49VJItWTtmBadI89R7xoNasKw4MC0h3o54pw21uFqx9tcxVu/IkuMYYAKgFBCI37J.

公司将其在《歌手签约合同》范围内为钮春华定制并宣传的艺名“云菲菲”注册为商标的行为，损害了钮春华的在先姓名权。更为重要的是，本案二审法院特别援引《审理在先权利冲突案件规定》并指出：“商标注册人并不能因为持有商标局颁发的商标注册证就当然地认为其具有使用该商标的天然合法性。如果该注册商标侵犯了他人的在先权利，在先权利人可以不经撤销商标的行政程序而直接提起民事诉讼。”换言之，以通过司法扩张了财产利益的在先姓名权直接否定了同等位阶及相同法律效力的在后注册商标权。

不仅如此，在司法实践中更存在以反不正当竞争法列举的商业标识享有在先权利而否定在后注册商标权的案例。例如，在“帕弗洛公司在先知名商品特有包装装潢权益”案中，二审法院认定，在《审理在先权利冲突案件规定》中所列举的“著作权、外观设计专利权、企业名称权”仅为示例性而非封闭性。因此，“在先权利是指在系争商标申请日之前已经取得的除商标权之外的其他法定权利和合法权益。该在先权利的概念与司法解释中的在先权利应当具有同一内涵和外延，因此在先权利不仅包括实体权利，而且包括合法权益”[①]。进而将《反不正当竞争法》保护的案涉知名商品特有包装装潢所体现的竞争优势和商誉直接认定为商标法中的在先权利。同时，认定一审被告艺想公司“使用注册商标所涉图案用于宣传”的行为属于侵犯原告帕弗洛公司“在先知名商品特有包装装潢权益”，构成不正当竞争行为。

由上述两个典型案例可见，在司法实践中一方面将法律未明确规定的权益纳入在先权利的范围或扩张法定在先权利的保护范围，另一方面直接以相互平等的在先权利否定在后商标权存在的正当性与有效性，甚至直接认定商标权人行使权利的行为构成不正当竞争。这便体现为司法实践对在先权利绝对化的保护，并表现为以在先权利直接否定在后的商标权，从而呈现了对在先权利过度保护而对在后商标权过度限制的结果。

---

① 上海市第一中级人民法院．帕弗洛公司诉艺想公司不正当竞争纠纷（2012）沪一中民五（知）终字第251号民事判决书［Z/OL］．（2015-09-30）［2024-01-10］．http：//gongbao.court.gov.cn/Details/227d5ca365d5833fa4063bdd31bb74.html？sw=.

三、在先权利司法保护途径排斥商标行政途径

由于我国采取的是商标权注册取得体制，并以《商标法》明确规定由商标局负责注册授权确权职责，即商标权的产生、存续和消灭均要通过商标局的相关行政程序才能实现。同时，《商标法》明确规定“商标注册不得损害在先权利”，可见在先权利保护以及防止损害的关键便在于阻止相关商标注册或使注册无效。换言之，只有通过商标法自身所规定的异议及无效宣告制度才能从根本上解决在后注册商标损害在先权利的问题。这一解决逻辑既体现了行政权与司法权（审判权）的分工，又体现了商标注册体制的特点。然而，在司法实践中这一逻辑却被置之不理，从而形成了在先权利司法保护途径被排斥，乃至架空商标行政途径的现象。

具体言之，在专门通过侵权及不正当竞争救济途径保护在先权利的《审理在先权利冲突案件规定》中明确规定，在先权利人可直接依据《民事诉讼法》起诉注册商标侵犯其在先权利。在该规定的理解与适用中，法院改变了以往会议纪要和审判实践中以行政途径排斥民事诉讼的思路，认定此类案例“不需要经行政处理为前置条件”。[①]因此，在审判实践中，法院在回应商标注册人的相应抗辩时便认定，已获准注册的商标仅能表明在商标核准注册时，相关行政部门对其合法性的认可。但这种认可并不能表明使用商标的行为必然具有合法性。“由于商标注册是否具有合法性并非本案审理的范围，即商标注册的合法与否与永润公司商标使用行为是否构成不正当竞争行为无关。”[②]不难发现，司法保护的思路不仅仅是直接否定了注册商标权，更是排斥乃至否定了商标法所规定的注册体制和商标局的职权。更为明显的是，最高法在此类案件的裁定书中便直接否定了注册体制和注册制度所具有的实质效力，认为

---

① 蒋志培，孔祥俊，夏君丽.《最高人民法院关于审理注册商标、企业名称与在先权利冲突的民事纠纷案件若干问题的规定》的理解与适用［M］//陶凯元. 最高人民法院知识产权司法解释理解与适用：最新增订版. 北京：中国法制出版社，2016：172-173.

② 北京知识产权法院. 永润高压容器（台州）有限公司与北京天海工业有限公司不正当竞争纠纷（2015）京知民终字第121号民事判决书［Z/OL］.（2015-09-23）［2024-01-10］. https：//wenshu. court. gov. cn/website/wenshu/181107ANFZ0BXSK4/index. html? docId=6XjNV7Lw8PN/nCIpKRw070fngQlDueMMwwMCbpTBYaVTTSE4fGQgOvUKq3uEo49VJItWTtmBadI89R7xoNasKw4MC0h3o54pw21uFqx9t2gM1nBEDD1cXReLnIG5A1.

“一种构成对在先民事权利的侵犯的行为，除非法律另有明确例外性规定，不能因获得某种形式上、程序上所谓的合法授权而改变其侵权行为的性质”，并同时表明“对于被诉侵权商标在核准注册后的被诉侵权行为一并作出审查认定，符合法律保护民事权利的基本精神，并不违反有关法律和司法解释的程序规定。”[①]

不难发现，当下侵权与不正当竞争救济的司法保护途径采取了以民事诉讼为中心的在先权利保护思路，既认定行政体制所产生、存续的商标权仅具有形式效力，又否定商标行政途径对保护在先权利和彻底解决在先权利损害问题的作用，从而毫无保留地体现了对商标行政保护途径的排斥、架空和否定。当然，在五年无效宣告期内直接采取民事诉讼的途径情有可原，且可以为无效审理提供有力证据。但当超过无效宣告期限时的民事诉讼及审判裁判，特别是认定适用注册商标行为构成侵权并判决停止侵害便会造成行政与司法体制的严重对立与冲突，更会毫无必要地造成民事诉讼与商标行政诉讼之间的对立与冲突，进而体现为对在先权利的过度保护。

第五节　本章小结

我国商标法在先权利保护制度已有二十多年，多次根据理论与实践进行修改完善，但在诸多主要方面却仍然存在明显甚至严重的问题。其一，既然是在先权利保护，便必然要有较为明确的在先权利定义及类型指引，但在现实中《商标法》的相关规则仍处空白，行政与司法规则的自行规定存在着表述冲突、类型错误、随意扩大在先权利范围等问题。其二，既然商标法禁止损害在先权利便应当明确在先权利的损害救济规则，然而无论是立法还是行政与司法实践规则均未规定损害含义的具体内容，实践规则中的损害认定标准复杂多样，《商标法》本身的恶意损害赔偿规则也难以发挥作用。其三，我国现有法律规范为在先权利保护提供了商标行政、知识产权侵权和一般民事侵权救济、反不正当竞争救

① 最高人民法院. 鲁沃夫公司与北京鹊翔医疗科技有限责任公司侵犯商标专用权和不正当竞争纠纷（2010）民申字第1468号民事裁定书［M］//程永顺. 务实知识产权判例精选（第18辑）：商标与域名判例. 北京：知识产权出版社，2010：135-144.

济和合同等保护途径，但却因商标行政途径的内在终局性、侵权救济途径的体系复杂性和合同途径的适用有限性而无法形成保护途径体系。最后，在以上三方面问题存在的同时又引发了因在先权利认定范围过大、以在先权利直接否定在后商标权和侵权救济等司法保护途径排斥商标行政保护途径等问题，使得在先权利过度保护而在后商标权被过度限制。因此，后续有必要针对上述问题进行分析，并最终提出相对应的完善建议。

第二章　商标法在先权利保护基础理论分析

任何制度都有其建立基础，在先权利保护自不例外。故对其进行研究以发现、分析问题并最终解决得出结论，必然首先要对在先权利保护的基础进行分析。开宗明义，对与在先权利保护相关的诸如在先权利的定义、类型等基本概念和其受损害的实质及保护意义等理论内容进行分析。其次，因有损害，才有保护。因此，保护制度均是围绕损害展开的，其中损害实质的认定便成为关键，为后续具体保护制度的问题分析与完善奠定基础。最后，保护要有法可依，这之中又以保护原则为最高指导准则，一切保护方法均要依其进行，不得违背与偏离。因此，在先权利保护的相关原则也要一并选用。这样，才能从理论概念、损害实质与保护原则等方面为具体内容的展开打下坚实基础。

第一节 在先权利保护的基础

一、在先权利的基本概念明确

(一) 在先权利定义与特征的初步确定

在先权利（prior rights）是一个常见的法律概念，也是一个并不确定的概念。顾名思义，在先权利便是相对于其他权利在先产生并存续的权利，可见其概念具有相对性[①]，因此在商标法语境下便是相对于商标权（注册商标专用权）在先产生且存续到商标注册之后的权利。当然，要具体确定商标法中的在先权利的概念，还需要针对商标领域进行分析。在商标法领域，《巴黎公约》最早出现了相关表述，商标不得具有侵犯第三人的既得权利（rights acquired）的性质，否则将拒绝注册或使注册无效[②]。之后，《Trips协定》重申了这一要求，并表述为“上述（商标）权利不应损害任何现有的优先权（existing prior rights）”[③]。可见，商标法中的在先权利首要便体现为在先以及与商标相关两点特征。

首先，在先权利应当在商标申请注册时便已存在。作为商标权注册取得体制国家，我国商标权的产生以注册为要件，也只有注册才会在商标法范围内产生商标权损害在先权利的可能。但商标注册并非一蹴而就，自提交注册申请起至商标初步公告存在一定的期间，此时确定在先的时点便十分重要。理论上，自提交注册申请文件起申请人便无法变更申请注册的商标标志及使用范围，之后所产生的权利既晚于该商标标志可能获得商标权的产生时间，又无法为申请人所知晓，因而很难称其为在先权利。从比较法来看，日本、德国等国家确定在先权利基本以商标

① 吴道霞. 商标法中的在先权范围研究［J］. 黑龙江社会科学，2008（3）：145.

② 《保护工业产权巴黎公约》第六条之五B款规定，除下列情况外，对本条所适用的商标既不得拒绝注册或使之无效：（1）具有侵犯被请求给予保护的国家中第三人既得权的性质的商标。

③ 《与贸易有关的知识产权协定》第十六条第一款规定，注册商标的所有权人享有专有权……上述权利不得损害任何现有的优先权，也不得影响各成员以使用为基础提供权利的可能性。

注册申请日来判断是否存在在先权利[①]，申请日已成国际共识。因此，司法解释也采纳了实践中的做法以注册申请日为在先权利的判断日[②]。

其次，在先权利应当与商标标志相关。商标法中的在先权利受到损害是由于注册产生了商标权，而商标权是在相同或类似的商品或服务范围内就某一商标标志享有专用与排他的权利。可见，只有在先权利是基于商标标志所产生或涵盖的商标标志才能被在后的商标权所损害。《商标法》规定文字、图形、字母、数字、三维标志、颜色组合和声音以及上述组合所构成的标志均可以注册为商标。换言之，只有基于上述商标法允许注册为商标的标志享有的权利才是商标法意义上的在先权利，无法注册为商标的标志所承载的在先权利自然也无法被在后的商标权所损害。

综上可知，商标法在先权利可以初步定义为“在商标申请注册时已经就与该商标标志相关的标志享有一定的民事权利”。因此，我国在2001年第二次修订《商标法》时便增加了“申请注册的商标，应当有显著特征，便于识别，并不得与他人在先取得的合法权利相冲突（第九条）”和“申请商标注册不得损害他人现有的在先权利（第三十一条，现为第三十二条）”[③]的规定并延续至今。

（二）在先权利的基本类型界定

既然可以注册为商标的标志均能承载在先权利，潜在的在先权利便无法一一穷尽列举。正因如此，《巴黎公约》和《Trips协定》等国际公约也仅概括性规定保护在先权利。根据世界知识产权组织的意见，商标法中的在先权利至少应当包括“已经受保护的厂商名称权、著作权（版

---

① 《日本商标法》第二十九条规定，商标权人、专有使用权人或一般使用权人，在指定商品或指定服务上使用注册商标的形态与该商标注册申请日前他人的专利权、实用新型权或外观设计权，或者与该商标注册申请日前他人已产生的著作权相抵触时，不得在指定商品或指定服务中相抵触的部分上使用该形态的注册商标。

《德国商标和其他标志保护法》第六条规定，（1）第四、五、十三条意义上的权利发生冲突时，本法中权利的在先权，与决定这些权利的优先权相关，在先权的确定需要遵循第（2）款和第（3）款的规定。（2）对于已申请或已注册的商标，申请日与确定在先权相关，或者根据第三十四条和第三十五条要求优先权的，优先权日与确定在先权相关。

② 《最高人民法院关于审理商标授权确权行政案件若干问题的规定》（法释〔2017〕2号）第十八条规定，商标法第三十二条规定的在先权利，包括当事人在诉争商标申请日之前享有的民事权利或者其他应予保护的合法权益。

③ 全国人民代表大会常务委员会. 关于修改《中华人民共和国商标法》的决定［J］. 中华人民共和国全国人民代表大会常务委员会公报，2001（7）：31-536.

权）以及姓名权和肖像权等人身权。”[①]而诸如德国、法国等也仅能在立法中列举诸如名称权、肖像权、著作、植物品种名称、地理来源标志、其他工业产权等主要的在先权利[②]。我国《商标法》则仅规定了在先权利，而在后续出台的商标局注册审查标准与商标司法解释中列举了一定种类的在先权利。同时，理论界也以“至少包括”为限定语努力将常见的在先权利类型一一罗列出来。可见，在上述简单定义的指引下并不能对在先权利进行详细列举，其更适合进行合并同类项。

理论界对在先权利的类型化已进行多年，但并没有形成统一的观点。具体言之，有以在先权利标记性质不同划分为商业性标记、智力成果标记以及人格权中的姓名与名称标记等三类在先权利[③]，也有以权利性质不同而区分为其他知识产权、其他民事权利和新型权利[④]等。存在上述不同分类的原因在于划分标准的不同，但毕竟商标法中的在先权利基于商标标志产生，因此前一种以标识性质进行划分更为适宜。不过其所称的智力成果标记仅包含“文学、艺术、科学作品和专利技术的名称标记”却不包含作品与专利设计本身，但作品与专利设计同样是可以注册为商标的标记，如美术作品和平面外观设计等[⑤]。可见，应当结合上述两种划分标准在我国现有法律规范的基础上对在先权利进行分类。

具体言之，理论上可以结合商标标志的性质和在先权利的性质分为三大基本类型。第一类是以商业标识为基础商业标识权[⑥]，包括企业名称及其简称（商号/字号）、商品特有名称、商品包装装潢、域名、网站名称等享有的权利[⑦]。由于商标是最为重要的一种商业标识，因此此类在先权利与商标的关系也最为密切。同时，商业标识基本要进行登记注

---

① 博登浩森．保护工业产权巴黎公约指南［M］．汤宗舜，段瑞林，译．北京：中国人民大学出版社，2003：76.

② 吴道霞．商标法中的在先权范围研究［J］．黑龙江社会科学，2008（3）：145.

③ 付继存．计算机网络域名与商标专用权发生冲突时，应当依法保护合法商标权人利益［M］//冯晓青．知识产权权利冲突专题判解与学理研究．北京：中国大百科全书出版社，2010：383.

④ 赵凤梅，胡远明．商标法在先权利保护的理论探讨［J］．山东科技大学学报（社会科学版），2004（3）：69-73.

⑤ 北京市高级人民法院．合生元公司与商标评审委员会商标权无效宣告请求行政纠纷（2015）高行（知）终字第3175号行政判决书［Z/OL］．（2016-01-26）［2024-01-10］．https：//wenshu．court．gov．cn/website/wenshu/181107ANFZ0BXSK4/index．html？docId=bJZNHdNjlwfON9XZLiEiRcwgXjA18i7on/xS94qqps4pdX35vnrZIfUKq3u+IEo49VJItWTtmBadI89R7xoNasKw4MC0h3o54pw21uFqx9vnS3Ma80YxJLopcdtBcEST.

⑥ 王莲峰．商业标识立法体系化研究［M］．北京：北京大学出版社，2009：11-20.

⑦ 《反不正当竞争法》（2017年修订）第六条规定了对商品名称、包装、装潢、企业名称、域名主体部分、网站名称等有一定影响商业标识的保护。

册或者备案，因而也是最为容易确定是否存在在先权利的类型。第二类则是在知识产权法中其他可视为以标志为基础的权利，如著作权与邻接权、外观设计专利权等。这些权利的客体如美术作品、音乐作品以及某一类产品的外观设计可以作为图形、颜色组合、声音或三维标志等类型的商标申请注册[①]。第三类则是姓名权、肖像权等人格权以及未为我国法律所承认的商业外观权和商品化权等。此类在先权利较为复杂，既涉及自然人人格，又包含未为我国法律所承认的新型权利，因而在理论上与实践中也最具有争议，留待后面详述。当然，这也仅是结合多个标准对在先权利进行大致的类型化，具体在先权利类型是否成立还需要进一步具体分析。

二、在先权利受损害的原因探究

在先权利因在后注册商标可能受损害的实质，便是在先权利与商标权之间存在冲突[②]。权利冲突是法学领域的一个永恒话题，却也经历着真伪的思辨，否定者以“权利法定”且边界清晰的理由否定冲突的存在[③]，进而也便否定了在先权利受损害与获得保护制度独立存在的必要，而认为仅存在针对在先权利的侵权。但该观点于知识产权领域特别是商标法而言却值得商榷。

（一）权利扩张潮流下权利法定的相对性

成文法国家和地区的主流观点坚持权利法定，即民事权利必须由制定法明确规定才能获得保护，因而权利的类型与范围在法律体系中穷尽且封闭，而非列举并开放[④]。在这一逻辑下，权利只需要恪守自己的边界便不会与他人的权利存在冲突[⑤]。然而，无论对权利采取“资格说”“意志说”或“利益说”等[⑥]何种认知，均无法否定权利不应仅限于明文规定，也可以包含未上升为权利的利益[⑦]，其具有为法律所认可与保

---

① 《德国商标和其他标志保护法》第十三条规定，（2）第（1）款所述的其他权利包括：3.著作权；6.其他工业产权。

② 熊文聪．知识产权权利冲突：命题的反思与检讨［J］．法制与社会发展，2013，19（3）：61-72.

③ 郝铁川．权利冲突：一个不成为问题的问题［J］．法学，2004（9）：3-6.

④ 杨晓玲．商业标识权利冲突法律问题研究［D］．重庆：西南政法大学，2016：32.

⑤ 魏小毛．知识产权权利冲突是一场误会？［N］．中国知识产权报，2006-04-21（012）.

⑥ 张文显．法学基本范畴研究［M］．北京：中国政法大学出版社，1993：74-81.

⑦ 孙山．寻找被遗忘的法益［J］．法律科学（西北政法大学学报），2011，29（1）：59.

护的正当性。在我国进入权利本位的今天[①]，无论是从自然劳动学说、人格权理论乃至功利主义的角度，权利都是一个发展的过程，当某一利益为社会所重视时便会为立法或司法所承认并保护[②]。

此外，权利与利益性质相同。细究便可发现，利益是由为法律明确规定的利益，即权利与其他利益或称法益所组成。两者处于“有机关联且不断发展、超越的实际状态”[③]，因而很难仅以法条表述与否来判断何者为权利或是利益。正如商业秘密权从司法认可的利益与正当竞争优势转变为民事权利[④]。同样，无论是工业产权还是著作权的发展，均是从垄断权或使用利益的单纯保护而不断发展形成人身与财产、专用与排他、自用及许可的新型完整权利内容和结构[⑤]。由此可见，私法权利一直处于扩张态势，即便是为立法所明确的新生权利也会因立法技术、文字表述等原因而无法完全与原本的权利体系完美衔接，此时权利冲突在所难免。

更为重要的是，权利边界始终存在着模糊性，因而以权利边界清晰就与世无争的判断便不适宜。首先，法律作为社会科学的一种，其语言及技术的精确度无法比拟自然科学，更无法如概念法学支持者理想中那般泾渭分明[⑥]。其次，立法具有滞后性与局限性，任何立法都希望超前却又无法真正超前，在物质决定意识的规律下，立法者的任何局限与滞后的认知都会反映在法律规范中，此时便需由事后解释与司法适用进行修正[⑦]以协调不同权利。最后，法律由可以反复适用而不针对特定人的原则与规则所构成，因而立法活动便天然具有概括性。可见，法律语言模糊性及立法的局限性、滞后性和概括性，使得权利边界无法清晰确定，更在客观上为权利扩张提供了可能。因此，商标法中诸如混淆可能性、商标近似与商品类似等概念也仅能由司法解释等从实践案例中进行总结并不断修正，在努力确定商标权大致边界的同时也使得商标权范围

---

① 梁慧星．民法总论［M］．5版．北京：法律出版社，2017：41-42.

② 王泽鉴．民法实例研习丛书·民法总则［M］．台北：三民书局，1996：42.

③ 邱聪智．民法研究［M］．北京：中国人民大学出版社，2002：274.

④ 《中华人民共和国反不正当竞争法》（2019年修正）第九条和《中华人民共和国民法典》第一百二十三条。

⑤ 谢尔曼，本特利．现代知识产权法的演进［M］．金海军，译．北京：北京大学出版社，2012：5-7.

⑥ 边沁．论道德与立法的原则［M］．程立显，宇文利，译．西安：陕西人民出版社，2009.

⑦ 庞德．法理学（第四卷）［M］．王宝民，等译．北京：法律出版社，2007：14.

在客观上逐渐扩张。

（二）物权原则的知识产权法困境

否定权利冲突的原因还在于权利法定及边界清晰的物权原则滥觞。民法上的物一直以来被限定为是客观存在的独立于人体的有体物[①]，其以包含占有、使用、收益及处分权能的所有权为核心权利。因而，以自然科学为基础在法律上对物及物权进行界定分割并不存在技术限制或障碍，所以物权法定原则及其所延伸而来的物权优先、一物一（所有）权及所有权优先等原则[②]既不存在错误，又很少受到时代变化的影响。正因如此，物权优先于债权且所有权优先于其他物权，加之人身权和债权与物权客体不重合，也便不会产生物权间及物权与其他权利间的冲突。

然而，以有体物为基础的物权理论却不能直接、完全适用于知识产权。知识产权虽然也采取法定主义，但其在客体及范围等方面却明显不同于物权。一方面，并不存在类似于“一物一权原则”的“一客体一知识产权原则”[③]。不同于物权特别是所有权针对并局限于对特定物的垄断，著作权并不限于承载作品的具体书籍物，商标权也并非垄断商标标志，专利权则是在有限时间内对特定制造方法的实施行为进行垄断。可见，客体并不能完全成为知识产权的划界标准。此外，著作权下的作品可以作为商标标志进行注册，产品外观设计也可以享有著作权，因而一客体多知识产权便成了知识产权不同于其他民事权利的重要特征[④]，由此也引发了知识产权以及与其他民事权利因客体重叠而产生的权利冲突。

另一方面，知识产权也不同于物权具有专用与排他范围一致的特征。在一物一权原则下，虽然所有权具有多项权能，也可以分离成为不同类型的他物权，但均以物的范围为权利的效力范围[⑤]，故不会产生因物之间相同、近似而产生物间所有权或他物权的权利冲突。而在实质性相似、混淆可能性与等同侵权等理论和规则指引下，知识产权的排他权效力范围却远大于专用权的效力范围。这样，虽专用权能够以客体范围

---

① 魏振瀛．民法［M］．7版．北京：北京大学出版社，2017：209-210.
② 尹田．物权法［M］．北京：北京大学出版社，2013：19-27.
③ 王太平．知识产权法法律原则［M］．北京：法律出版社，2004：248.
④ 王太平．知识产权法法律原则［M］．北京：法律出版社，2004：249-250.
⑤ 梁慧星．民法总论［M］．5版．北京：法律出版社，2017：153.

进行效力划分，但由于排他权超出客体范围便会产生相同或类似客体间的越界重叠，因此造成权利间的冲突。

可见，在物权原则下恪守本分的物权并不会产生权利冲突，但在知识产权领域却水土不服，具体到商标法领域则更为明显。一方面，商标作为法律规则最完善，赋权要求最严格的商业标识，处于商业标识体系的顶峰。因此，但凡可以注册为商标的标志自然符合其他商业标识登记注册的要求，如此商标权与其他商业标识权利间的冲突便在所难免。另一方面，理论上可以注册为商标的标志种类丰富，而其并不为商标权人所垄断故可同时承载不同主体和类型的商标权、其他知识产权或不同的民事权利，这当然也会造成权利冲突。在这一背景下，在先权利与商标权间的冲突便不可避免。

（三）可注册商标标志的现实有限性

以法经济学的观点，由于社会资源稀缺有限而导致主体互不相容便会产生权利冲突①。在商标权与其他权利相冲突的情形下，便体现为可注册商标标志的现实有限性。当然，《商标法》规定文字、图形、字母、数字、三维标志、颜色组合和声音及其组合等标志均可注册为商标，同时根据统计，截至2019年上半年我国现存的有效注册商标数量为2 274万件，2019年上半年的商标申请注册数量为343.8万件②。由此来看，商标标志有限的说法很难成立，甚至有观点以此认为“有限说”是“商标代理界的忽悠”③，可注册的商标标志无穷无尽，权利冲突便应当很难发生。

然而，现实并非如此。虽然根据法律规定任何符合类型要求的标志均可注册为商标，但商标最终获得注册并非易事。在客观方面，标志需要符合商标法规定的诸如显著性、合法性、非功能性等基本特征，在这一审查过程中便会有大量标志因缺乏显著性、与在先商标近似以及具有不良影响等原因而被淘汰，申请人并不能随心所欲。而在主观方面，申请人作为市场主体时刻要以营利为目的选择商标标志，标志便又要接受

① 杨晓玲．商业标识权利冲突法律问题研究［D］．重庆：西南政法大学，2016：45.

② 佘颖．我国商标有效注册量超2 274万件［N］．经济日报，2019-07-08（03）.

③ 杨士维．商标代理界的忽悠：“驳回率高”与“商标资源有限”［R/OL］．（2020-04-26）［2024-01-10］．https：//www.zhihedongfang.com/11386.html.

心理学、经济学、营销学等市场要求的考验，因而真正能够同时被法律与市场所接受的商标标志并不多，即因为人为因素而造成商标资源稀缺[①]。同时，由于我国现存的有效注册商标数量巨大，也使得商标标志资源更为贫乏[②]。可见，商标标志有限是客观事实，且这一情况会越来越明显。

当然，在物权标准下这一资源有限性的理由并不成立。由于客体不重叠，物作为权利客体是由权利人独占独享的，即便自然资源总体有限、质量价值等级不同，也只能通过法定形式获得权利，而不能也不会存在通过抢占他人已享有所有权的客体以获得物权的可能。相反，由于商标权人既不能垄断商标标志，又无法垄断商标标志可承载的全部权利，因而在可注册为商标的标志资源实际有限的情况下，他人以相同的商标标志抢先获得商标权与其他权利便无任何障碍可言。在这一过程中便会存在客观上不同主体“抢夺”商标标志并各自获得权利的情形，进而商标权与其他权利，特别是与其在先的其他权利间的冲突便产生了。

三、在先权利保护的意义论证

（一）权利理论角度的正当性

从权利本身的正当性与应当保护角度而言，在先权利作为产生在先的权利便必然具有不可侵犯性。该理论源于“物权优先于债权”及“所有权优先于他物权”的理论，体现了“时间在先、权利在先”的朴素自然法哲学的思想，体现了“先来先得”的精神[③]，也符合洛克财产劳动权利理论（Locke’s Labor Property Theory）对权利取得与保护的逻辑[④]。既然每个人都有追求“生命、自由和财产”的权利[⑤]，那么“财产与人身、自由同样应受法律保护”。[⑥]因此，在先产生的权利自然应当受到不为在后他人及其权利所损害的保护。

---

① 龙文懋. 论知识产的稀缺性和可界定性［J］. 首都师范大学学报（社会科学版），2005（2）：50.

② 袁博. “商标资源有限”是骗人的吗？［R/OL］.（2020-03-18）［2024-01-10］. https：//www.zhihedongfang.com/13838.html.

③ 刘曼玉. 论知识产权的权利冲突与协调［J］. 铜陵学院学报，2007（4）：66.

④ 洛克. 政府论［M］. 瞿菊农，叶启芳，译. 北京：北京大学出版社，1996：18-33.

⑤ 程燎原，王人博. 权利论［M］. 桂林：广西师范大学出版社，2014：2.

⑥ 杨才然. 与知识产权有关的权利冲突协调原则之理论基础［J］. 电子知识产权，2005（11）：18.

同样，从人格权学说（Theory of Personality）角度来审视在先权利也是如此。诚如黑格尔（Hegel）所述，人人均有权将自己的意志体现在任何物品之中使其为我所有。换言之，人的权利体现于施加在物上的自身目的，从而使物具有了规则与灵魂，以享有对物的绝对性权利①。作为相比于商标权在先便将自我意识附着于特定客体之上的主体，其虽然由于客观或法律规定等原因很难无条件地对该客体享有黑格尔所述般绝对权利，但在其相应的权利范围内也应获得在后权利主体的尊重而非损害。

此外，从边沁功利主义（Bentham's Utilitarianism）的角度来看，法律或制度好坏与否应当以人民的“最大幸福或快乐原理”为标准进行判断，即利益相关的所有人的最大幸福是指人类行为唯一正确适当且普遍希冀的目的②，以确保社会公共利益和个人利益的一致与双赢。因而利益相关人幸福及最大与否便能够体现为其所享有的权利是否为国家法律或制度所合理保护。换言之，只有为权利主体提供合理程度的保护，才能符合社会公共利益的要求，也才能激励众多权利主体造福社会，促进人民的最大幸福。可见，权利创设与产生在先便相比于在后的权利更有获得保护的理由。

当然，除洛克劳动权利观点以外，无论是黑格尔的人格权学说还是边沁的功利主义理论都没有明确提及在先权利保护的内容。但毕竟在先权利是相对的，此处的在后权利相应也会成为彼处的在先权利，因而对权利的保护自然包含对在先权利进行保护的逻辑。由于某一权利在先产生更加符合人格权理论的意志赋予与功利主义的激励理论，因此其便更加具有正当性并因此获得法律的保护。

从法经济学角度来看，对在先权利进行保护并非仅因其符合上述权利正当性与保护理论的设定，也不仅仅因为在先权利“先到先得”，更重要的原因在于在先权利由于在先存在便会在先进行公示，即“提出了一个相对简单而且费用较低的办法来决定所有权要求……观察的便利使

① 黑格尔．法哲学原理［M］．范扬，等译．北京：商务印书馆，1961：52.
② 边沁．论道德与立法的原则［M］．程立显，宇文利，译．西安：陕西人民出版社，2009.

法律裁定变得费用低而又简单”。[①]换言之，在先产生的权利由于更易且更早为公众和社会所知晓，因而在产生社会便利、降低搜寻成本的同时便应当在先获得尊重与保护。总之，在在先权利与在后商标权发生冲突的前提下自然要保护在先权利，而在后的商标权就应当进行避让与忍耐。

（二）现实需要角度的必要性

保护在先权利的第一现实要义便是履行国际条约义务和国际交往要求，《巴黎公约》至《Trips协定》均明确规定商标注册或注册商标不得损害他人的“既得权利”或“现有的优先权”。因此，我国作为相关条约成员国自然便应遵守该规定，并根据实际情况将相关规定转化为国内法。于是我国在1993年修订国家工商总局出台的《商标法实施细则》时便衔接《巴黎公约》的规定，禁止以不正当手段“侵犯他人合法的在先权利进行注册”，在2001年为加入世界贸易组织第二次修订《商标法》时纳入其中[②]，从而在商标立法中首次明确规定保护在先权利，完成了国际条约义务的国内法转化。

进言之，国际条约规定商标注册不得损害在先权利的主要原因在于要尽可能防止恶意抢注等非正常申请商标注册的现象[③]。在注册体制下，商标获得注册便能够在相应的商品或服务范围内禁止他人使用相同或近似的标志，防止发生混淆误导公众以造成损失。而混淆误认会造成损失则是由于商标是积累和承载商誉并以此获得经济利益的重要载体[④]。因此虽然他人特别是其他商业标识权利人享有非商标权的在先权利，却也能够凭借商标标志享有商誉所带来的利益。此时，若允许损害其在先权利的商标在后注册通过，不仅其相应商誉会被在后注册商标所侵占，同时也失去了以商标巩固保护商誉的可能。更由于商标在商业标识体系中保护力度最强且地位最高而在实际上导致后续在先权利的行权行为可能落入法律规定的商标侵权范围内。因此，禁止商标注册损害他

① 罗伯特，托马斯．法和经济学［M］．史晋川，董雪兵，等译．6版．上海：格致出版社，上海人民出版社，2012：96-98．
② 华鹰．新商标法关于商标在先权利规定的现实意义［J］．商业研究，2003（8）：145．
③ 孔祥俊．商标法适用的基本问题：增订版［M］．北京：中国法制出版社，2014：38-39．
④ 冯晓青．企业知识产权战略［M］．3版．北京：知识产权出版社，2005：223．

人在先权利便发挥了禁止恶意抢注等的作用。

也正因如此，若对在后商标的注册完全放开而不考虑其是否会损害在先权利，便会在因作为载体的标志相关而产生权利冲突的同时造成法律与制度冲突。作为成文法国家，权利法定主义虽然并非完全绝对但也几乎涵盖了法定主体应当受到保护的各种权利和利益，因此现有的权利创设与保护还需在现有体制中寻找依据。但各种权利类型不一、规则各异，因此便存在调整与保护不同权利的法律和制度体系。在现实中，权利间的冲突便会转化为法律与制度间的冲突。在此前提下，不保护在先权利不仅无助于权利冲突的缓和与解决，更会加剧法律与制度的冲突，从而破坏一国法律体系的自洽性与内在逻辑关系。

同时，以商标标志为中心的在先权利与商标权的冲突具有标识性权利所固有的混淆情况。而混淆不仅造成在先权利人的商誉等利益被侵占、损害，而且也会使相关公众造成误认进而损害消费者的合法权益，破坏市场正常的竞争秩序。可见，损害商标法中的在先权利不仅会产生私人利益间或权利主体间的纠纷，更由于商标法中的在先权利的特殊性会直接损害冲突外的第三人的合法权益，乃至社会公共利益。

第二节 在先权利的损害实质

因客体相关产生在先权利与商标权的冲突，从而对在先权利造成损害。可见，在先权利受损害的实质便是在后的商标权使用了与在先权利相关的客体，即造成了客体重叠。然而商标的作用主要在于通过商标标志指示商品或服务的来源，而非单纯垄断标志获得利益。因此，在先权利与商标权的冲突实质，即应当对“在先权利的损害实质究竟为何”进行明确认定。毕竟，只有确定了在先权利损害的实质，才能进一步确定在先权利的类型和损害认定标准等内容。

一、在先权利损害的客体重叠理论局限

（一）客体重叠可能导致权利损害

首先，源于权利客体无实体性的“同一客体说”为客体重叠理论提

供了基础。在先权利受到在后商标权的损害，其实质是一种权利冲突。而产生权利冲突的原因在于知识产权并无物权般“一物一权”的客观特征与法律原则，相反由于客体的无实体性而存在着“一客体多权利”的现象，即在同一客体上会存在两项以上的权利，而当权利主体不同时便会产生权利冲突[①]。相应地，在知识产权领域中商标权与其他知识产权发生冲突的原因便是商标标志在承载商标权之前便已经承载了在先著作权、外观设计专利权等其他知识产权或民事权利，此时商标权产生在后便可能损害在先的其他知识产权。同理，商标权与其他类型的民事权利也因“共用”商标标志而造成权利冲突，进而损害在先的其他民事权利。正因如此，乔丹体育公司注册的“乔丹”商标被前美国篮球运动员Michael Jeffrey Jordan（迈克尔·杰弗里·乔丹）起诉侵害其在先的姓名权[②]。可见，正是由于同一客体可以同时承载不同主体或类型的权利即权利客体发生重叠而造成在先权利受损。

其次，民法体系均以客体重叠为侵权构成要件。由于权利一般以特定客体为载体，因此，在传统民法中侵权行为最核心的特征便是侵权行为触及他人权利客体[③]。例如，在物权法中非法侵占、毁坏或处分他人享有权利的物即构成物权侵害，人身侵权也同样以侵犯到他人的身体、名誉等人身权客体为前提，知识产权自然也不例外，以客体侵占认定侵权成立。可见，在相关客体上存在属于不同主体的各类权利时，自然在后的权利便侵入了在先权利的客体范围，所以客体重叠便是在先权利受到损害的原因。也正因如此，有学者认为权利冲突实际上仅是在先权利受到侵害的另一种“修辞”[④]，而非真正存在权利冲突。

最后，客体边界模糊提高了权利客体重叠的可能性。权利主体及社会公众对知识产权等客体无实体的权利并不享有绝对的垄断权或独占权，仅在一定范围内享有专用权，但权利人也同时享有超越专用权范围

① 冯晓青，杨利华. 知识产权权利冲突及其解决原则［J］. 法学论坛，2001（3）：52.
② 最高人民法院. 迈克尔·乔丹与商标评审委员会、乔丹公司商标争议行政纠纷（2016）最高法行再15号行政判决书［Z/OL］.（2020-01-14）［2024-01-10］. https：//www.court.gov.cn/shenpan/xiangqing/216751.html.
③ 王泽鉴. 侵权行为 ［M］. 3版. 北京：北京大学出版社，2016：96-98.
④ 熊文聪. 知识产权权利冲突：命题的反思与检讨［J］. 法制与社会发展，2013，19（3）：68.

且边界模糊的禁止权①。毕竟，知识产权等无形权利的权利人不仅能在权利范围内禁止他人使用权利客体，而且能禁止他人使用与权利客体相近似的客体。理由在于，虽然权利客体是由权利人自主创造或选定的，其垄断的权利应以权利人自主决定的客体范围为界，但是客体的无实体性使得客体边界模糊，即他人使用近似的客体也会获得与权利人范围相近的权利而造成权利冲突②。因此，禁止权的范围便基于客体边界的模糊性而扩张到了基于同一客体的专用权范围之外。这也正是权利性质具有较大差异的不同知识产权法具有实质性相似、混淆可能性及等同侵权等超越客体范围的保护范围的原因。这样一来，客体重叠的范围便不仅限于字面意义上的同一客体，而相应拓展到了近似的客体。在实践中，也有以“单身狗粮”享有在先著作权而主张在后注册商标“单身粮”实质性相似侵害了其在先权利的案例③。

（二）客体重叠并不必然导致权利冲突

由于“一客体多权利”的特征导致同一客体上的不同权利间产生冲突，此时在后的权利自然触及了在先权利的客体而属侵权行为。同时，客体边界的模糊性使得禁用权范围扩张到近似客体上，从而加重了客体重叠的可能。可见，只要发生同一或近似的客体重叠，在后权利自然损害了在先权利。如此，客体重叠理论便能够完成在先权利受损害实质的认定任务。然而，这一理论却存在严重的漏洞。

首先，客体重叠仅是侵权认定的必要条件而非充分条件。客体重叠理论认为，作为承载权利的客体在侵权行为发生时必然会被侵权人所触及或侵占，而无形权利被侵害则体现为客体发生重叠。毕竟，无论是传统民事侵权还是知识产权侵权，也无论过错责任还是无过错责任，侵害他人合法权利的行为都是侵权责任认定的必备要件且自然以触及客体为前提。在物权法领域，作为物权客体的物唯一、独立且必须是有体物，未经许可地触及、控制他人的物自然能认定为侵犯物权，但权利却并不

---

① 王太平．商标法：原理与案例［M］．北京：北京大学出版社，2015：162-163.

② 曹新明．论知识产权冲突协调原则［J］．法学研究，1999（3）：75.

③ 浙江省杭州市中级人民法院．上海谷耐公司与广东美佳旺公司、广州市禾骏公司侵害商标权纠纷（2020）浙01民终2852号案民事判决书［Z/OL］．（2020-11-19）［2024-01-10］．https：//wenshu. court. gov. cn/website/wenshu/181107ANFZ0BXSK4/index. html? docId=7CFZcq2iKKUmV5+pNGIGgIPawZkf9Im+Myk+OJ4jzdmwoYZa8ufiAfUKq3u+IEo49VJItWTtmBadI89R7xoNasKw4MC0h3o54pw21uFqx9tZcGylLQ575+4Xl58H3Jmr.

一定能完全垄断无实体客体，虽然生命、健康以及名誉等独一无二的人格要素可以依赖特定自然人而产生存在权利，但商标、商号等商业标识乃至姓名、名称等权利客体却并非如此。此时，同一无实体权利客体既可以承载互不干扰的不同权利，又可能产生侵犯在先权利的冲突。因此，只能确认在先权利受损会出现客体重叠情形，但认为客体重叠便绝对构成对在先权利的损害并不正确。

其次，客体概念需要在特定环境下才能确定。在民法体系中，传统民事权利以客体为标准进行类型划分，因而才有了以物、行为、人格要素等客体划分的物权、债权与人格权[①]。细分之下还会有更细化的权利，因而也会有更为细化的客体，如生命权与健康权便分别对应了生命与人体健康等不同的人格要素。同样，不同的知识产权也是由不同类型客体承载的权利所构成的。虽然可以统称为知识产权，但内部差异依然明显。著作权与专利权统称为智力成果权，而商标权则属于商业标识权；专利权与商标权同属于工业产权，著作权却属于人文产权[②]。可见，不同权利间的客体虽然能够在某一条件下被认定为同类，但在具体权利法律环境中的概念并不一致，如美术作品或姓名与商标标志虽然可为同一符号或标记，但在各自环境下便不是同一内涵。此时，自然不能简单地认定实质相同发生客体重叠便构成对在先权利的损害。

最后，法律设定的权利范围也限制了客体重叠理论发挥作用。一方面，在先权利受到损害的含义在于在后行为侵入了在先权利的保护范围或禁止他人涉足的范围。任何权利都会由法律设定边界以明确保护范围，即便无法以量化的方式清晰呈现也会有一个大致的标准。而这一权利范围既可能与客体范围完全一致，又可能不同，如著作权能够垄断实质性相似的作品表达，但姓名权却无法由某个人垄断姓名的文字组合。因此，客体重叠理论仅能对特定法律规定的客体范围与权利范围完全重合的权利发挥作用。另一方面，法律除划定范围外，对任何权利都设定一定限制以维护社会公共利益，给予他人一定的行为自由空间[③]，诸如

---

① 刘春田. 知识财产权解析［J］. 中国社会科学，2003（4）：110.
② 吴汉东. 知识产权法［M］. 北京：法律出版社，2020：41.
③ 董云. 知识产权权利限制的理论与实践［J］. 人民论坛，2013（2）：80-81.

著作权法下的合理使用、法定许可等制度便是如此。因此，客体重叠理论也会因法律规定的权利限制而产生动摇。综上，以在先权利与商标权发生客体重叠便认定存在在先权利损害并不可取。

二、符号学角度的商标本质阐释

（一）商标的三元符号结构分析

有鉴于此，明确在先权利损害的实质是首先要明确商标及商标权的本质。商标的概念是“支撑整个商标法律理论体系的主干”[①]，商标的本质则是商标概念的核心。理论界对商标的本质论述非常多，不同学者通过经济学、心理学、符号学乃至营销学等来分析商标的本质[②]。波斯纳从经济学角度进行分析，认为商标是降低搜寻成本的重要经济工具。商标的作用在于通过减少相关公众即消费者在消费过程中的搜寻成本，并由此促进了经济的整体效率而具有了价值[③]。这一观点为美国法院所认可并付诸实践[④]，成为司法上认定商标本质及侵权的主流意见。

然而，这一观点并非毫无缺点。商标原理是一种混血原理，不仅是阐述市场规律的经济原理，其同时也应当阐述符号规律的符号学原理[⑤]。因此，还应从符号学的角度进行分析。既然《商标法》规定了多种类型的标志可以注册为商标，便可推出商标的本质便是一种符号。符号（Symbol），简言之便是由某事物来代表另一种事物。以索绪尔二元符号结构论述（Saussurean Dyadic Sign Model）来理解，符号是由形式，即表示成分的能指（Signifiant/Representmen）及被表示成分的所指（Signifie/Interpretant）构成的混合物[⑥]。但二元结构却忽略了能指与所指客观所要依附的物理载体，即对象（Object/Referent）。虽然语言可以作为一个单独的领域进行研究，但任何符号都无法脱离客观对象而存在，因此由能指、所指及对象所构成的皮尔斯三元结构（Peircean Triadic

---

① 刘春田. 商标与商标权辨析［J］. 知识产权，1998（1）：10.

② 王太平. 商标法：原理与案例［M］. 北京：北京大学出版社，2015：11.

③ LANDES W，POSNER R.The economics of Trademark Law［J］. The Journal of Law & Economics，1987（02）：265-309.

④ DOGAN S L，LEMLEY M A.A search-costs theory of limiting doctrines in Trademark Law［J］. Intellectual Property Law eJournal，2007：1223.

⑤ BEEBE Barton.The semiotic analysis of Trademark Law［J］. UCLA Law Review，2004（03）：624.

⑥ 巴特. 符号学美学［M］. 董学文，等译. 沈阳：辽宁人民出版社，1987：35.

Sign Model）更为适宜[①]。因此，对商标的分析也应采用三元结构。

从《Trips协定》的规定便可看出商标法领域早已实际运用了符号的三元结构来定义商标[②]："任何标记或标记组合"便是作为"能指"的商标标志，"能区分一企业和其他企业的商品或服务"便是以"所指"来指示"对象"，而只要符合这三元结构"就可以作为商标"。因此，商标法下的三元结构，则是由可注册为商标的标志（即能指），与商标所指示的商品或服务来源（即所指）以及商标所附着的商品或服务（即对象）三者所组成。由此便可明确，商标是由商标标志和商标标志所指示的商品或服务的来源出处所构成的联合体，体现了商标标志与商品或服务来源之间的关系或结构。

可见，在商品或服务必然存在的前提下，商标标志与其指示的商品或服务的来源缺一不可，否则便不能称其为商标。正因如此，我国商标法明确规定商标权以"核准注册的商标与商品或服务为限"，在确定商标权时不仅要考虑到核定的商标标志，而且要明确标志所使用或指示的商品或服务类别，只有如此才能明确界定具体特定的商标权范围，若其中有任何一个发生变化便不再属于核定的商标权范围而应当另行申请注册获权[③]。也正因如此，麦卡锡（McCarthy）教授便作出了商标标志与所指示的商品或服务的来源如"暹罗双胞胎"般不可分离的论断[④]。

（二）商标的信息载体功能确定

符号意义实质上就是符号的意指（Signification）的结果，其产生需要通过意指活动过程来完成，即"将能指与所指结成一体的行为"[⑤]，如此能指与所指才会在对象的基础上构成符号。因此，当人们提出以某一符号作为某一事物或客体的指代之时，该符号便携带了该事物或客体的相关信息，也便具有了反映该事物或客体的意义，即产生了符号意义。这样，当人们使用某一符号时，受众便会接收到该符号的刺激而联想到特定的事物并作出相应的反应，如此符号便发挥出了指示信息的

① 陈宗明．符号世界［M］．武汉：湖北人民出版社，2004：12.

② 《与贸易有关的知识产权协定》第十五条规定，任何标记或标记组合，只要能够将一企业的货物和服务区别于其他企业的货物或服务，即能够构成商标。

③ 郎胜．中华人民共和国商标法释义［M］．北京：法律出版社，2013：105-106.

④ THOMAS M. McCarthy on Trademark and unfair competition ［M］． 4th ed. St. Paul: Thomson/West，2006.

⑤ 巴尔特．符号学原理［M］．王东亮，等译．上海：三联书店，1999：39.

功能。

商标作为商主体与相关公众交流的媒介符号同样遵循这一规律。商标标志所指示的商品或服务的来源，便是商品或服务的来源信息，因而商标的功能便是通过商标标志指示商品或服务的来源信息，即来源指示或来源识别功能。正因为商标具有商品或服务的来源信息指示功能，在商业活动中能够准确、稳定地将商主体的信息指示给消费者，进而产生商誉并获得经济利益[①]。因此，商标才会在众多商业标识中脱颖而出，具有最为重要的经济与法律地位。然而，商标的来源指示功能并非获得注册便能实现，即商标标志与来源信息并非自然结合，而只有商标作为符号具备了意义才能发挥来源信息指示功能[②]。

当然，符号与意义及所对应的使用间的关系并非是自然产生的，更不具有唯一的对应性。换言之，作为人为创造的符号，其意义或含义具有任意性（Arbitrariness）而仅能在特定的环境与前提下才能确定。同时，符号也具有理据性（Motivation），即“意义生成的内在动因”[③]，是在特定环境下人们选用符号的动机。理据性是对近乎绝对化的任意性的修正与限制。具体到商标领域，虽然符号任意性意味着商主体可随意选择标志作为商标使用，但是在现实中在法律规定和经济需求的限制下可注册的标志十分有限，因而需要精心设计不断调整才能确定最终的商标标志并申请注册，尽可能使商标符号处于特定环境下以产生意义，完成意指过程[④]，进而真正形成商标。

可见，商标标志与商品或服务的来源信息之间密不可分的关系是由产生符号意义的意指过程造就的。而此种关系在商标法中便被称为显著性，即指示商品或服务的来源信息而非该商品或服务本身的信息（即固有显著性或获得显著性）[⑤]，同时指示甲标志或来源而非乙标志或来源的商品或服务信息的能力（即来源显著性或区分显著性）[⑥]。如此便不

---

① 王莲峰．商标法学［M］．4版．北京：北京大学出版社，2023：3-4.
② 彭学龙．商标法基本范畴的符号学分析［J］．法学研究，2007（1）：21.
③ 黄华新，徐慈华．论意义的“生命”历程［J］．哲学研究，2004（1）：42-48.
④ 彭学龙．商标法基本范畴的符号学分析［J］．法学研究，2007（1）：23.
⑤ U.S.Court of Appeals，Second Circuit.Abercrombie & Fitch Co.v.Hunting Word，Inc.537 F.2d 4（2d Cir.1976）［Z/OL］.（2018-01-23）［2024-01-10］. https：//law.justia.com/cases/federal/appellate-courts/F2/461/1040/400454/.
⑥ BEEBE .The semiotic analysis of Trademark Law［J］. UCLA Law Review，2004（03）：625.

难理解，为何显著性成为作为符号的商标的核心要素，立法明确规定只有具有显著性的符号才能成为承载来源信息的商标。

当然，商标以来源信息指示为主要功能的同时，也具有质量担保、商誉积累、广告宣传、身份表彰等诸多功能，但这些功能均以来源指示功能为基础，即以确定的商品或服务的来源主体为前提，功能效果也最终归于该特定的主体。而根据商标符号的理据性，意指过程包含着生产、销售、宣传等全面的营销活动。因而，具有三元结构的商标所具备的便是以来源指示为基础的信息承载功能，即向相关公众传递相应的来源等信息以确保商标权人能够获得经济利益。

三、在先权利损害实质的符号独特意义侵占证成

（一）标识性在先权利的符号属性

可见，不论是在商标法领域内，还是在广义的无形权利冲突或在先权利保护的概念下，在先权利遭受损害虽然体现为客体重叠，但这并非实质而是表象。其实质本相为何，还需从商标权及其相关的在先权利角度进行分析。

前面通过分析对商标的本质进行了认定，即商标是一种能够携带信息意义的符号，由能指商标标志、所指来源信息及商品或服务对象所构成的混合体。其实，符号的范围十分广泛，哲学、数学以及自然和社会科学领域中的任何由人类所创造的概念均属于符号①。换言之，不仅商标权这一法律定义下的标记性权利中的商标标志属于符号，其他与商标客体相同或相关的标记性权利，或称商标法中的在先权利的标志或标记均属于符号，即权利冲突更易发生于标志符号客体间②。因而可尝试从符号角度对在先权利进行分析。

首先，对不属于工业产权与商业标识权的著作权而言，一般很难将其与通常意义上的符号联系起来。但细究之下，作为著作权客体的作品实际上也是符号的一种，是由不同符号所组合而成的符号③。著作权法下的作品，是指文学、艺术与科学领域的智力成果，体现了作者的情感

① 索绪尔. 普通语言学教程［M］. 高名凯，译. 北京：商务印书馆，1999：38.
② 吕国强. 知识产权的权利冲突及其协调机制［J］. 人民司法，2005（12）：85.
③ 赵毅衡. 重新定义符号与符号学［J］. 国际新闻界，2013，35（6）：7.

与认知。作品是一种由文字、线条、音响、颜色、画面、造型与动作等作品创作要素构成的思想的具体表达，从概念来看其与商标法中的对商标标志要素的规定并没有实际差异。同时，符号也具有认识与情感的表达功能，并以此来显示相应的文化模式[①]。可见，作为著作权客体的作品，便是作者在文学、艺术或科学领域发挥认知与情感功能，同时在作品创作要素的排列组合上符合法定独创性要求的符号，即作品表达便是符号。

其次，外观设计虽然被置于专利法中，但其并非技术方案，而是一种“产品整体或者局部的形状、图案或者其结合以及色彩与形状、图案的结合所作出的富有美感并适于工业上应用的新设计”[②]，可见外观设计的构成与作品的概念更为类似。因此，在理论上外观设计的性质更趋向于作品[③]，并可以同时作为作品获得著作权法的保护。同时，外观设计的作用在于“使人民获得使用产品的同时能够享受到产品外观所带来的美感与愉悦”[④]，以便促进购买该商品的欲望。而这一作用同样类似作品的认知与情感表达功能，也就能在外观设计性质类似作品的基础上得出其是由设计要素所构成的新的富有美感的符号的结论。

最后，人格权中的姓名、肖像等人格要素同样属于符号的一种。姓名是自然人在社会中的代称，是区别于他人的称谓符号[⑤]，其在性质上类似于商业标识。而肖像则是“在物质载体上再现的某一自然人的相貌特征”[⑥]，因此具有直观的形象再现性或标识性，当然也属于符号的一种，只不过其依附于自然人的人格而存在。此外，其他诸如商号、域名乃至包装装潢等与商标同属于商业标识的范畴，自然也是符号的一种。通过以上分析可确认，商标法中的在先权利均属于标记性权利，且与商

① 霍克斯．结构主义和符号学［M］．瞿铁鹏，译．上海：上海译文出版社，1987：148.

② 《中华人民共和国专利法》（2020年修正）第二条第四款规定，外观设计，是指对产品的整体或者局部的形状、图案或者其结合以及色彩与形状、图案的结合所作出的富有美感并适于工业应用的新设计。

③ 应振芳．外观设计权何以正当？——兼论我国外观设计制度的变革［J］．知识产权，2006（3）：60-61.

④ 张玉敏，张今，张平．知识产权法［M］．北京：中国人民大学出版社，2013：116-117.

⑤ 王利明．人格权法研究［M］．3版．北京：中国人民大学出版社，2018：406.

⑥ 北京市第二中级人民法院．叶璇诉安贞医院、交通出版社、广告公司肖像权纠纷案［Z/OL］．（2003-12-10）［2024-01-10］．http：//gongbao.court.gov.cn/Details/6486e038824385f370d4c4d79d1728.html.

标相同均具有符号属性，如此便可以统一在符号结构下明确商标法中的在先权利的损害实质。

（二）符号独特意义的侵占损害

既然商标法中的在先权利均是以商标标志为载体的标记性权利，上述权利的客体也便与商标一样符合符号的三元结构，至少是二元结构，而由能指、所指与对象所构成。根据前面分析，商标权受到保护的原因在于商标所携带的信息具有独特意义，即商标标志和所附着的商品或服务信息完成了意指结合，从而具有了显著性，其他商业标识亦是如此。这样，便能够依此逻辑明确在先权利真正需要保护的，或者说其保护正当性在于其客体符号的能指标志与所指信息完成了意指过程的结合，在相应法律体系下对权利产生所设定的独特性意义。

具体言之，在著作权法中除“能以一定形式表现”的物理性要件外，最重要的是作品表达应当具有独创性，并禁止他人对独创性的表达实施字面性复制或非字面性演绎的侵权行为。因此，通常对著作权保护的对象均认定为是在作品中具有独创性的具体表达[①]。作品是由文字、线条、颜色等不为任何人所垄断的创作要素所构成的，著作权人有权垄断其对上述要素的排列组合结果。但既然著作权人垄断了创作要素的特定排列组合结果，便无权禁止他人字面不同但实质性相似的侵权行为，毕竟该实质性相似的作品在创作要素的排列组合结果上是完全不同的，已然超过其垄断权的控制范围。可见，著作权与商标权一样，垄断的并非创作要素的排列组合结果即单纯的符号能指，而是符号能指与所指结合而成的独创性的意义。如此，著作权才能够囊括字面不同（即符号能指并不相同）但实质性相似（符号能指与所指的结合的意指意义相同）的作品表达。也正因如此，独创性的意义便是此作品区别于彼作品的重要标志[②]。在思想与表达二分法下若思想具有独创性，则绝对是具有独创性的作品[③]。

同样，对类似作品的外观设计而言，其获得专利法保护的客体被认定为是富有美感、适用于工业应用的新设计。因此，外观设计之所以会

① 张楚. 知识产权法［M］. 2版. 北京：高等教育出版社，2013：29.
② 吴汉东. 知识产权法［M］. 北京：法律出版社，2020：154-155.
③ 张玉敏，张今，张平. 知识产权法［M］. 北京：中国人民大学出版社，2013：26.

存在，是由于生产经营者希望通过对自己的产品进行美化，以迎合消费者的主观心理需求，毕竟“消费者不仅需要一个不同的产品，还需要产品具有美感和品质保证”[①]。可见，外观设计真正要保护的也并非授权申请时提交的新颖独特设计，而是该设计作为符号所携带的新颖独特且能为消费者在特定产品上所感知的美感意义。否则，外观设计便应当以提交的图片或照片所呈现的唯一客观设计样式[②]为权利边界，而没有必要将保护范围扩张到相似的外观设计之上，即只有当设计符号所呈现的需要保护的独特的美感意义同时能为在后的设计所呈现时，该在后设计才属于不予授权并禁止使用的相似设计[③]。

而在人格权领域，姓名、肖像等标记性权利，其受到保护的同样是姓名、肖像等符号所携带的独特性意义。对姓名而言，其具有指示、区别特定的自然人的作用[④]，因此姓名符号的所指便是特定自然人的个人识别性信息。当姓名符号的能指即具体姓名与所指的个人信息结合而产生独特意义时，姓名权便因此产生并可禁止他人盗用、冒用与干涉，以防止造成人格混同[⑤]。当然，当所指信息不同而导致姓名符号所携带的意义不同时，虽同名同姓，但此姓名非彼姓名，自然任何人都无权禁止在后的自然人使用相同的姓名，这也是姓名权既无法垄断姓名符号，更无权禁止他人使用类似姓名符号的原因。同理，肖像作为自然人相貌特征的呈现符号，也因其能指与所指的结合携带了特定自然人的信息而产生肖像权并获得保护。

由此可知，商标法中的在先权利受到损害的实质是在后的商标与在先权利客体符号的独特意义发生了冲突，表现为商标注册及后续使用行为侵占到了在先权利客体符号所具有的独特意义，而非单纯是先后两个权利的客体发生重叠。换言之，只有在后权利因客体重叠使得其与在先权利客体符号所携带的独特意义发生冲突，并且当冲突表现为后者侵占

---

① 熊文聪．知识产权权利冲突：命题的反思与检讨［J］．法制与社会发展，2013，19（03）：65.

② 《中华人民共和国专利法实施细则》（2023年修订）第三十条、第三十一条明确规定了申请外观设计形状、颜色保护的说明要求，即外观设计专利权保护范围。

③ 从相似设计的非专业设计人员的相关公众认定主体性质也可知晓，该判断的对象并非设计本身而是设计对外所呈现的美感意义。

④ 中国社会科学院语言研究所词典编辑室．现代汉语词典［M］．7版．北京：商务印书馆，2016：913，1470.

⑤ 张红．民法典之姓名权立法论［J］．河北法学，2019，37（10）：15.

前者上述意义时才构成对在先权利的损害。因此，只有符合上述意义侵占标准的在先权利才是商标法中的在先权利并能够获得保护。

第三节 在先权利保护原则分析

法律原则是“具有权威之机关所创设的法律规则的安定性原则”[①]，对立法具有指导作用，是法律主体的行为准则，同样也是解释法律、适用法律以及补充法律漏洞的依据和基础。而在商标法中在先权利的保护问题则仅有两个简单条文予以规定，既无具体操作规范，更缺乏宏观的指引。因此，明确在先权利保护原则便势在必行。对在先权利的保护原则理论上多有讨论[②]，其中“保护在先权利原则”“诚实信用原则”“禁止混淆与公平竞争原则”和“权利平衡原则”等为学者所共识，而司法实践中，法院也在判决说理部分强调“保护在先权利原则”“诚信原则”等[③]。可见，上述原则大致构成了在先权利保护的基本原则，因此有必要对其进行分析，从而为在先权利保护提供指引。

一、保护在先权利原则

（一）保护在先权利原则的首要地位

保护在先权利原则应当是首要原则。保护在先权利原则是指当发生权利冲突之时，优先保护产生时间在先的权利。其既是“解决知识产权权利冲突的基本原则”[④]，又是解决知识产权与其他权利冲突的一项普

---

① 颜厥安．规则、理性与法治［J］．台大法学论丛，2002（2）：17．

② 张礼洪．论在先权利和商标专有权的冲突［J］．法律科学（西北政法学院学报），1994（3）：64．

张法连．美国处理商标注册与在先权利的冲突问题探究评析日本华特克公司诉刘氏及美国华特克公司案［J］．法律适用，2009（7）：90-93．

曹柯．商标抢注及其规制程序［J］．人民司法，2011（5）：90．

③ 北京知识产权法院．永润高压容器（台州）有限公司与北京天海工业有限公司不正当竞争纠纷（2015）京知民终字第121号民事判决书［Z/OL］．（2015-09-23）［2024-01-10］．https：//wenshu. court. gov. cn/website/wenshu/181107ANFZ0BXSK4/index. html? docId=6XjNV7Lw8PN/nCIpKRw070fngQlDueMMwwMCbpTBYaVTTSE4fGQgOvUKq3uIEo49VJItWTtmBadI89R7xoNasKw4MC0h3o54pw21uFqx9s7gmoB6cVKvPJrnn8zykJQ.

上海市普陀区人民法院．李庆诉欧缇丽（上海）公司侵害商标权纠纷（2017）沪0107民初18141号民事判决书［Z/OL］．（2020-01-14）［2024-01-10］．https：//wenshu.court.gov.cn/website/wenshu/181107ANFZ0BXSK4/index. html? docId=6X8yG55tLKIVYA77Uj2eB54EfP3gtE9xVogFxmEU2hTf2I6g8KfWPfUKq3u+IEo49VJItWTtmBadI89R7xoNasKw4MC0h3o54pw21uFqx9s7gmoB6cVKvNb2HUxfYZGm.

④ 冯晓青，杨利华．知识产权权利冲突及其解决原则［J］．法学论坛，2001（3）：52．

适性原则，因而在先权利的保护自然要以该原则为首选。而保护在先权利原则在我国的确立则是从行政与司法实践经验中逐步发展完善起来的。

我国《商标法》于2001年第二次修改时，在第九条和第三十一条分别规定了注册商标（商标注册）不得损害他人合法的在先权利，由此可以理解为保护在先权利原则的立法依据。而这一立法上的原则源于1993年《商标法实施细则》修改时相应增加的规定①，在立法缺失的情况下从行政法规的角度为具体商标行政程序实践提供了保护在先权利原则的指引。在1998年最高人民法院发布的《关于全国部分法院知识产权审判工作座谈会纪要》明确规定，“人民法院应当按照民法通则规定的诚实信用原则和保护公民、法人的合法的民事权益原则，依法保护在先授予的权利人或在先使用人享有继续使用的合法的民事权益”②，从而在司法上明确了保护在先权利原则。可见，保护在先权利原则在我国商标立法、行政和司法实践与规范方面均有明确体现，是必然要适用的法律原则。

同样，诸如《日本商标法》第四条，《德国商标和其他标志保护法》第十三条，《美国1946年商标法》（《兰哈姆法》）第二条以及《法国知识产权法典》L711.4条等域外法律条文或概括规定“侵犯在先权利的标记不得作为商标”，或列举不同种类的在先权利或标志不得注册为商标③。可见，无论是采取注册体制或是采取使用体制的国家和地区，均采用了商标注册制度，并明确规定商标注册不得损害在先权利。换言之，在先权利保护原则与商标注册体制密不可分。理由在于，商标注册制度作为商标权与商标标志的公示公信重要手段，具有重要的价值④。商标注册不仅意味着权利的确定与稳定，更具有经济意义，即统一商标注册制度体系体现的国家担保的信用对商业经营与贸易而言非常

---

① 国务院．关于第二次修订《中华人民共和国商标法实施细则》的批复（国函〔1993〕102号）[J]．国务院公报，1993（15）：750-761．

② 最高人民法院．关于全国部分法院知识产权审判工作座谈会纪要（法〔1998〕65号）[M]//法律出版社法规中心．最新司法解释小全书：民事二卷．北京：法律出版社，2010：527．

③ 刘春田．十二国商标法[M]．北京：清华大学出版社，2013．

④ 付继存．形式主义视角下我国商标注册制度价值研究[J]．知识产权，2011（5）：75-80．

重要[①]，而该制度无论是在形式上、还是实质上所具有的定分止争功能则是该价值产生的前提。由于商标注册程序既无法完全主动审查同一商标标志可能承载的在先产生的其他权利，又很难要求申请人主动查询汇报在先权利，因此与在先权利产生冲突、对其造成损害的情形便无法避免。此时，唯有在商标注册制度中明确保护在先权利原则，才能弥补该注册所具有的先天缺陷。因此，无论是从本国实证法脉络、比较法制度共性还是注册体制的缺陷角度进行分析，保护在先权利原则当然是商标法中的在先权利保护的首要原则。

（二）保护在先权利原则的两种内涵差异

保护在先权利，从字面理解来看便是保护先于商标权产生的法律明确规定的权利，即该原则应当遵循权利法定原则，因此仅有著作权等知识产权、商业标识权以及人格权等标记性权利可以被认定为是在先权利，而诸如上述理论上的商品化权、商业外观权等未为我国以及国际公约所明确承认并规定的“权利”是否包含在内便存在疑问。其实，这一疑问是由于权利冲突而需要保护在先权利的原因。正如前面分析的一样，在私法权利本位下的私权特别是知识产权的范围与类型的扩张与变化永远会随着社会需求的发展变化进行[②]，而非跟着法律文本亦步亦趋，因此当社会发展与市场经济不断演进出新的、符合法律正当性的经济利益时，法律规定便会显得滞后。此时若严格固守权利法定原则，便会导致形式合法但实质侵权的矛盾局面。同时，《反不正当竞争法》禁止商业混淆和原则性保护条款也为其提供了效果类似的保护，这就会出现能够获得法律保护的利益却又不为法律所正式认可的立法尴尬[③]。可见，在先权利保护原则不应局限于法定的权利，也应当关注潜在的权利类型。当然，明确纳入此类权利并非一劳永逸，其最终是否属于商标法中的在先权利，是否会被在后的商标权所损害还需具体分析。

保护在先权利原则的适用范围除权利类型外，还要从保护幅度的维度进行分析。对在先权利进行保护，无论从理论上还是实证上，抑或是

① 杨凯旋．一定影响商业标识保护要件适用研究［J］．西部法学评论，2020（3）：94．

② 谭华霖．知识产权权利冲突的内在机理及化解机制［J］．知识产权，2011（2）：28．

③ 李扬．商标法中在先权利的知识产权法解释［J］．法律科学．西北政法学院学报，2006（5）：45．

正当性与必要性均无疑虑可言。但任何保护都是有范围、有边界的，因此对商标法中的在先权利进行保护，特别是通过阻碍经过国家机关审核、公告并颁发权利证书的同属于绝对权的商标权来保护在先权利的幅度如何取舍有待确定。理论上主要有在先权利保护的绝对主义与相对主义两种观点。

在先权利保护的绝对主义认为，“任何一项知识产权的合法取得，必须以不得损害他人合法的在先权利为前提，否则该项知识产权将被认定无效。”①可见，当在后的商标权与其他在先权利发生冲突时，应当无条件地被认定为无效，而不必考虑商标法本身的实体与程序规则。换言之，只要能认定在先权利的存在，其便永远处于绝对保护的地位，没有任何例外可言。因此，持该观点的学者非常赞同“武松打虎图”案的判决，法院认为“虽然一审判决景阳岗酒厂停止使用刘继卣的作品《武松打虎》组画对其经营确有影响，但景阳岗酒厂仍然可以与著作权人协商取得该作品的使用权”，最终还是认定侵权并判决停止侵害和赔偿损失②。而相反的在先权利保护的相对主义认为，“当在先权利遭到在后权利侵犯时，应当恢复在先权利的原有状态或对在先权利人进行补偿。”③可见，相对保护主义并不绝对要求以停止侵害等方式保护在先权利，允许转化为补偿或赔偿等方式继续使用从而使在后的商标权能够保留，因此又称缓和主义。

可见，绝对主义与相对主义的区别仅在于具体的保护方式，而非是否保护在先权利。前者更侧重“永绝后患”“虽远必诛”的方式对在先权利进行保护，因此不仅要使在后权利在法律上无效，更要停止侵害，以确保在先权利不再受任何影响。而后者则更多地考虑了实际情况，希望“得饶人处且饶人”，在保护在先权利与维护现实情况等方面进行协调。严格来说，两者并不存在对错之分，只不过在考虑社会公共利益、法律体系协调等方面存在差异。

---

① 李永明，张振杰．知识产权权利竞合研究［J］．法学研究，2001（2）：101.

② 北京市第一中级人民法院．裴某等诉山东景阳岗酒厂侵犯著作权纠纷（1997）——中知终字第14号民事判决书［M］//孙建，罗东川．知识产权名案评析2．北京：中国法制出版社，1998：78-89.

③ 杨才然．与知识产权有关的权利冲突协调原则之理论基础［J］．电子知识产权，2005（11）：17.

二、诚实信用原则

（一）诚信原则于权利产生与行使的意义

诚实信用，拉丁语标准写法为“bona fides”，是法律英语的重要词汇①，更是法学领域的重要概念。古今中外均将诚实信用作为个人道德品质的重要内容，因而法律中的诚实信用原则也以道德中的诚信准则为渊源。诚信原则最初出现在古罗马，罗马法上的诚信原则首先体现在程式诉讼的一般恶意抗辩中，通过赋予法官衡平裁量权以自己心中的公平合理标准裁决案件②，随后诚信原则逐渐扩展到各项法律制度并为各国近现代民商事立法所认可，从而成为世界通行的法律原则，是民法中的“帝王条款”。

我国诚信原则的立法源于1986年《民法通则》第四条规定的“民事活动应当遵循……诚实信用的原则”，随后1993年《中华人民共和国消费者权益保护法》（以下简称《消费者权益保护法》）及1999年《中华人民共和国合同法》（以下简称《合同法》）均作出了类似规定，同时也在2012年《民事诉讼法》中予以明确，并于2020年纳入新出台的《民法典》第七条。然而，诚信原则的概念在立法上仅表述为“秉持诚实，恪守承诺”，“具有高度抽象性和概括性”③，学界也有不同观点，但基本指向行为人主观上应当具有善意、不得欺诈的认知以获得权利授予，并于客观上就此施加义务④。因此，诚信原则要求当事人的行为不得损害社会及第三人的利益，“必须以符合社会经济目的的方式行使权利”⑤，否则该行为无效，自然也无法通过法律行为获得权利。

正因如此，诚信原则的功能便可主要概括为指引与补充两大类。指引功能又称限制功能，是指诚信原则具有指导、评价、限制当事人行使权利履行义务的作用。既然民事主体从事民事行为应当具有诚信，仅能

---

① 薛波．元照英美法词典（缩印版）［M］．北京：北京大学出版社，2017：163.
② 齐默曼，惠特克．欧洲合同法中的诚信原则［M］．丁广宇，等译．北京：法律出版社，2005：10-11.
③ 黄薇．中华人民共和国民法典总则编释义［M］．北京：法律出版社，2020：30.
④ 马原．中国民法讲义（上）［M］．北京：全国法院干部业余大学教材，1986：21.
徐国栋．民法基本原则解释——以诚实信用原则的法理分析为中心［M］．北京：中国政法大学出版社，2004：70.
⑤ 梁慧星．诚实信用原则与漏洞补充［J］．法学研究，1994（2）：22.

在符合社会及公共利益的前提下追求自己的利益，因此行为凡是构成对诚信原则的违背即是违法[①]，法律上应将其评价为无效。进言之，诚信原则构成了权利的边界，是控制权利行使的准则，相应地行使以不正当方法取得的权利等行为皆属失信的“不能容许的权利行使”[②]。而补充功能，则是指诚信原则具有补充、解释法律行为和法律的功能。诚信原则是“解释、补充法律行为的准则”[③]，当具体的法律行为在规则上难以认定便应依据诚信原则予以解释、补充。同样，法律规则需要重复性适用，因为较为宏观抽象所以同样需要解释，只有使诚信原则发挥作用才能维持法律的公平正义。同时，法律也会存在漏洞与不完善之处，亦需要通过诚信原则作为最高准则予以补充，使立法不致有偏差。

由此可见，在民法体系中权利的产生与行使以及义务的履行均要以诚信原则为最终的指引与评价标准，因而属于私权的商标权的产生与行使自然也要遵守。于是，2013年第三次修改《商标法》时便以“诚实信用原则是民商事活动的基本原则，针对实践中在商标的申请注册和使用环节出现的一些违背诚实信用原则的现象，此次修改商标法进一步完善了这方面的规范”[④]的理由在第九条增加了“申请注册和使用商标，应当遵循诚实信用原则”的规定。

（二）诚信原则于在先权利保护的作用

商标的核心功能在于指示来源，因此对商标进行保护的核心便是禁止仿冒，诚信原则便应当是贯穿商标法的基本原则，用于规制仿冒使用商标的失信行为。但同时在注册体制下商标权的产生并不基于事实行为，而需经过审查注册程序，因而在商标申请注册及后续使用的过程中同样要遵守诚信原则。换言之，诚信原则不仅保护了商标权，更是规范、限制商标权的准绳。可见，诚信原则于在先权利的保护具有重要作用。

一方面，诚信原则规范了商标权的产生。《商标法》明确规定“申请注册商标应当遵循诚实信用原则”和“申请注册的商标不得与他人在

---

① 梁慧星．民法总论［M］．5版．北京：法律出版社，2017：277.
② 朱庆育．民法总则［M］．2版．北京：北京大学出版社，2016：524.
③ 杨仁寿．法学方法论［M］．2版．北京：中国政法大学出版社，2013：187-189.
④ 郎胜．中华人民共和国商标法释义［M］．北京：法律出版社，2013：19.

先取得的合法权利相冲突”，因而商标申请注册时遵循诚信原则的含义便应当包括不损害他人的在先权利。具体言之，诚信原则规范了申请人的主观意图，即禁止以恶意注册等目的将他人享有在先权利的标志申请注册为商标。虽然名为在后商标权与在先权利的冲突，但毕竟在绝大多数情况下均是在先权利受到损害，即他人未经许可而恶意注册商标的行为①。而行为人之所以会恶意注册商标，则是由于在先权利符号所携带的独特意义具有经济利益，而只有通过造成混淆才能侵占该独特意义进而获取经济利益。此时，既使用同一或相关标志，又能侵占独特意义且权利范围大、法律地位高的商标便成为“最佳选择”。行为人自然要不经许可抢先注册该商标以达到通过混淆性侵占意义获取经济利益的目的。因此，诚信原则便构成了限制该目的的防火墙，违反该原则的注册申请应当驳回，获得注册的应当进行无效宣告②，从根本上杜绝违背诚信原则的商标权产生进而损害在先权利，如在“圣安娜”案中法院便明确商标抢注行为违背诚信原则，认定在先权利人并不构成侵犯商标权及不正当竞争③。

另一方面，诚信原则规范了商标权人的行权行为。诚信原则作为民法的基本原则，其作用并不局限于某一领域，因而商标法中的诚信原则也不仅针对注册确权，更包含了“商标使用行为”。虽然大多数损害在先权利的行为都以未经许可的恶意抢注为前提，但相应的侵权认定并不完全以主观过错为必备要件，即便是申请注册时不具有主观恶意，其后续的使用行为在客观上也可能构成对在先权利的损害。因此，行为人取得商标权后行使商标权的行为同样要遵守诚信原则。对在先权利造成的损害并不仅仅是混淆性使用侵占具有经济利益的独特符号意义一种情形，更存在胁迫在先权利人高价购买商标以及向其恶意提起侵权诉讼等滥用权利的商标挟持行为④。而此时行为人已经获得了商标权并躲过了

① 韩景峰. 商标法中在先权利的法理分析［J］. 知识产权，2012（10）：25.

② 《中华人民共和国商标法》（2019年修正）第三十六条和第四十五条将诚实信用原则转化为了对具体不诚信行为的规制规则。

③ 广东省高级人民法院. 圣安娜公司诉广州圣安娜公司侵犯商标权及不正当竞争纠纷（2005）粤高法民三终字第380号民事判决书［Z/OL］.（2007-09-25）［2024-01-10］. https: //www. pkulaw. com/pfnl/a25051f3312b07f3d2b695471f6b5ee1091bf5e8f8debbadbdfb. html?way=listView.

④ 崔国斌. 商标挟持与注册商标权的限制［J］. 知识产权，2015（4）：38.

《商标法》规定的申请无效宣告的5年期限，因此应当通过诚信原则对商标权人行使权利的行为进行限制与规范，防止其滥用权利。同时，《民法典》以及《反不正当竞争法》也明确规定了诚信原则，而未经许可使用在先权利标志造成混淆的行为也应属规制的侵权与不正当竞争行为，这便为商标权人的行权行为施加了全方位的规范。当然，此时也造成了权利和制度的冲突，后面详述。

除上述两个原则外，在理论界与司法实践中常见的原则还有禁止混淆与公平竞争原则以及权利平衡原则与效益兼顾原则，与保护在先权利原则和诚实信用原则存在着一定的联系或是作为前述两原则的延伸，因而对商标法在先权利保护而言同样重要。

三、禁止混淆与公平竞争原则

禁止混淆与公平竞争原则，也有学者称为“保护公平竞争与排除恶意取得原则”或“公平竞争原则”。公平竞争原则是大陆法系反不正当竞争法或英美法系仿冒法的竞争原则，而在传统上商标一直属于反不正当竞争法或仿冒法的保护范围，两者具有共同的价值基础。同时，从美国商标保护进程来看，商业标识性的侵权行为以及后续新生的商品化权与商业外观权的侵权行为均被视为不正当竞争行为[①]，即商业标记性保护自然属于反不正当竞争保护。公平竞争是指“禁止以仿冒、欺诈、引人误解或误导公众等方式侵占他人商誉或竞争优势以非法获取经济利益”[②]。可见，在后商标权损害在先权利的主要形式便体现为公平竞争原则所禁止的行为，特别是商标法中的商标权与在先权利均属于标识性权利，也几乎因市场因素而产生商誉及相应的经济利益。因而，作为市场经济下基本商业道德准则的公平竞争原则也便成为商标法中的在先权利保护的基本原则之一。

当然，公平竞争原则的概念与《反不正当竞争法》列举的不正当行为一样多种多样，以禁止欺诈仿冒为主但却不限于此。因此，商标法中的商标和在先权利等标记性权利客体所具有的三元符号结构与携带意义

---

① MCCLURE. Trademarks and unfair competition: A critical history of legal thought [R]. Trademark Reporter, 1979: 336.

② 冯晓青，杨利华. 知识产权权利冲突及其解决原则 [J]. 法学论坛，2001 (3): 53.

本质等特征，则明确了此时公平竞争原则主要体现为禁止仿冒以造成混淆[①]，从而在表述上更为侧重禁止混淆，即禁止混淆与公平竞争原则。这进一步明确商标法中的在先权利的损害实质是独特意义被侵占造成混淆而非单纯的权利客体发生了重叠。

同时，由于标记性权利特别是商业标识权的登记注册获权体制及其相关制度的存在，公平竞争原则禁止仿冒的含义也不仅局限于单纯的仿冒性使用行为，更具有“否定了因恶意仿冒他人知识产权或欺诈知识产权主管部门而取得权利的合法性”[②]的含义。可见，禁止混淆与公平竞争原则与诚实信用原则也具有一定的联系，即恶意抢注而获得的商标权不仅会因违背诚信原则而在商标法上被评价为无效，同时也会在反不正当竞争法上因违背公平竞争原则而被认定为无效。也正因如此，在司法实践中在先权利人不经过商标法中的异议、无效程序而直接主张在后商标权人使用商标的行为属于不正当竞争，法院也会依公平竞争原则判定“受损害一方可以直接向人民法院提起民事诉讼”[③]支持其主张。

由此可见，禁止混淆与公平竞争原则同样是商标法中的在先权利保护的重要原则之一，其作用不仅在于将保护在先权利原则与诚实信用原则通过禁止混淆、仿冒的内涵具体链接到商标法领域所针对的标记性在先权利，更将在先权利的救济途径明确扩大到了商标法外的反不正当竞争法领域，其否定恶意商标权合法性的内涵更是为避开商标程序而直接主张侵权救济提供了现实司法实践与未来立法完善的可能空间。

四、利益平衡原则和效益兼顾原则

国家与社会都是由不同利益及利益主体所构成的，因而法律制度存在的意义是调节各种不同归属和不同类型的利益[④]，特别是平衡社会与个人、个人之间的利益。而作为知识产权的商标权本身，也是为了平衡

① 张法连. 美国处理商标注册与在先权利的冲突问题探究 评析日本华特克公司诉刘氏及美国华特克公司案［J］. 法律适用，2009（7）：92.

② 冯晓青，杨利华. 知识产权权利冲突及其解决原则［J］. 法学论坛，2001（3）：53.

③ 北京市朝阳区人民法院. 华丰方舟公司诉霖林木公司不正当竞争纠纷（2013）朝民初字第2105号民事判决书［Z/OL］.（2013-06-19）［2024-01-10］. https：//www.pkulaw.com/pfnl/a25051f3312b07f337fdf345ca4deee3184f58b09b1931d0bdfb. html? keyword=%E5%8D%8E%E4%B8%B0%E6%96%B9%E8%88%9F%E5%85%AC%E5%8F%B8&way=listView.

④ 冯晓青. 商标法利益平衡原理研究［J］. 长白学刊，2007（5）：62.

不同主体间、个人与社会公众间的利益而创设的，对商标法而言利益平衡原则也是制度的重要一环。同时，无论发生权利冲突，还是侵权等损害行为，均意味着利益平衡被打破，因此，商标法中的在先权利保护也自然在利益平衡原则的调整范围内。也正因如此，《Trips协定》设定的知识产权保护目标的最终落脚点在于“以有利于社会和经济福祉的方式促进创造者与使用者的双赢，并实现权利义务平衡”。我国《商标法》也开宗明义，要求一体保障消费者、生产者与经营者的利益，促进市场经济的发展。可见，具有知识产权法和市场经济法双重意义的商标法的重要作用在于平衡商标权人与社会及他人间的利益，在先权利自不例外。

利益平衡表述简练，但具体如何适用却并不简单。在商标法中在先权利保护命题下，主要的适用方式便是平衡在后的商标权与在先权利。然而，若是按照保护在先权利原则的绝对主义内涵理解，在后的商标权因损害在先权利应当无条件失效，在仅剩在先权利的背景下也无所谓利益平衡了。因此，适用利益平衡原则的前提条件或其适用的正当性必然是以保护在先权利原则采取相对主义为基础。具体而言，只有不秉持在后商标权绝对无效的观点，允许其以一定条件继续存在，才有适用利益平衡原则的空间。其实，采取相对主义实质上也是在发挥利益平衡原则的作用①，即允许以赔偿或补偿的方式弥补对在先权利以前造成及今后可能造成的损害，以换取在后商标权的存续，给予其权利的正当性与合法性。

此外，对利益平衡原则的分析还涉及效益兼顾原则，是指法律制度的建立与执行同时要考虑到经济效益。在法经济学理论中，法律及法律保护的对象都具有经济效益②，因而针对一项法律制度法学界更关注其是否公正，经济学家则更看重效益。具体到权利冲突时，若仅关注法律公正便会导致效益受损、资源浪费，最终的社会公共利益与福祉也很难实现，而若仅以效益进行衡量又会导致公平正义的缺失，从而发生公地悲剧与反公地悲剧。因此，两者不可偏废，在坚持法律公正性的前提下

---

① 杨晓玲. 商业标识权利冲突法律问题研究［D］. 重庆：西南政法大学，2016：65.

② 凌斌. 肥羊之争：产权界定的法学和经济学思考——兼论《商标法》第9、11、31条［J］. 中国法学，2008（5）：177-180.

要兼顾经济效益，如此才能符合利益的最大化。商标法中的在先权利保护同样如此，在优先保护在先权利以确保公正的同时，也要兼顾经济效益而不能一刀切地将诸如他人已经长期使用形成显著性的商标无条件消灭，否则将造成消费者、商标权人以及社会公共利益的损失。如此来看，利益平衡原则与效益兼顾原则相辅相成，在保护在先权利原则采用相对主义观点的前提下，同样适用于在先权利保护。

当然，还有其他诸如调解优先原则、权利失效原则、遵循维护“无可争议”的商标权原则等，其既可能属于特例而很少适用，又或在理论与实践中存在争议需进一步分析才能适用，但因为其与后续章节的内容相关，所以会在相应部分一并讨论，此处不再赘言。

第四节　本章小结

商标法中的在先权利，简而言之是在商标注册时便已存在的、与商标标志相关的标志享有的民事权利，大致可以分为广义的商业标识权、以商标标志为客体的其他知识产权和以标志为客体的人格权三类。由于私权的扩张潮流、权利客体的无实体特征以及商标资源的现实有限性，使得商标注册获权容易损害已然存在的在先权利，商标法中的在先权利保护便成为一个重要命题。通过简单分析不难发现，上述三类在先权利与商标权最大的连接点在于客体，因此通说认为只要先后权利客体重叠便构成对在先权利的损害。然而，通过对客体重叠理论的否定和符号三元结构理论的引入，认定商标法中的在先权利由于客体的商标可注册性而具有符号结构，且因其符号的独特意义而产生权利并获得保护。可见，在先权利被在后商标权损害的实质，便是后者侵占、损害了前者客体符号的独特意义。因此，保护商标法中的在先权利的关键便在于保护客体的独特符号意义，而非客体本身。同时，应当以保护在先权利、诚实信用、禁止混淆与公平竞争以及利益平衡、效益兼顾等原则为指导，在理论上确定商标法中的在先权利的保护基础。如此，为后续对在先权利保护内容的分析研究进而得出包含保护原则具体选取与适用建议在内的最终完善结论做好铺垫。

第三章 商标法相关在先权利的类型化分析

在先权利既是一个相对概念，又是一个集合概念，是由多个在商标权之前产生的民事权利组成的集合体。因此，保护在先权利首先便要确定什么是在先权利，哪些权利是商标法中的在先权利，即确定在先权利的类型。按照第一章在先权利定义和类型的初步分析结论对理论与实践中可能的在先权利类型进行详细对比分析，具体将分为现有法律涉及的在先权利，包括其他知识产权、《民法典》中的人格权和《反不正当竞争法》规定有一定影响的商业标识进行筛选，以及潜在国内外理论与实践中存在的在先权益，如商品化权益、商业外观权益和未注册商标权益，以期能够明确商标法在先权利体系。

第一节 现有法定在先权利类型的筛选

根据第二章的定义与分类，商标法中的在先权利主要分为以商标标志为权利客体的其他知识产权、人格权和其他商业标识权等三大类。因此，按照上述分类对现有的在先权利进行具体分析，以便筛选出真正会被在后商标权所损害的权利类型。

一、知识产权类在先权利筛选

（一）非以商标标志为客体的知识产权应当排除

从理论与我国立法的整体来看，知识产权除广义的商标权（含地理标志权等）外主要有著作权和邻接权、专利权以及商业秘密权、植物新品种权及集成电路布图设计权等[①]。但众多知识产权类型并非均以标志为权利客体，因此以技术方案为客体的发明与实用新型专利、由商业信息构成的商业秘密以及植物新品种和集成电路布图设计、集成电路或相关物品等为客体的知识产权便首先被排除在商标法中的在先权利之外。

首先，发明与实用新型专利以新的技术方案为权利客体与授权对象。因而对其进行保护也以对在权利范围内的技术方案的利用行为为限，即不得以生产经营目的制造、使用、许诺销售、销售、进口发明及实用新型的专利产品或使用专利方法直接获得的专利产品或使用专利方法[②]。可见，发明与实用新型专利权所保护的技术方案完全可以通过对产品本身及其制造与利用的保护完成。而商标权所保护的商标虽要依附于相关商品或服务并以其类别范围为权利界限，但商标与商品或服务是相互独立的。因此，从保护范围及客体来看，在后的商标权无法损害在先的发明或实用新型专利权。同时，从符号学角度分析，技术具有以实物为载体，以符号为构造的结构[③]，故专利法下的技术方案便是以特定实物为不可分离载体的符号。同样，技术方案与虽依赖实物载体但却独立于实物载体而以自身的能指与所指结合所产生意指意义获得保护的商标存在本质区别。同样，商业秘密、植物新品种和集成电路布图设计也

---

① 《中华人民共和国民法典》第一百二十三条规定，知识产权是权利人依法就下列客体享有的专有的权利：（一）作品；（二）发明、实用新型、外观设计；（三）商标；（四）地理标志；（五）商业秘密；（六）集成电路布图设计；（七）植物新品种；（八）法律规定的其他客体。

刘春田．知识产权法学［M］．2版．北京：高等教育出版社，2022：2-3.

② 《中华人民共和国专利法》（2020年修正）第十一条规定，发明和实用新型专利权被授予后，除本法另有规定的以外，任何单位或者个人未经专利权人许可，都不得实施其专利，即不得为生产经营目的制造、使用、许诺销售、销售、进口其专利产品，或者使用其专利方法以及使用、许诺销售、销售、进口依照该专利方法直接获得的产品。

③ 韩永进．符号、结构与技术［M］．北京：人民出版社，2007：227.

因客体符号独特意义的差异而无法成为商标法中的在先权利，上述客体及各种权利的名称也因属通用名称而不具有在先权利[①]。

此外，损害发明与实用新型专利权的另一种形式是“未经许可在产品或产品包装上标注他人专利号”[②]的假冒专利行为，其行为目的在于假冒他人的专利使公众混淆从而误认具有专利权或获得许可[③]。这一规定与商标侵权类似，均以在相应产品上使用特定标志而造成公众混淆为特征，因而在理论上将专利号作为商标进行注册或使用可以达到该假冒专利的目的。但在实际上，专利号是由大写英文字母“ZL”和12位阿拉伯数字及一个小数点构成的专利申请号，是具有明确统一生成标准的编码，用于指引特定专利产品或方法[④]。可见，专利号除表明专利权外还具有与他人的专利产品或方法以及不具有专利的产品区别开来的作用，但其所发挥的区别作用并非指示产品来源，而是产品所使用的特定专利技术方案。此时，专利号便具有了指向特定技术方案及其产品的唯一性含义。因此，将专利号在相应的产品上使用是在解释、说明、描述该产品的生产制造方法或工艺以表明该产品质量优良，虽然可纳入描述性商标标志的范围，但也只能经过长期使用具有显著性才能获得注册。而其使用行为若未经专利权人许可便属于假冒专利的侵权行为，即使长期使用也无法获得商标注册。此外，专利权人也不会允许被许可人以自己的专利号申请注册商标。

另一方面，专利号的作用在于区分专利权与未使用该专利的产品，若允许专利号作为商标申请注册并使用，将会使得原本具有明确区别的商标与发明或实用新型专利发生混淆。同时，专利权的期限最长为20年且不可续展，而商标权则可以无限续展。在专利权到期而商标权存续

---

① 《中华人民共和国专利法》（2020年修正）第六十四条第二款规定，外观设计专利权的保护范围以表示在图片或者照片中的该产品的外观设计为准，简要说明可以用于解释图片或者照片所表示的该产品的外观设计。

《中华人民共和国植物新品种保护条例》（2014年修订）第十八条规定，授予品种权的植物新品种应当具备适当的名称，并与相同或者相近的植物属或者种中已知品种的名称相区别。该名称经注册登记后即为该植物新品种的通用名称。

② 《中华人民共和国专利法实施细则》（2023年修订）第一百零一条规定，下列行为属于专利法第六十八条规定的假冒专利的行为：（一）……未经许可在产品或者产品包装上标注他人的专利号；……（五）其他使公众混淆，将未被授予专利权的技术或者设计误认为是专利技术或者专利设计的行为。

③ 吴汉东. 知识产权法［M］. 北京：法律出版社，2021：462-463.

④ 国家知识产权局. 专利申请号标准 ZC 0006-2003［S］. 北京：中国标准出版社，2003.

的情况下，专利和商标体制便会产生直接冲突。此时专利权人在产品上标注专利号同样属于假冒专利欺骗消费者的违法行为[①]，更不符合商标法禁止将带有欺骗性的标志注册为商标的绝对要求。此外，商标局对于同属国家知识产权局的专利局所公开确定授予的专利号客观上应当具有明确的认知，更不会允许他人将专利号作为商标申请注册。换言之，发明与实用新型专利权无论如何均不可能作为商标法中的在先权利。

（二）在先著作权和邻接权保护的可注册性限制

1.著作权

著作权所保护的具体对象是具有独创性的作品以及作品传播的特定载体。对于享有著作权的作品，禁止他人以复制或演绎为基础的使用、传播。而商标注册从提交注册申请的商标图样[②]，到颁发商标注册证书再到在商品或服务上使用商标，均能够纳入上述对属于作品的商标标志进行复制或演绎的行为。而且对作品的复制或演绎，并不以同一维度、材质或表现形式、存在空间为限。这便能够完全囊括商标权人在生产经营、企业管理等广义商业活动中使用商标标志的一切行为。因此，除共存的近似作品外，未经许可将他人作品作为商标申请注册，自提交商标图样甚至制作商标图样之时起便侵犯了著作权，更不论注册之后进行使用的行为。可见，著作权是在商标法中当之无愧的在先权利。

而以第一章所引入的符号三元结构进行分析，著作权所保护的并非作品的外在表达而是作品表达所蕴含的具体独创性的信息，是作品符号的能指与所指结合所产生的意指意义，即独创性的意义。因此，如果他人所使用的作品符号虽然相同或近似，但其符号意指的独创性意义不相同且不相似，或者虽然意义相同或近似却是自己独立创作的，行为人便没有利用在先作品所具有的独创性意义，也便不属于以复制或演绎为基础的侵权行为。但作品符号往往都是由众多符号组合而成的，诸多符号能指形式唯一、所指含义确定，其结合而成的意指也便会产生唯一确定的意义，且组合符号越多该意义便更加确定乃至特定。因此，使用了与

① 《专利标识标注办法》（2012年）第四条规定，在授予专利权之后的专利权有效期内，专利权人或者经专利权人同意享有专利标识标注权的被许可人可以在其专利产品、依照专利方法直接获得的产品、该产品的包装或者该产品的说明书等材料上标注专利标识。

② 《中华人民共和国商标法实施条例》（2014年修订）第十三条规定，每一件商标注册申请应当向商标局提交《商标注册申请书》1份、商标图样1份。

他人相同或近似的符号组合所构成的作品，其意义便基本甚至完全相同。这样，著作权侵权认定便不需进一步考虑独创性意义，而只关注是否构成对作品表达的复制或演绎，独创性意义便可融合归入独创性表达以获得保护。此时，注册商标对作品的使用虽然仅使用了作品的表达，且不一定会考虑到其背后真正受保护的独创性意义，也会因意义与表达的融合而侵占独特意义损害著作权。如此，也能再一次论证了符号理论适用于商标法中的在先权利保护的正确性。

然而，并非任何著作权均会受到在后商标权的损害。在我国可以申请作为商标注册的标志具有一定的条件限制，只包含图形、文字（字母、符号）、颜色、线条、三维标志、声音，而非任何形式的标志均可。因此，只有以上述商标标志形式存在的作品才是真正意义上的在先权利，而视听作品、计算机软件作品以及舞蹈、杂技、魔术等作品都不在此列。同时，商标注册的其他限制也会影响在先著作权损害的认定。一方面，商标显著性要求商标标志要尽量简洁或短小。根据《商标审查审理指南》的规定，“过于复杂的文字、图形、数字、字母或上述要素的组合”虽然能够符合独创性的要求，但由于其所包含的信息或符号意义过多，相关公众很难对其产生商标认知而导致无法或不易具有显著性，也便无法获得注册。同样，作为音乐作品的过长或较复杂的声音也很难通过显著性审查而获得注册[①]。另一方面，立体商标应当具有非功能性。非功能性要求具有实用或美学功能的三维标志不能作为商标注册使用，目的在于防止以无期限的商标权永远垄断具有美学或实用功能的设计，造成不正当竞争[②]。相反，著作权法上却存在着雕塑作品、模型作品、建筑作品和实用艺术作品等作品类型，其在具有艺术美感的同时也能具有实用性[③]。此时，上述作品可能不符合注册立体商标的非功能性要求。当然，作为商标注册使用的标志可能仅仅是作品的一部分，因此只有作品被使用的部分具有独创性才能真正为在后商标权所损害。

---

① 杨曦．声音商标注册实质要件研究——以腾讯公司诉国家商评委案为视角［J］．电子知识产权，2019（2）：54．

② 袁博．论立体商标的注册条件：非功能性和显著性［J］．中华商标，2013（3）：77-79．

③ 何怀文．中国著作权法：判例综述与规范解释［M］．北京：北京大学出版社，2016：86-88；94-115；131-137．

2.邻接权

邻接权是指与作品相关，以传播作品的载体为客体所产生的权利[①]，客体主要包括图书版式设计、表演、录音录像制品和广播、电视节目（信号）。由于邻接权客体因传播作品而生，因此其也能够符合符号的结构而作为商标标志进行注册。根据法律规定，禁止他人以复制、发行、公开传送等方式使用其邻接权客体，而从商标注册申请提交图样至后续的商标注册使用行为同样属于侵权，因此理论上邻接权同样是商标法上的在先权利。但同样限于商标标志的形式要求，动作、形象性的表演、录像制品、电视节目画面等非静态标志和广播、电视节目较长声音符号等客体也无法作为商标注册和使用。而图书版式设计虽属于平面标志的一种，但其是图书版面格式设计，是对作品的一种编辑与加工[②]，而非固定静态的平面标志，因此也无法作为商标在图书相关的商品或服务类别上注册使用。同时，作为平面标志与声音的邻接权客体在申请注册商标时，同样要受到商标显著性等要求的限制。过于简单或者复杂以及较为常见而没有特色的声音表演、录音制品、广播和电视节目声音也会因为缺乏显著性等原因失去获得商标注册的资格。

由此可见，在三元结构理论下，作品及邻接权客体因符号意义与作品表达的融合，被作为同属于符号的商标进行注册使用便会受到损害而应当获得保护，在商标法中属于当之无愧的在先权利。但也应注意到，在具体分析中由于受到商标的显著性、非功能性等注册要求的影响，只有符合上述要求的作品及邻接权客体类型才能获得保护，但在实践中相关案例并不存在[③]。

（三）外观设计专利权保护的产品与功能限制

外观设计，是对工业产品的整体或局部外观所做出的富有美感的设计，由工业产品有关的颜色、线条、形状及色彩所构成。因此，外观设

---

① 崔国斌. 著作权法：原理与案例［M］. 北京：北京大学出版社，2014：511.

② 北京市朝阳区人民法院. 中国青年出版社诉万夏等侵犯版式设计专有使用权纠纷（2003）朝民初字第21023号民事判决书［Z/OL］.（2004-03-16）［2024-01-10］. https://www.pkulaw.com/pfnl/a25051f3312b07f36e69c676cda6552c7b4388c2176ddf3dbdfb.html? keyword=% E4%B8%AD% E5%9B% BD% E9%9D% 92%E5%B9%B4%E5%87%BA% E7%89%88%E7%A4%BE&way=listView.

③ 在“中国裁判文书网”和“无讼案例”等网站中以“在先权利”和“邻接权/与著作权相关的权利”等为关键词进行检索，结果中并没有生效案例。

计同样也是法定要素所构成的一种美学表达[①]。只不过这种美学表达无法脱离特定的工业产品而独立存在，也因此与同样属于美学表达的美术作品或实用艺术作品等存在差异。但两者的差异也仅限于此，因而外观设计的本质特征更倾向于作品而非发明，因此，《伯尔尼公约》规定各成员国可以选择将外观设计作为作品予以保护[②]。由此不难发现，在符号的三元结构下外观设计与作品的差异仅仅在于前者必须存在于具体工业产品上，而在符号能指与所指结合过程所产生的意指意义基本殊途同归，只不过外观设计富有美感的意义可能符合著作权法的独创性标准，也可能不符合。但这仅是立法价值取向的差异，而非两者客体间的区别。

外观设计专利权所享有的禁止他人以制造、许诺销售、销售和进口的方式实施其专利，原因在于"外观设计专利仅涉及产品而不涉及方法"[③]，所以实施方式无法也不必包含使用行为。因此，将商标与核准注册类别的商品一起生产以及将商标贴附于注册的商品上发挥其来源指示功能等使用行为便自然落入实施外观设计专利的范围。同时，外观设计作为可视且静态的设计既包含二维平面设计，又可以是三维立体设计并视具体情况应用于不同类型的工业产品之上，如此便完全符合商标法对标志形式的要求。可见，外观设计与作品一道均可成为商标法中的在先权利。

然而，正因外观设计与作品的差异在于前者需要有具体载体，作为在先权利的外观设计专利权保护也受限于其所依赖的工业产品。一方面，其只能被商品商标（用于工业产品的商标）所损害，也仅能依附于商品的商标使用行为才能造成损害。相应地，服务商标及广告宣传性的商品商标使用行为便被排除在讨论外。另一方面，我国专利法规定外观设计专利权必须按类申请并按类授权与获得保护[④]。由于外观设计应用于具体工业产品中，且不同类别的工业产品一般其外在形态具有很大差

---

① 李明德. 美国知识产权法［M］. 2版. 北京：法律出版社，2014：797.

② 马苏耶. 保护文学和艺术作品伯尔尼公约（1971年巴黎文本）指南［M］. 刘波林，译. 北京：中国人民大学出版社，2002：20-21.

③ 安建. 中华人民共和国专利法释义［M］. 北京：法律出版社，2009：29.

④ 《中华人民共和国专利法实施细则》（2023年修订）第三十一条规定，外观设计的简要说明应当写明外观设计产品的名称、用途……。

异，因而其也仅能在特定类别的工业产品上获得专利权。换言之，外观设计专利权的范围与商标权同样是以授权产品的类别范围为限。此时，只有商标注册核准的商品类别（尼斯分类）与外观设计授权的产品类别（洛迦诺分类）在客观上相同或类似时，即两者的产品用途实际相似时[①]，在后的商标权才会侵入在先外观设计专利权的保护范围。否则，两者即便标志（设计）完全一致，也未造成损害。

此外，外观设计与商标也有一定的共同特征，即非功能性。为了区别发明和实用新型专利，外观设计专利便应当将功能性排除在其权利保护范围之外[②]。然而与商标非功能性不同之处在于，外观设计仅排除实用功能性却以美学功能性即设计所具有的美感为权利产生的基础，这也是其与作品更近似的原因。但商标却同时否定了具有美学功能性的立体标志可注册性，由于产品立体设计造型的作用在于以美感吸引消费者以获得竞争力而非为其指示产品来源[③]，若对此类标志赋予无期限的商标权，便超出了商标权的内涵更不符合商标立法宗旨[④]。因此，对具有美学功能性的外观设计，只有其经过使用而具有获得显著性时才能获得注册。但在外观设计有限的保护期内，外观设计权利人长期容忍他人商标性使用外观设计的可能性很低，且经使用而具有获得显著性时外观设计专利权很可能已经失效，不再是在先权利。

综上，在对美学功能性容忍差异的前提下，作为外观设计的立体产品设计造型若仅具有美学功能性则很难作为三维标志申请注册为商标，也便无法认定为商标法中的在先权利。当然，鉴于我国《商标审查审理指南》所列举的三项功能性均为实用功能性，以及自 Betty Boop 案[⑤]开始作为美学功能性规则滥觞的美国对该规则认知的变化，也会导致在实

---

① 《最高人民法院关于审理侵犯专利权纠纷案件应用法律若干问题的解释》（法释〔2009〕21号）第八条规定，在与外观设计专利产品相同或者相近种类产品上，采用与授权外观设计相同或者近似的外观设计的，人民法院应当认定被诉侵权设计落入专利法第五十九条第二款规定的外观设计专利权的保护范围。

② U.S.Supreme Court.Traffix Devices，Inc v.Marketing Displays，Inc.，532 U.S.23 （2001）［Z/OL］.（2001-03-20）［2024-01-10］. https：//supreme.justia.com/cases/federal/us/532/23/. 美国法院便以功能性否定了过期外观设计的商标注册可能。

③ U.S.Court of Appeals for the Ninth Circuit.Pagliero v.Wallace China Co.，198 F.2d 339 （9th Cir.1952）［Z/OL］.（2005-09-03）［2024-01-10］. https：//law.justia.com/cases/federal/appellate-courts/F2/198/339/202861/.

④ 王迁. 知识产权法教程［M］. 7版.北京：中国人民大学出版社，2021：521.

⑤ U.S.Court Of Appeals，Ninth Circuit.Fleischer Studios，Inc.v.A.V.E.L.A.，Inc.，654 F.3d 958 （9th Cir.2011）［Z/OL］.（2011-08-19）［2024-01-10］. https：//law.justia.com/cases/federal/appellate-courts/ca9/09-56317/09-56317-2011-08-19.html.

践中作为失效在先权利客体的外观设计大量被他人注册为商标而遭受损害[①]，但这已超出本书的讨论范围。

二、民法典中的在先权利筛选

人格权，是自然人依据人格享有的权利，基本上自出生便享有而直至死亡才灭失。法律上的人格是由作为主体资格的外在整体面和作为人的尊严的内在具体面所构成的[②]。而由于人的尊严可以从不同侧面进行体现，人格便能对应具化为不同的人格要素并成立相应的具体人格权，诸如生命、健康、姓名、肖像等权利便由此产生。此外，由于人格尊严体现方式无法穷尽，法律同样会对未列举者提供保护，即一般人格权[③]。可见，人格权的客体为不同的人格要素，而要成为商标法在先权利其权利客体便应符合商标标志的形式要求。当进行常识判断时我们便不难发现，在诸多人格要素中仅有姓名和肖像才能被注册为商标，即人格权类的在先权利只能是姓名权与肖像权。

（一）传统姓名权不符合在先权利要求

姓名权，是自然人依据自己作为姓名的人格要素所享有的权利，其对姓名的标记符号所体现的人格独占且不可让予他人[④]。因此，姓名便是用于确定、代表某一自然人的符号，以表征其独立而区别于他人的人格。同时，法律意义上的姓名不仅是指官方颁发的身份证件上的正式名称即本名，还应包括本名以外的曾用名、笔名、艺名等别名，即只要能负载该特定自然人的人格的一切姓名均可能具有姓名权。由于姓名承载并表征人格，因而便具有决定、变更及使用自己姓名的权利，特别是使用权包含自用与禁用两个方面，禁止他人干涉、盗用或冒用姓名。由此可见，未经许可将他人姓名注册为商标并使用的行为便属于盗用或冒用的行为，从而损害了在先权利人的姓名使用权。然而，这一逻辑却存在问题。

在三元符号结构下，同名同姓者虽然姓名符号的能指完全一致，但

---

① 凌宗亮．失效三维外观设计专利的可商标注册性分析［J］．电子知识产权，2010（6）：50-55.

② 朱庆育．民法总则［M］．2版．北京：北京大学出版社，2016：400-402.

③ GIERKE.Deutsches Privatrecht Ⅲ［M］．Berlin：Duncker & Humblot，2010：887.

④ 张俊浩．民法学原理（上册）［M］．3版：北京：中国政法大学出版社，2000：144.

此处的所指即自然人的人格却完全不同，因而两者结合所产生的意指便是各自不同的意义。正因如此，姓名才能确定、代表特定的自然人，承载其独一无二的人格。因此，对姓名符号的独占仅是通过独特的所指信息与意指意义对其人格的排他性保护，而非是对姓名符号的能指标志的独占。换言之，只有同时使用了他人姓名的能指与所指造成人格混同[①]才属于盗用、冒用姓名的侵权行为[②]。因而在商标法下，并非只要使用他人姓名注册商标便属侵犯在先的姓名权，而只有同时造成人格混同才有可能。但在自然人身份证件和即时身份核对技术普及的情况下，自然人在实施民事法律行为时盗用、冒用姓名以造成人格混同并非易事[③]。同样，在后商标权人在商品或服务上注册并商标性使用他人姓名标志的行为更难以造成人格混同而不属于盗用、冒用姓名行为。因此，在不造成人格混同的情况下在后商标权很难损害在先姓名权。

可见，仅保护人格利益的传统姓名权无法获得商标法的保护。其实，姓名之所以会被在后商标权所损害，是由于其具有不容于传统人格理论的财产利益[④]。财产利益由权利人以姓名承载的人格利益延伸而来，因其具有知名度并以此获得经济利益。从符号理论来看，姓名所指承载了人格衍生的商业性内涵，所产生的意指也具有了商业意义。因而其更像是具有指示、区别商业活动、主体的商业标识而非单纯区别特定自然人人格特征，故对其财产利益损害应不同于人格利益必须以造成人格混同为前提，更宜按照《反不正当竞争法》的规定以混淆标准认定财产利益损害。有鉴于此，《民法典》第一千零一十七条便在《反不正当竞争法》、《商标审查审理指南》和《审理商标行政案件规定》等的基础上规定有一定社会知名度的别名若擅自使用可能造成混淆便可以参照姓

---

① 王泽鉴. 人格权法［M］. 北京：北京大学出版社，2013：120.

② 济南市中级人民法院. 张元实与山东省交通公司姓名权纠纷（2018）鲁01民终6099号民事判决书［Z/OL］.（2018-10-19）［2024-01-10］. https://www.pkulaw.com/pfnl/a6bdb3332ec0adc47ed4f8f01d0b5bee164eb9254edbb463bdfb.html?keyword=%E5%BC%A0%E5%85%83%E5%AE%9E&way=listView. 司法实践中，盗用是擅自以他人名义从事活动，冒用则是冒名顶替进行活动。

③ 山东省高级人民法院. 齐玉苓诉陈晓琪等侵犯受教育权纠纷（1999）鲁民终字第258号民事判决书［Z/OL］.（2001-08-23）［2024-01-10］. https://www.pkulaw.com/pfnl/a25051f3312b07f3e5cc13e6ef2c723c533587809496d60fbdfb.html?keyword=%E9%BD%90%E7%8E%89%E8%8B%93&way=listView.

在本案中，被告便是通过伪造诸多证明文件并与招生单位进行串通才达到了冒名顶替上学的目的。

④ 孔祥俊. 姓名权与姓名的商品化权益及其保护——兼评“乔丹商标案”和相关司法解释［J］. 法学，2018（3）：167.

名权获得保护[①]，但也有学者认为财产利益及混淆标准应纳入商品化权（形象权）中而非扩充姓名权的内涵，限于大纲结构相应内容将在后面予以分析。当然，在现有的权利正当性理论下，无论是姓名权扩张还是新设商品化权益，财产利益必须为权利人主动使用姓名产生而非单纯被动接受[②]。特别是法定本名以外的别名可能并非权利人自己决定选取并主动使用的，否则其便缺乏享有财产性权益的正当性，更遑论成为在先权利。

（二）肖像权应当以表明权利人肖像为限

肖像，是对自然人相貌等个人基本特征的一种再现。而一个人的相貌是区别于他人的最为直观的特征，蕴含着特定自然人的人格尊严[③]。可见，肖像同样可以用符号的三元结构来分析，肖像由以画像、照相为载体等相貌再现本身为能指，以再现的容貌所指向的特定自然人信息为所指，而两者结合便构成以容貌再现指向特定自然人的意指意义，即自然人的人格尊严。同时，个人容貌及其再现即便是同卵胞胎也并非完全一致，因而基本独一无二不会重合。由此，肖像便成为了符号领域最为独特的一种，除非在特定条件下无法分辨，只要未经许可使用了相同或近似的肖像便指向该自然人，而侵占了其独特的人格意义，即构成损害人格尊严的侵权行为。如此，将他人肖像作为商标符号注册并使用必然损害在先的肖像权。

同时，不同于传统的姓名权天然排斥经济利益，对肖像权的侵权行为则主要以商业性侵权为主。在1986年的《民法通则》中便明确规定“未经本人同意，不得以营利为目的使用公民的肖像”。对此，王泽鉴先生认为，其意在“凸显肖像权的商业化（财产价值）”[④]故而以“营利为目的”作侵权构成要件。可见，不论权利人是否具有能以肖像为载体的财产利益，生产经营者将其作为商标注册并使用于商品或服务的行为均是以营利为目的。因此，在商标法中对肖像权的保护不需要扩张其内

---

① 《中华人民共和国民法典》第一千零一十七条规定，具有一定社会知名度，被他人使用足以造成公众混淆的笔名、艺名、网名、译名、字号、姓名的简称等，参照适用姓名权和名称权保护的有关规定。

② 杨凯旋. 论别名财产利益的保护——基于《民法典》第1017条展开［J］. 北方法学，2020，14（06）：151-152.

③ 朱庆育. 民法总则［M］. 2版. 北京：北京大学出版社，2016：408.

④ 王泽鉴. 人格权法［M］. 北京：北京大学出版社，2013：138.

涵，也不必以商品化权益为基础。当然，后者可能也会涉及自然人肖像，因而会在后面进行分析。

正因如此，《民法典》对肖像权的保护便不再以营利目的的侵权行为为限。所以，对肖像权的侵犯同样包括不以营利为目的的丑化、歪曲和侮辱行为[①]，在后商标权人也自然不得以上述方式注册使用他人肖像。但我国商标注册需要通过是否违背社会主义道德风尚的审核，因而较为明显的丑化、歪曲或侮辱行为很难通过。同时，将他人肖像注册在某一类商品或服务上一般不宜直接认定为丑化、歪曲等行为，毕竟商品或服务分类及其生产销售的许可或备案，是由官方进行且不涉及道德或情感评价。但若注册的商品或服务在宗教、民族等方面明显会对肖像权人造成不良影响则可予以认定。当然，一般而言注册商标便具有营利目的而构成侵权，也不必再深究是否丑化、侮辱肖像权人。另一方面，对在后注册商标使用肖像的判断也不应局限于完全相同的范围。肖像应当具有直观且可辨认的完整、清晰的形象再现性或标识性，即形象再现要求能够引起“一般人与原形人有关的视觉效果，可以直观清晰地辨认出其为某一自然人的形象”[②]。换言之，肖像符号能指不限于相同而应以“一般人认知”为标准来认定在后商标权使用的标志为在先肖像权的保护范围，但同时也要限定在五官等能够再现权利人形象的范围，而非整体造型或动作的轮廓[③]。当然，在现实中存在相貌近似的不同自然人，此时便应严格区分防止出现以名人甲的肖像权否定普通人乙的肖像权的违反人格平等的情形。

（三）企业名称权并非商标法中的在先权利

企业名称是指作为企业等营利性法人、非法人组织的名称，由企业所在地行政区划名称、字号（商号）、行业或者经营特点、组织形式四部分组成。根据法律规定，企业名称权自登记之日起产生，因此被他人

---

① 梁慧星.民法总则［M］.5版.北京：法律出版社，2017：95.

② 北京市第二中级人民法院．叶璇诉安贞医院、交通出版社、广告公司肖像权纠纷案［Z/OL］．（2003-12-10）［2024-01-10］．http：//gongbao.court.gov.cn/Details/6486e038824385f370d4c4d79d1728.html.

③ 最高人民法院．迈克尔·乔丹与商标评审委员会、乔丹公司商标争议行政纠纷（2016）最高法行再32号行政判决书［Z/OL］．（2020-03-26）［2024-01-10］．https：//wenshu. court. gov. cn/website/wenshu/181107ANFZ0BXSK4/index. html? docId=vU+wdezkKICkowOa092ZGARupmiVGkiIDqp7LQIomiUUEbYfO30GgvUKq3u+IEo49VJItWTtmBadI89R7xoNasKw4MC0h3o54pw21uFqx9sAtsHKnxHJ45og+YKLTGm2.

在商标局申请注册的企业名称则是在市场监督管理局（原工商局）已经核准登记的，而非任意被称为企业名称的标志。同时，由于权利是自登记产生的，相应地，企业名称也必须以登记为准，否则便超出了其权利范围。换言之，企业名称权是依据其企业的登记全称或字号而享有的权利，而对字号外的其他组成部分则不能单独享有权利。对于有一定影响的企业名称的简称（非单纯字号）则由于其未被核准登记，并非企业名称权的保护范围，而应属于一种商业标识权益。因此，在后商标权注册所使用的是他人在先企业名称的全称或字号才会损害他人在先的企业名称权。

然而，是否损害在先企业名称权并不能以使用了相同的标志简单判断，毕竟在三元结构下符号的所指信息和意指意义会因语境的变化而有所不同。因此，企业名称中的字号也会因不同的语境而存在不同，在企业名称的语境下便会由于其他组成部分的变化而产生不同的含义，使得企业名称整体具有不同的意义。在我国的法律体系中企业名称中的字号并不享有著作权般绝对的垄断权利，也不像商标权般具有近似标志和类似商品或服务内的垄断权利，而仅能在核准登记的特定企业所在地行政区划、行业或者经营特点、组织形式的范围内享有垄断的权利，即具有区域性限制①。换言之，单独的字号也无法享有法律规定的权利②。因此，只有以他人企业名称的全称原样注册为商标时才构成侵犯其全称及字号所享有的企业名称权，否则在缺少法律限定的语境中，企业名称这一符号的独特意指意义并未被破坏。

可见，对企业名称权的保护，也类似传统姓名权以“人格混同”为标准。同时，《商标审查审理指南》也明确规定以广义的企业名称申请商标注册的，该企业名称与申请人的名称应当一致或不一致但不会造成公众混淆。因此，在实践中根本不存在以他人的企业名称全称申请注册为商标的可能。而且，单纯以企业名称申请注册商标也会被认定缺乏显

① 范健. 商法［M］. 4版. 北京：高等教育出版社，2011：85.

② 《企业名称登记管理规定》（2020年修订）第十六条第三款规定，申请人提交的信息和材料应当真实、准确、完整，并承诺因其企业名称与他人企业名称近似侵犯他人合法权益的，依法承担法律责任。可以视为立法对企业名称权的扩张，但也仅限于禁止企业名称整体近似，而无法限制单纯的字号，因此在各部分组成变化的条件下，单纯的字号相同并不一定造成企业名称整体近似而被禁止登记，商标注册亦是如此。

著性而不予核准[①]。此外，虽然《反不正当竞争法》、《商标审查审理指南》和《审理商标行政案件规定》规定对企业名称的简称或字号予以保护，但却要求“有一定影响”“在中国相关公众中具有一定的知名度”且不限于登记的企业名称不属于我国法律意义上企业名称权的规制范围。毕竟，企业名称权既不以具有知名度为创设前提，又不以知名度标准设立不同的保护范围。因此，此处可能为在后商标权所损害的依据，知名字号、简称所享有的在先权利更有可能是一种未被法律承认的权益，《民法典》也仅规定其可以参照法人的名称权进行保护而非具有名称权。当然，这一规则对需要核准登记的个体工商户的字号和为“实现会员共同意愿，按照其章程开展活动”而成立的社会团体[②]的名称同样适用。因此，企业名称权的全称标志无法被他人注册为商标，也无法成为在先权利人，而单纯的字号、简称等标志在《民法典》出台前由于单独不享有企业名称权等民商事权利也无法被认定为是法律意义上的在先权利。

三、反不正当竞争法中的在先权利筛选

商业标识权以商业标识符号为客体，因而也是种类最多的一类权利。但在权利法定的原则下结合我国的立法实践，法律这一层级的商业标识权仅有包含字号（商号）在内的企业名称权[③]，而若放开到行政法规或部门规章的层级则还有域名权[④]。当然，在《反不正当竞争法》以及有关的司法解释和《商标审查审理指南》中还存在着诸如有一定影响的商品名称、包装、装潢以及有一定影响的网站名称、网页等不具有法定权利地位的商业标识类型。虽然均未被我国立法或行政法规明确创设，严格来说只能算是一种商业标识权益，但在行政与司法实践中也形

---

① 陈奎.《商标审查及审理标准》（修订版）解读（下）[J]. 中华商标，2017（4）37.

② 《社会团体登记管理条例》（2016年修订）第二条规定，本条例所称社会团体，是指中国公民自愿组成，为实现会员共同意愿，按照其章程开展活动的非营利性社会组织。

《社会团体登记管理条例》（2016年修订）第十条规定，社会团体的名称应当符合法律、法规的规定，不得违背社会道德风尚。社会团体的名称应当与其业务范围、成员分布、活动地域相一致，准确反映其特征。

③ 《中华人民共和国民法典》第一百一十条规定，法人、非法人组织享有名称权。

《企业名称登记管理规定》（2020年修订）第四条规定，企业只能登记一个企业名称，企业名称受法律保护。

④ 《互联网域名管理办法》第一条规定，为了规范互联网域名服务，保护用户合法权益……。

成了较为明确的在先权利损害认定的标准。当然，其同时也可能属于理论上的商品化权益和商业外观权益的范畴。因此，此处会详细讨论由行政规范明确规定的域名权，而对于反不正当竞争法中的其他商业标识权益仅作简要分析。

（一）注册商标并不损害在先域名的权利

域名权是指权利人依域名所享有的权利。域名，是“互联网上识别和定位计算机的层次结构式的字符标识，与该计算机的IP地址相对应”[①]，其是互联网中的计算机或计算机组的名称，为解决IP地址不易读和理解的问题而设计的具有一定编排规则的字符编码[②]。因此，域名具有分层结构，由两个及以上部分组成并用英文句号分隔，每部分从右至左按顺序称为一级（顶级）、二级等域名，由上一级控制下一级的分配且一般不得超过五级[③]。其中，顶级域名又分为国家和地区（地理）、通用（类别）及新顶级域名三类，这些域名可以供人们同时使用。因此，只有上述顶级域名以外的域名才可以由申请人自行设计并申请注册，成为焦点而经常出现域名抢注或争议纠纷。

同时，除顶级域名外申请注册的域名根据需要可以再细分为下一级的域名（子域名），但一般都要依附于申请注册的最高级别域名存在，如华东政法大学知识产权学院的网站域名是“ipschool.ecupl.edu.cn”，其中“edu.cn”是我国教育机构共用的顶级和二级域名，“ecupl”是华东政法大学独特的三级域名，也是其可自由申请注册的最高级别的域名，而“ipschool”则是“ecupl”下的子域名即四级域名。可见，其中“ecupl”是区别华东政法大学与中国其他大学的关键而具有可识别性，而“ipschool”只有与“ecupl”组合时才能指向华东政法大学知识产权学院，因而缺乏独立、具体的可识别特征。不难发现，在上述四级域名中最为核心的是作为华东政法大学英文全称“East China University of Political Science and Law”缩写的三级域名“ecupl”，若将其替换则会

---

① 《互联网域名管理办法》第五十五条第一款规定，本办法下列术语的含义是：（一）域名：是指在互联网上识别和定位计算机的层次结构的字符标识符，与计算机的IP地址相对应。

② 王协瑞．电子信息技术［M］．济南：山东科学技术出版社，2013：203.

③ CHESHIRE，S.RFC6761 - Special-Use Domain Names［R］．Internet Engineering Task Force，2013.

在技术上指向另一IP地址及网站的同时也会在字面含义上彻底与华东政法大学脱离关系。因此，可认定申请人可申请注册的最高级别的域名对其最为重要，也最具有识别效果且类似于企业名称中的字号，既不能单独享有域名权，又不得禁止他人使用相同的域名进行不同的组合申请。因此，无论在技术上还是字面上，作为符号的域名与企业名称非常类似，即域名权是以申请注册的最高级别的域名和顶级域名等所构成的能够对应完整IP地址的域名所享有的权利。

如此，申请注册的最高级别的域名（以下简称域名）作为具有明显的区别性的字符标识符合商标注册的基本要求，同时以营利为目的设立的企业网站域名同时也可以承载商誉而同属企业的商业标识[①]，因此在先域名权很可能为在后商标权所损害。然而，作为互联网技术产物的域名具有不同于其他商业标识的空间限制。组成域名的字符只是互联网IP地址的另一种表现形式，因而其与申请人现实符号是否有对应关系于技术而言都无关紧要[②]，所以脱离了互联网环境的域名便不再是域名而仅仅是一种现实空间中存在的字符。毕竟互联网空间无法直接介入现实空间，这也决定了域名的网络空间限制。因此，在相关法律规范中对域名的保护与规范集中在域名抢注以及将他人现实空间中的其他标识抢注为域名的行为[③]。可见，域名既脱离不了网络空间，又脱离不了其他组成部分，而商标则是以现实空间为基础且不以网络空间为必要，更与域名在技术上完全不同。因此，在技术和现有法律框架下，在先域名权与在后商标权并无交集。

此外，由于IP地址的唯一性和对应性，作为另一种表现形式的域名也会具有相应的唯一性和对应性，特别是在特定域名中申请注册的域名自然也是特定唯一的[④]。而同时计算机并不会对字符识别造成误认或混淆，故域名也不存在近似的问题而仅就申请注册的唯一域名享有权

① 欧歆．域名的商誉保护问题探微［J］．法制与经济，2005（1）：52-53.

② 例如，《互联网域名管理办法》第二十八条仅在法律层面上规定了注册和使用的域名含义的禁止性规定。

③ WIPO.What is the nature of domain name disputes?［R/OL］.（2020-04-26）［2024-01-10］. https：//www.wipo.int/amc/en/center/faq/domains.html#5.

④ CHESHIRE，S.RFC6761 - Special-Use Domain Names［R］. Internet Engineering Task Force，2013.

当然，域名仅是IP地址的一种表现形式，因而可以有多种不同的域名表现形式，但各个不同的完整的域名都是独立对应IP地址的，因而单一的域名还是具有唯一性的。

利。因此，《反不正当竞争法》规定的禁止使用他人有一定影响的域名而造成混淆的行为便超出了域名权的范围，也超出了域名这一技术产物的范围。更为重要的是，域名一般来源于现实中的在先的其他商业标识，之后才被作为域名注册，如www.baidu.com便来源于百度公司的字号和注册商标。因此，在现实中是否有以域名为基础的在先权益存在疑问且更倾向于否定。

（二）其他商业标识权益以一定影响为保护前提

根据《反不正当竞争法》的规定，法人特别是营利性的法人或者非法人组织通过广告宣传、生产经营而具有知名度或产生一定影响的企业名称（字号）及简称、包装、装潢、商品名称、域名等标识也均享有一定范围内的商品化权益，并有权禁止他人未经许可而擅自作为商标注册并使用导致来源或关联关系混淆造成损害。分析法律规定不难发现，上述有一定影响的商业标识的保护范围与保护标准最为符合第一章分析的在先权利损害实质，即权利客体符号的独特意义被侵占。同时，《反不正当竞争法》所规定的民事乃至行政保护规则与《商标法》等知识产权法以及《民法典》等的侵权保护条款内容相似、作用相同。如此，上述标识便可避免因缺少法律明确规定的商业标识权范围限制或规定空白而无法获得保护，在反不正当竞争法中获得类似于民事侵权救济途径的停止侵害与损害赔偿等行为的保护。换言之，即在客观上与实践中“名正言顺”地成为了在先权利。这样，也就不难理解为何《商标审查审理指南》《审理商标行政案件规定》以及《反不正当竞争法》要设定“知名度”或“有一定影响”等保护前提了，其实际上所保护的并非是现有的应当平等保护并由权利法所明确规定的商业标识权，更非一律平等的人格权，而是通过对上述商业标识进行使用产生知名度或一定影响而所具有的合法竞争优势与正当竞争秩序及其所带来的经济利益。当然，在我国行政与司法实践中倾向于将其定位为法律规定的在先权益，且上述商业标识要想获得在先权利保护便要取得通过使用产生有一定影响的前提条件。

通过上述分析可知，在现有的以标志为权利客体和名称的民事权利中仅有符合商标注册要求的著作权及邻接权、外观设计权利、肖像权以及包含财产利益的广义姓名和名称可以作为商标法中的在先权利，在《反不正当竞争法》中规定的有一定影响的商业标识同样也符合要求。当然，只有当在后商标注册及后续使用行为所产生的独特意指意义与在先权利的意义范围发生重合时才能对其构成损害。至于其他权利类型或因两者的意指意义毫无交集或超出了现有法律所保护的意指意义范围而不符合在先权利的要求。

第二节　法律未明确的在先权益类型认定

在先权益，是指未被法律所认定为权利但应当获得保护的一种利益。权利是利益在法律上的确定化[①]，而权益则是未被法律确定为具体权利的利益。《民法典》及之前的《民法总则》第一百二十六条明确规定“民事主体享有法律规定的其他民事权利和利益”，从而为权益保护的正当性提供了民法基础。同时，在《审理商标行政案件规定》中将在先权利界定为“民事权利或者其他应予保护的合法权益”也使得商标法中的在先权利范围具体在司法规则上扩展到权益范围[②]。具体而言，商标法中的在先权益同样是以标志为权益客体，因而均属于无形财产权益。同时，由于上述权益能为在后商标权所损害，即可能属于广义上的知识产权或商业标识权的范围。而根据第一章的在先权利定义和行政与司法规则的概括，在商标法中潜在的在先权益类型可能包括商品化权益（形象权）、商业外观权益和在先使用有一定影响的未注册商标权益等类型。

一、商品化权益的认定

商品化权益（right of publicity），又称商品化形象权或形象权。顾名思义，形象（publicity）是指组织或者个人的各种外在形象，包括本人真实形象、戏剧影视表演形象、虚拟人物形象等[③]。这些形象与主体

① 王燕莉. 民事“利益”独立保护之司法证成［J］. 四川师范大学学报（社会科学版），2019，46（5）：82.

② 在民法理论和民法中表述为“利益或法益”，但相应的司法解释和行政规范表述为“权益”，为保证行文统一，在明确其含义的情况下，本书统一表述为“权益”。

③ 吴汉东. 形象的商品化与商品化的形象权［J］. 法学，2004（10）：77-78.

的一般人格因素如姓名或名称、肖像或形象以及外表或标志相关联，也与特殊人格因素如角色、人物、作品名称或标题等相联系[①]。上述一般或特殊人格要素均属于符号标志的一种而可以特定方式作为商标注册，因此商品化权益基本符合在先权益的要求。根据不同形象的区别，商品化权益也可以拆分为真实形象商品化权益、虚拟形象商品化权益和表演形象商品化权益进行分析[②]。

（一）真实形象商品化权益符合保护要求

真实形象商品化权益（personality merchandising）是商品化权益的滥觞，主要指“自然人对其人格进行商业性利用的权利”[③]，包括姓名、肖像以及声音和整体形象等人格要素的利用。真实人物形象商品化权益（以下简称“真实商品化权益”）是个人隐私权（right of privacy）的延伸[④]。隐私权侧重于保护他人不想为人所知或所用的信息、人格等隐私客体，禁止其被擅自公开而不论商业利用与否，而真实商品化权益则禁止他人对主体乐于公开或已经公开具有商业价值的信息或人格等隐私客体的擅自商业利用行为。因此，对名人而言并不注重保护隐私而是占有客体的财产利益，从而通过商家支付许可费等方式对其人格要素进行广告宣传等商业利用以吸引消费者[⑤]。此时，对名人姓名、肖像等人格要素的保护便侧重于财产利益，从而脱离了隐私或人格尊严绝对平等的人格权保护窠臼。

可见，在后商标权对真实商品化权益的损害，便体现为对人格要素所具有的财产利益的损害，即对符号三元结构中的人格要素符号所具有的能够吸引消费者的商业性意指意义，而非对单纯特定自然人人格尊严意义的侵占。这既符合行为人申请注册并使用商标的实际目的，又符合法律上对商标这一标记性工业产权无涉人格的定位[⑥]，相比于大陆法系

---

① 杜颖．论商品化权［M］//梁慧星．民商法论丛：第13卷．北京：法律出版社，2001：1-31.

② WIPO.Character Merchandising［R］．WO/INF/108，1994.12.

③ 李明德．美国知识产权法［M］．2版．北京：法律出版社，2014：691.

④ Court of Appeals of the State of New York.Roberson v.Rochester Folding Box Co.，171 N.Y.538，64 N.E.442（1902）［Z/OL］．（2005-05-26）［2024-01-10］．https://casetext.com/case/roberson-v-rochester-folding-box-co-1.

⑤ NIMMER.The right of publicity［J］．Law and Contemporary Problems，1954（2）：203-223.

⑥ 吴汉东．知识产权法［M］．北京：法律出版社，2020：479-481.

传统的人格权体系能更好地接纳人格要素的商品化。同时，传统的姓名权、肖像权等人格权是绝对平等的，不存在名人比普通人保护门槛低或力度强的可能。但人格要素的商品化与民事主体的知名度相辅相成互为因果，因而便会存在因知名度不同则保护力度不同的情况[①]。此外，传统姓名权等的侵权认定仅以人格混同为前提，而商品化权益则相对脱离了人格而类似商业标识以造成混淆为标准。由此可见，相对于彻底打破人格与财产的二元结构通过扩张传统姓名权等的内涵来保护人格所产生的财产利益，不如通过新设真实商品化权益来规避二者的冲突。因此，对于《民法典》最新规定的理解更倾向于对真实人物姓名商业利益的认可，而非对传统姓名权的扩张。同样，对于社会组织特别是营利性的法人或者非法人组织也具有类似的商品化权益，即基于真实主体形象产生的商品化权益。因此，相比于《民法典》中的已有明确规定的人格权与企业名称权，真实主体商品化权益更易被在后商标权侵入符号所有的独特意指意义，从而更符合商标法对在先权利的要求。

（二）虚拟形象商品化权益的整体性限制

虚拟形象商品化权益（merchandising of fictional characters），则是指对虚构主体形象进行商业化利用的权利。文化产业随着电影、电视及互联网等媒体的发展而壮大，商品化权益也从知名真实形象的范围延伸到了知名虚拟形象的领域[②]，即对虚构的人物角色的姓名、肖像、外形等进行二次开发利用（secondary exploitation），以便获得更多的经济利益。如此，为禁止他人擅自使用而损害自己利益，虚拟形象商品化权益呼之欲出。随后，虚构人物角色的范围也从单纯的动漫形象扩展到了广义的作品形象[③]，由纯文字描述所构建的角色同样可以成为商品化权益的客体受到保护。当然，相应的虚拟角色并非凭空产生，也不依附于特定真实主体，而是围绕具有著作权的作品产生的[④]。

可见，虚拟形象与真实形象均是相应明确的人格权或著作权无法提供保护的对象，但也是依附于上述权利产生的形象。不同之处在于，虚

---

① 熊伟．形象权法律制度研究［D］．武汉：武汉大学，1992：78-79.
② 李梦佳．论商品化权的基本概念、性质及分类［J］．山东科技大学学报（社会科学版），2019，21（1）：36.
③ 萩萩原．日本法律对商业形象权的保护［J］．知识产权，2003（5）：62-64.
④ 李阁霞．角色商品化再论［J］．知识产权，2017（3）：18-19.

拟形象并不具有人格或主体的负担，其是作品中虽然具有独特之处但却不为著作权所保护的另一种智力劳动创作成果，或者是由众多作品所凝结的一种结果。换言之，其同样可以援引作品的三元符号结构来确定其真正获得保护的是诸如线条、颜色组合以及文字描述等符号所体现的独创的意指意义。正因如此，如短篇小说简单勾勒的祥林嫂①、80多年间由无数漫画及演绎作品构建的超人（superman）②所代表的超级英雄人物便蕴含着巨大的经济利益而应当获得等同于乃至超出著作权或商标权的保护。同样，一部经典作品简短的名称或标题也会因其独特符号意义获得保护③，而在后商标权的注册和使用行为便自然会侵占其独特的意指意义。

当然，由于虚拟角色形象并非自然人或组织等真实形象般是具有天然的指向性与对应关系的“可指示性要素”④，而往往需要经过长期的传播、使用或广告宣传等投入才能产生为公众广为知晓的对应关系。因此，真实形象可以单独由姓名或肖像来承载，如“乔丹”便能为中国公众认定为指向美国著名篮球运动员⑤，但虚拟形象却需要由个性特征、情节及其反映整体来构成缺一不可⑥，否则单独的某一部分由于缺乏限定条件或信息也会因符号的减少而很难产生虚拟形象应当具有的独特意指意义，如漫画形象“三毛”便需要具体形象、情节的支撑而非单纯“三毛”二字⑦。因此，并非行为人将虚拟形象其中的一部分如角色姓名注册为商标便损害了其商品化权益，而只有对该虚拟形象组成部分的注册及使用行为使得商标符号的独创意义与虚拟形象的发生重合才会造成混淆而构成对在先商品化权益的损害。换言之，整体性是作为商标法

① 赛贝．“孔乙己”“祥林嫂”都被注册商标，这让鲁迅情何以堪？［EB/OL］．（2019-01-04）［2024-01-10］．https：//www.saibeiip.com/ipr/trademark-d1292.html.

② U.S. Court of Appeals，Second Circuit. Warner Brother，Inc. v. American Broadcasting Companies，Inc.，720 F.2d 231，222 USPQ 101（2dCir.1983）［Z/OL］．（2004-05-30）［2024-01-10］．https：//casetext.com/case/warner-bros-v-am-broadcasting-companies.

③ 袁田．司法视角下动画影视行业的知识产权保护——以“名称”和“角色形象”为视角［EB/OL］．（2020-05-20）［2024-01-10］．https：//www. ciplawyer. cn/html/spgdzs/20200520/144649.html.

④ 李明德．美国形象权法研究［J］．环球法律评论，2003（冬季号）：480.

⑤ 孔祥俊．作品名称与角色名称商品化权益的反思与重构——关于保护正当性和保护路径的实证分析［J］．现代法学，2018，40（2）：57-74.

⑥ 吴汉东．形象的商品化与商品化的形象权［J］．法学，2004（10）：778.

⑦ 上海市高级人民法院．冯雏音等诉江苏三毛集团公司侵犯著作权纠纷案（1997）沪高民终（知）字第48号民事判决书［Z/OL］．（2008-09-10）［2024-01-10］．https：//www. pkulaw. com/pfnl/a25051f3312b07f3dcaf967fa85eea4452e67bcb3797ef88bdfb. html？ keyword= %E6%B1%9F%E8%8B%8F%E4%B8%89%E6%AF%9B&way=listView.

中的在先权益的虚拟形象商品化权益产生并获得法律保护的关键，也是其最明显的特征。

(三) 表演形象商品化权益需清晰界定

表演形象商品化权益（image merchandising），则更像是真实商品化权益与虚拟商品化权益的结合，是依据真人所扮演的角色而形成的用于产品或商业经营行为产生的形象权益[①]。由此，演员本身及其扮演的角色之间便存在着密切的关系，因而造成“有时观众无法区分演员与角色，而有时演员则因为角色才被知晓”的现象[②]。可见，表演形象商品化权益（以下简称“表演商品化权益”）的客体是由真实形象的人格特征与虚拟形象（包括另一个艺术化的真实形象）的整体特征相结合所构成的，若缺少一方则可能落入真实形象或虚拟形象的范畴而构成对其他类型商品化权益的侵犯。换言之，作为符号的表演形象是由真实形象符号和虚拟形象符号构成的，只有这一符号组合所产生的独特意指意义才是表演商品化权益的产生基础与保护实质，即只有在后商标权是注册使用了真实形象与虚拟形象所构成的表演形象时才因侵入其独特意义的范围而对在先的商品化权益造成损害。可见，表演形象与虚拟形象一样具有整体性，单一组成部分的注册使用很难认定为损害[③]。但毕竟现有的商标法体系对商标标志的形式存在一定限制，此时整体的角色形象是否能够符合标志要求并通过注册审查便存在疑问，而即便按照国际公约的要求不设形式限制允许任意标志注册，为确保商标具有显著性，也同样禁止过于复杂的标志申请注册，即并非一切表演形象标志的注册使用行为均会造成表演商品化权益损害。

此外，表演商品化权益也是以该形象具有一定知名度为设权条件与保护前提的，由真实与虚拟形象所构成的表演形象很可能具有一定的近似性，且真实形象或虚拟形象同样可能因知名而具有商品化权益，此时是否存在表演商品化权益仍需分析。若将演员本身知名与否和扮演角色是否虚拟及知名进行组合[④]便会出现不同的结果，如不知名演员扮演不

① 李阁霞. 角色商品化再论［J］. 知识产权，2017（3）：19.
② WIPO.Character Merchandising［R］. WO/INF/108，1994.12.
③ 杨清惠. 六小龄童肖像权案终审宣判［EB/OL］（2013-06-25）［2024-01-10］. https：//www.chinacourt.org/article/detail/2013/06/id/1017226.shtml.
④ 郑成思. 版权法［M］. 北京：中国人民大学出版社，1990：300.

知名的真实或虚拟角色时，表演形象知名度产生与否很可能无关演员真实商品化权益；知名演员扮演不知名的真实或虚拟角色时，则很有可能没有表演商品化权益产生而仅是真实商品化权益的另一种表现形式等[①]。可见，在具有知名外观的前提下表演商品化权益也并非一定存在，此时在后注册使用的商标可能只是侵犯了真实或虚拟商品化权益[②]，也可能并未侵犯到任何一种权益。同时，也应当将其与视听作品等的著作权、表演者权和演员的人格权进行区分，而非以最后的表演形象呈现结果直接认定为产生了表演商品化权益。因此，作为商标法中的在先权利，此时仍需从符号结构入手，明确商标符号的独特意义是否与表演形象的意义发生了重合，而非单纯以“知名度+标志重合”的标准简单进行判断。

二、商业外观权益的认定

商业外观（trade dress）是一个较为广泛的概念，既包括商品外观和包装，又包括服务外观。前者如产品包装盒、产品整体造型等，后者如营业场所装修风格、布局、特有工作服装等[③]。商业外观起源于美国，其在《兰哈姆法》第43（1125）条a款规定，禁止他人假冒商品或服务及商品容器上使用的文字、术语、名称、符号或图形及其组合所构成的商业外观。随后，法院在此基础上通过判例明确并逐步扩大了商业外观的含义，即“一个产品的总体形象”[④]及“商业活动的总体形象”[⑤]。同时，为商业外观获得保护设定了一个重要的前提，即商业外观应当指示商品或服务来源的显著性，其既可以是内涵的固有显著性，又可以是经过长期使用而具有的获得显著性（美国称为第二含义）。前者可以采用商标标志五分法来判断，而后者则需要权利人证明“该商业

① 李梦佳．论商品化权的基本概念、性质及分类［J］．山东科技大学学报（社会科学版），2019，21（1）：43.

② U.S.Court of Appeals，Ninth Circuit.Wendt v.Host International，Inc.，125 F.3D 806（9th Cir.1997）［Z/OL］．（2008-09-10）［2024-01-10］．https：//casetext.com/case/wendt-v-host-international-inc.

③ 李明德．美国知识产权法［M］．2版．北京：法律出版社，2014：828.

④ U.S.Court of Appeals，Eleventh Circuit.John H.Harland Co.v.Clarke Checks，Inc.，711 F.2d 966（11th Cir.1983）［Z/OL］．（2002-04-06）［2024-01-10］．https：//casetext.com/case/john-h-harland-co-v-clarke-checks-inc.

⑤ U.S.Supreme Court.Two Pesos，Inc.v.Taco Cabana，Inc.，505 U.S.763（Supreme Court，1992）［Z/OL］．［2000-03-04］（2024-01-10）．https：//supreme.justia.com/cases/federal/us/505/763/.

外观的特征于公众而言是用于表明来源而非外观本身的意义”①，这样才可能因混淆而构成侵害。如此可见，在美国法定义下的商业外观更像是商标的一个种类，自然可以被注册为商标，即可以作为商标法中的在先权利。而我国法律由于没有赋予其权利地位，因此，其只能作为在先权益存在，而且实际上并非一切商业外观均可获得该保护。

（一）缺乏稳定性的商业外观无法注册

1.经营场所等服务的商业外观

将商业外观注册为商标除显著性外，还需要标志具有稳定且具体特定的要求。商标标志无论是否具有形式要求均需要稳定且确定，否则一个随时变化、模糊概括的标志既难称为是一种商标标志，更无法符合符号应当具有的明确能指特征。因此，商标注册自申请伊始便需要提交稳定且确定的标志。而相比之下，作为服务包装的商业外观却是由众多独立个体的外观所形成的综合外观，特别是营业风格、场所装修、总体布局等仅能确定一个大致的范围或印象，却无法完全一致。可见，经营场所等服务的商业外观在这一点上与商标法中的对三维立体商标标志的基本要求是冲突的。

此外，商业外观虽然具有来源识别的显著性，但同时也具有客观物理性基本功能和通过外在美感吸引消费者的促销功能②。如此，特别是作为建筑装修装潢等的服务商业外观便可能相应具有实用功能性与美学功能性，而这两点同样是为中美两国商标法中的三维立体商标标志所排斥的③。可见，以经营场所装潢设计为代表的服务包装类商业外观因缺乏稳定的标志特征等原因从根本上就无法作为商标获得注册，即无法成为在先权利。

2.网络整体性设计的商业外观

而以使用者界面为代表的网络整体性外观可以视为是商业外观在互

---

① U.S.Supreme Court.Inwood Laboratories，Inc.v.Ives Laboratories，Inc.，456 U.S.844 (1982)［Z/OL］.（1999-05-09）［2024-01-10］. https：//supreme.justia.com/cases/federal/us/456/844/.

② 吴伟光. 商业外观的法律保护——以保护来源标识功能为原则［J］. 清华法学，2009，3（6）：45-62.

③ 《美国1946年商标法》第四十三条规定，（a）民事诉讼（3）依据本法的规定：对没有在主注册簿上注册的商业外观侵权的民事诉讼中，主张商业外观保护的人有责任证明需要被保护的内容不具有功能。

联网空间的新发展。网络整体性设计主要是指网站、网页的整体性外观以及计算机软件的图形用户界面（以GUI为标准）等以整体性界面来体现计算机软件和互联网作为商品与服务的整体形象。长期以来，对用户界面的保护主要是从著作权和外观设计专利权的角度进行性质与保护分析[①]，毕竟商业外观的客体本身十分复杂而与作品和外观设计相关联，但其并不一定符合著作权与外观设计专利权的要求，而仅是单纯的商业外观。此时，具有显著性的网络整体性商业外观设计自然可以通过商业外观权益获得保护[②]。

然而，此类商业外观由于技术原因与外观设计相同，无法脱离计算机软件或互联网的商品或服务单独存在，这便与作为独立标志的商标存在本质差异。正因如此，也有美国法院认为此类网络整体性设计属于外观设计而非商业外观[③]。而产品或服务的依赖性也是前述分析的商标与外观设计的差异，即只有同样在相同或类似的计算机软件或互联网商品服务上将其商业外观注册为商标才属于损害在先权利。但网络整体性设计的商业外观与服务包装类的商业外观同样具有不稳定、不确定以及抽象概括的特征，因此单纯的设计风格也无法作为商标进行注册。换言之，只有稳定且具体的网络整体性设计在具有商标显著性的前提下才能通过注册审查，进而造成对在先商业外观权益的损害。

（二）商品类商业外观以商品为保护界限

商品外观主要是指商品及其包装、装潢和设计，是在商业外观中主要且常见的类型。在这一定义下的商品装潢或设计与专利法下的工业产品外观设计和著作权法下的实用艺术作品基本具有等同的含义。相同之处在于，二者均与工业产品或实用品密不可分，而不同之处则是作为商业外观的商品装潢或设计需要具有来源识别的显著性。同时，相比如服务类的商业外观及网络整体性设计的商业外观，商品外观具有静态、稳

---

① 黄细江．图形用户界面外观设计保护新论——苹果诉三星案引发的思考［J］．苏州大学学报（法学版），2017，4（3）：80-92.

② U.S.Court of Appeals，Fifth Circuit.Test Masters Educ.Svc.v.State Farm Lloyds，No.14-20473（5th Cir.2015）［Z/OL］．（2015-06-29）［2024-01-10］．https：//law.justia.com/cases/federal/appellate-courts/ca5/14-20473/14-20473-2015-06-29.html.

③ NGUYEN X.Should it be a free for all?：The challenge of extending trade dress protection to the look and feel of web sites in the evolving internet［J］．American University Law Review，2000（6）：1233，1237.

定且具体的特征，而非单纯的整体风格式的存在。可见，将外观设计、实用艺术作品及上述服务类商业外观等注册为商标所面临的绝对性标志要求障碍并不存在于商品外观之中。因而，以商品外观为平面或立体标志进行商标注册的情形也较为常见。当然，由于商品外观本身具有客观物理性的基本功能、以外观吸引消费者的营销功能以及指示商品来源的显著性，因而作为立体外观的标志也只有排除了功能性才能获得注册[①]。

同时，商品外观也是我国在立法、司法以及行政规范中唯一一类获得明确保护的商品外观。1993年《反不正当竞争法》规定禁止“擅自使用知名商品特有或与之近似的包装、装潢”，并于2016年修改为“他人有一定影响的商品包装、装潢等相同或者近似的标识”且以“有一定影响（知名）+造成混淆”为不正当竞争行为构成要件。可见，在我国法律体系中便是以禁止混淆模仿具有显著特征（显著性）的商品包装、装潢的方式保护商业外观。不过，由于《反不正当竞争法》的功能定位，并不能创设商品包装、装潢权或商品外观权，因而在《商标审查审理指南》中将其作为合法的在先权益提供保护。也即，商品外观在符合非功能性标准的要求下可以作为商标注册而成为在先商业外观权益的客体。当然，此类商业外观与其权益及显著性的产生均依赖特定的商品而存在，因而在后商标权所造成的损害只能在相同或类似产品范围内产生，也即此时才会发生两者独特的意指意义的重合。

除上述传统且常见的现实空间的商品外观外，在网络空间中同样存在着非整体性设计的商品外观，其中最为典型的莫过于计算机软件或网站的图标。图标被定义为“可视地表现实体信息的简洁、抽象的符号”[②]，可以按照不同标准分为多种类型，而与特定计算机软件或网站相联系的图标一般被认定为是图形用户界面组成部分的GUI图标，可分为启动、工具栏及功能显示三类具有功能的图标并可作为外观设计专利而获得保护[③]。同时，上述图标特别是启动图标不仅具有功能性，且作

① 高阳．论商业外观的功能性判定——以美国司法判例为中心的比较分析［J］．中南大学学报（社会科学版），2016，22（5）：26．

② 孟祥旭，李学庆．人机交互技术原理与应用［M］．北京：清华大学出版社，2004：61．

③ 高翔．我国外观设计专利保护的图标（ICON）类型探析［J］．电子知识产权，2019（1）：69．

为计算机软件或网站的一部分可以具有固有或获得显著性且不必排除功能性的平面标志注册为商标。当然，其以独特意指意义产生的权益仍然要在相应的计算机软件或网站使用活动的范围内才能为在后商标权所损害。另外，其作为商品外观获得保护也要以具备显著特征为前提，而非自设计完成并使用便能自动获权。因此，相应地其作为在先商品外观权益获得保护仍有不少的限制。

三、在先使用有一定影响的未注册商标权益的认定

自2001年起，我国《商标法》在规定保护在先权利的同时禁止抢注他人在先使用并有一定影响的商标。可见，“在先权利”与“他人在先使用并有一定影响的未注册商标”存在一定联系。对于后者，学界一般称之为先用权，是指在他人注册商标前便已使用且禁止他人恶意抢注，并在在后善意注册后继续在原有范围使用的权利[①]，有观点认为先用权是在先权利的一种，只不过较为特殊而单独提及[②]，也有不同学者认为先用权并非“权利”而是一种“权益”[③]。但两者仅对先用权的具体性质产生争议，而均认同其属于广义在先权利的一种。毕竟，其既非《商标法》明确保护的注册商标专用权、驰名商标或地理标志所享有的广义的商标权，又非其他诸如民法等法律法规规定的特定民事权利，但商标法也明确禁止他人恶意抢先注册，也意味着其从形式与法律上，特别是其商标符号三元结构的特征完全符合在先权利的要求。因此，此处将其作为一种在先权益进行分析。

（一）未注册商标权益产生的两种方式

商标并非是一个突然出现的独特事物，无论是西方传说的“烙印说”，还是中国古代的“物勒工名”都表明商标是由其他商业标识衍生延伸而来的[④]。正因如此，对其他商业标识的使用便不可避免地关系到商标。在现代商业标识体系中，一般而言各标识定义不同、用途各异，加之相关法律规定、行业惯例及约定俗成的限制，而处于泾渭分明，互

① 王莲峰．商标法学［M］．4版．北京：北京大学出版社，2023：238.
② 孔祥俊．商标与不正当竞争法：原理和判例［M］．北京：法律出版社，2009：107.
③ 王太平．商标法：原理与案例［M］．北京：北京大学出版社，2015：143.
④ 弗兰克．商标法的历史基础［M］．朱冬，译．北京：知识产权出版社，2019：19-40.

不相犯的状态。但既然作为商业标识必然具有最为基本的区别性，用于为相关公众指示不同的市场主体、产品来源等商业信息，进而承载并积累商誉使所有人获得经济利益。此时，由于对商业标识使用要求的抽象和欠缺规范等特征，很容易出现将其他商业标识进行商标性使用使其客观上发挥了区别指示商品来源的功能，实际上成为商标的情形[①]。

此外，在近现代商标法律制度建立一百多年的今天，虽然将字号等商业标识同时作为商标使用的情形仍然常见，但将一个独立的新标志作为商标使用的情况更为普遍。此时，将一个他人未注册且未使用过的标志在一定商品或服务上作为商标使用自然符合法律规定。可见，对上述两类未注册商标而言，由于其未进行注册便使用，当具有一定影响时便能产生在先使用有一定影响的未注册商标权益（以下简称“未注册商标权益”）。

当然，通过前述分析我国现有体制下的商业标识分为具有法定权利与不具有法定权利两类，如企业名称权和域名权由于法律的限制过多，将其作为商标使用便会超出了相应权利的范围。因此，将商业标识作为商标使用主要体现为对不具有法定权利的字号、简称、可申请注册的最高级的域名以及商品名称、包装、装潢等标识的商标性使用。虽然一般对上述标识进行使用主要是发挥其原本的功能或含义，如装饰、承载商品或指示商品类别等非商标显著性的区别，但实际进行使用时由于方式繁多、操作不规范等原因，即便标识所有人不具有主动进行商标性使用目的，也能在客观上使其指示来源而具有显著性，如可口可乐的经典玻璃瓶[②]或王老吉（加多宝）凉茶的红罐黄字的包装[③]便是从单纯的具有装饰作用的商品包装经过长期使用实际转变为商标的。

（二）未注册商标权益损害界定

不过，并非未注册便使用的商标自动就能具有未注册商标权益。根据《商标法》的规定未注册商标应当“具有一定影响”，且为《反不正当竞争法》所沿用以保护其他商业标识。此时需明确有一定影响的含义

---

① 杨凯旋. 一定影响商业标识保护要件适用研究［J］. 西部法学评论，2020（3）：86-90.

② 佚名.「可口可乐」百年摩登弧形瓶的进化史［EB/OL］.（2015-05-06）［2024-01-10］. http：//www.shejipi.com/197831.html.

③ 佚名.法律专家众议“王老吉”商标纠纷［N］. 中国经营报，2012-07-23（E8）.

为何。对此，学术与实务界的观点大致可分为“知名度说”和“显著性说”两类，前者认为一定影响未注册商标在相关公众中具有高于普通商标但低于驰名商标的知名度①，后者则认为是商标通过实际使用而具有了显著性，能为相关公众指示商品来源②。相比之下，显著性说更为适宜。

具体而言，知名度即相关公众知晓程度，其本身便是指公众对商业标识含义的知晓程度，在符号结构中体现为对符号独特意指意义的知晓程度。因此，在不同环境下对同一标识的知名度指向对象并不相同，如在“王老吉”商标纠纷案③中，“王老吉”既是案涉商品红罐凉茶的商标，又是原告之一的王老吉大健康公司的字号，而整个案件中所称的王老吉的知名度，指向的是商标而非字号，即相关公众更容易将王老吉认知为商标，是一种凉茶饮料的商标。可见，此时的知名度只是商品与商标关系的知名度，即商标指示商品来源的显著性。因此，在先使用有一定影响的未注册商标便是指经过使用而实际上具有显著性的商标。可见，未注册商标权益的产生基础是商标必备的显著性，毕竟其便是商标符号所具有的独特意指意义。进言之，在《反不正当竞争法》中所指的有一定影响的字号、简称等商业标识，不仅能够认定为是商品化权益或商业外观权益的客体，更有可能是未注册商标权益的客体④。

换言之，由于商标未注册而进行商业使用，此时便会发生原有区别功能外溢或直接产生区别来源的显著性，即将该标识转化为未注册但使用的商标。前者在符号三元结构中，体现为虽然商业标识符号的能指未发生变化，但是由于实际的使用行为对其所指注入了新的内涵信息，两者结合产生了新的独特的意指意义。后者则体现为经过使用，使符号所指具有了商品或服务来源的信息，两者结合而形成了显著性的意指意义。当然，由于此时前一类商业标识可能同时承载了商业标识权、商品

---

① 程德理．在先使用商标的“有一定影响”认定研究［J］．知识产权，2018（11）：15.

② 郑胜利．论现行《商标法》第三十二条后半句的适用［EB/OL］．（2017-03-07）［2024-01-10］．http：//chinaiprlaw.cn/index.php？id=4666.

③ 最高人民法院．广药集团与六加多宝公司侵害商标权纠纷（2018）最高法民终1215号民事裁定书［Z/OL］．（2023-07-14）［2024-01-10］．https：//www.ciplawyer.cn/html/cpwssb/20230714/150944.html.

④ 熊文聪．作品标题可否构成“有一定影响的商品名称”？——兼评“鬼吹灯之牧野诡事”案［J］．中华商标，2018（10）：57.

化权益、商业外观权益以及未注册商标权益，在后商标的注册及使用行为究竟对哪一种权利或权益造成损害并不明确，因此，仍然需要以符号结构中的发生哪一种意指意义的重合为判断标准，以便清晰界定其是否造成对在先未注册商标权益的损害。

第三节　本章小结

第二章明确了在先权利的基本含义、特征、分类以及侵占客体符号独特意指意义的损害本质。在此基础上，第三章结合《民法典》以及《商标法》等知识产权单行法、《反不正当竞争法》和商标相关司法解释与行政规范，对我国法律规定和理论与域外存在的可能符合商标法中的在先权利要求的在先权利和在先利益类型进行筛选。

一方面，法律规定的在先权利实际上符合要求的并不多，具体言之：

其一，在现有知识产权中只有著作权、邻接权与外观设计专利权的客体可以注册为商标。但两者也要符合显著性与非功能性的要求，标志不能过于复杂。前者因权利范围而属于当之无愧的在先权利，但实际上可被损害的作品类型也十分有限，且更多是作品的片段被损害。外观设计则因对工业产品的依赖、美学功能性和客观存在的实用功能性而很难通过注册，其作为在先权利遭受损害仍存在于理论上。

其二，现有法律规定的商业标识权只有企业名称权和域名权，且均非在先权利。前者仅以全称承载的权利受保护，且无法被他人以全称注册为商标。可见，字号不等于企业名称，其仅能通过《民法典》在符合要求的前提下获得保护。域名权则与企业名称权类似，超出特定的完整域名范围便不再作为域名获得保护，且必须以互联网为存在环境，否则便不再是域名，且只是其他商业标识的网络表现形式。

其三，在人格权中仅有肖像权能够获得保护。姓名权人无法垄断文字组合，且商标注册及使用行为无法造成损害姓名权的人格混同。因此，姓名权并非商标法中的在先权利，而仅能以上述《民法典》规定获得与字号类似的保护。肖像权则是以唯一、特定且具体的肖像为客体，且无论侵权营利与否均构成对肖像独特意义的侵占。

另一方面，潜在的在先权益类型则基本符合要求，但也存在一定限制，具体而言：

其一，商品化权益依据客体形象的不同可分为真实、虚拟和表演三类。真实形象商品化权益以真实人物形象为客体，是人格要素的商业化利用，可以突破人格平等与损害非财产性的限制，也为企业未被法律承认的商业标识提供了获权可能，自然属于在先权益。虚拟形象商品化权以虚构人物为客体则既符合可注册性要求，又摆脱了人格负担。但也因缺乏可指示性要素而无法以局部表示整体，很难为在后商标所损害。表演形象商标化权益则涉及真实与虚拟形象以及两者的知名度而稍显复杂，应当具体判断其是真实或虚拟形象的独特意义被在后商标所侵占。

其二，商业外观作为权益客体属广义的商业标识，分为服务与商品两大类。前者包括营业场所与网络整体设计外观，作为一种抽象风格或概括样式缺乏稳定性和具体性，因此无法注册为商标。商品外观则稳定且具体，但因对商品的依赖存在注册限制，不过由于具有指示来源信息在内的区别功能而可为在后商标所损害。

其三，有一定影响的未注册商标权益是商标法唯一明确规定的在先权益，有商标性使用其他商业标识和单纯使用未注册商标产生一定影响两种类型。既然是未注册商标便会被在后商标所损害，只是在认定损害时要区分被侵占的是商标还是其他商业标识的独特意义。

综上，商标法中的在先权利实际上只有法律明确规定的著作权和邻接权、外观设计专利权、肖像权、有一定影响（知名度）的姓名（名称）和未注册商标权益以及法律未规定的商业外观和商品化权益。其中各类在先权益客体存在重合的情形，因此，在认定具体在先权益类型时要明确受损害权益客体符号独特意义的内涵。

第四章　商标法在先权利行使限制分析

第一章发现了诸如在先权利保护存在的未被法律认可的在先权益类型过多，商标保护途径与侵权保护存在严重冲突等问题。换言之，在商标法在先权利保护主题下，存在对在先权利过度保护而对在后商标权进行过度限制的权利冲突情形。因此，应当在保护语境下对在先权利进行一定限制。对此，本章试图在明确在先权利行使限制的必要性、正当性及限制要求的基础上，对上述问题从规范冲突和利益冲突两方面进行分析，以求明确如何对在先权利保护进行限制和在哪一方面进行限制的问题，为最终完善在先权利保护制度补足最后一块拼图。

第一节　在先权利行使限制的理论基础

当在先权利与在后的商标权发生冲突时，特别是造成在先权利损害时依据保护在先权利原则和诚实信用原则等对在先权利优先提供保护，同时限制乃至彻底消灭在后的商标权。因而，在商标法中在先权利保护主题下一般很少涉及在先权利限制的问题。但任何权利都会存在限制，权利保护也不例外。同时，本书所讨论的主题限定于商标法中的在先权利如何保护。因此，对在先权利限制的讨论也相应确定在因在后商标权的存在而对在先权利提供保护所产生且应当具有的限制。

一、在先权利行使限制的必要性

（一）在后商标权与在先权利冲突的利益平衡需求

权利限制的目的和基础在于利益平衡。法律创设的权利及其保护制度实际上是利益分配和利益平衡的机制，从传统的人身权、财产权到知识产权制度的演变发展均体现了利益平衡。特别是无关自然法的知识产权，其便涉及创造者（所有者）、使用者及传播者之间的利益分配与平衡，以及知识产权权利人利益与社会公共利益之间的分配与平衡[①]。平衡即均衡，要求各个方面均可达到最大目的且持久存续的一种相互作用方式[②]。利益平衡在知识产权法中体现为效率与公平的价值目标。其中的公平目标主要体现为多方利益的相互制约与平衡[③]。而多方利益也体现为不同知识产权权利人、知识产权权利人与传统的人身权或财产权权利人之间的利益。因此，公平便是上述各方利益的制约与平衡。效率则要求分配给知识产权权利人的权利既符合激励创造的需要[④]，又不会明显妨碍社会公众获得知识信息的可能性与便利性。可见，以利益平衡为目的的权利限制并非单纯字面意义的阻碍与制约，而是以利益平衡为基础的权利本质。

虽然在先权利与在后商标权为不同法律所创设与保护，但也均属于私法中的民事权利体系的一部分。而且从第二章对在先权利保护范围，特别是权利类型的分析来看，商标法中的在先权利除肖像权外主要集中在著作权、外观设计专利权、姓名（名称）财产权益、商业外观权益和商品化权益等几类广义的知识产权之中，加之同属的未注册商标权益。同时，肖像权一般而言之所以受侵害，也是因其具有经济利益，更类似

---

① 何荣华．论知识产权权利限制的正当性［J］．编辑之友，2011（5）：106．

② 罗伯特，托马斯．法和经济学［M］．史晋川，董雪兵，等译．6版．上海：格致出版社，上海三联书店，上海人民出版社，2012：26．

③ 阮思宇．论知识产权的权利限制——以正当性分析为探索路径［D］．长春：吉林大学，2011：34-35．

④ 赵震江．法律社会学［M］．北京：北京大学出版社，1998：232．

商品化权益。由此，在先权利与在后商标权的冲突便可概括为不同知识产权间的冲突。而这一冲突既是本书主题的存在基础与写作动因，同样也是对在先权利保护进行限制的原因。毕竟，任何权利的保护都不是绝对的，除既有的权利边界与保护范围外，还存在后天的利益分配与平衡。而纵观权利的产生与发展历程不难发现，任何权利的内涵与外延均非一成不变，每一次的权利扩张都伴随着自由空间的减少与权利冲突①，并最终产生新的权利限制。因此，对在先权利保护的限制便是对其与在后商标权间冲突的一种回应，是协调在先权利人与在后商标权人之间的利益平衡。

当然，在在先权利保护原则和诚实信用原则的主导下，商标法中的在先权利自然应以保护为主，限制为辅。即便在先权利与在后商标权存在冲突，无论就权利分配还是保护范围而言，在先的权利在法律、经济与道德上均不存在过错与责任。可见，单纯就两者间的权利冲突而言，两者的创设已经是利益平衡的结果，对其保护进行限制的空间也相对较小。但同时权利冲突的实质是利益冲突，且利益并不会谨守权利的边界而将不断外溢扩张，由此也会产生新的权利或权利保护新的范围，进而产生新的权利冲突②。回顾在先权利的类型，已经从传统的知识产权扩展到了商品化权益等新的权利类型，且其之所以会与在后的商标权发生冲突，是因为其背后所蕴含的经济利益，特别是商誉所带来的经济利益可能会被商标所侵占。也正因如此，有观点认为在先权利的认定标准在于其是否存在商誉③。因此，新的权利冲突或利益冲突便需要通过新的利益平衡予以回应。

（二）在后商标权正当产生与存续的制度指引需求

我国作为商标权注册体制国家，自清末以来便逐步建立了商标权独立且明确的立法依据与运行制度，时至今日仍不断完善。特别是中国共产党第十一届中央委员会第三次全体会议以来，《商标法》是最早制定的知识产权单行法，甚至早于现行宪法和原《民法通则》，且每一次修

① 谭华霖．究本与溯源：知识产权权利冲突原因考［J］．暨南学报（哲学社会科学版），2011，33（3）：64-65.
② 葛明珍．论权利冲突［D］．北京：中国社会科学院研究生院，2002：36.
③ 韩景峰．商标法中在先权利的法理分析［J］．知识产权，2012（10）：25-26.

改都与我国经济体制改革密切相关，可见其作为知识产权、市场经济乃至改革开放的重要组成部分，其法律及社会地位不言而喻[①]。同时，从法律性质来看，商标法作为专司商标的民事单行法，其虽脱胎于传统民法且与专利法同属知识产权法中的工业产权法，但二者的立法目的、规则制度等具体内容的差异明显。而从立法实践来看，商标法与传统民法乃至其他知识产权法的立法背景和时间以及起草单位、起草人员、参与立法的专家学者也大不相同[②]。

由此可见，上述性质及立法方面的客观差异必然导致相关权利在创设过程中无法做好以利益平衡为目的的制度协调，从而导致商标权与相应的在先权利间的冲突，特别是基于客体同一或关联而产生的冲突自始存在。因此，商标法在私法体系中的地位同样重要，而非低于相关的在先权利，两者间也不应存在绝对的一边倒的保护与限制。在商标法中在先权利保护的背景下，体现为不能一味对在后商标权进行限制与打压，因而其正当产生与存续更需要相应制度的指引。

具体言之，一方面，私法权利的扩张趋势使得商标权正当的产生与存在空间被不断压缩。第一章具体分析了商标法中的在先权利受损害的原因，其中最主要的一点是权利扩张导致权利法定原则绝对性动摇，从而使得权利范围不断扩张、类型不断增加。而上述在先权利在我国法律体系中的扩张与增加从时间维度来看则晚于商标权的创设，因而虽然在具体个案中商标权产生在后，但从权利体系看则是在先权利产生在后[③]。在这一语境下，在先权利保护便具化为通过限制创设在先的商标权乃至令创设在先的商标权彻底无效从而来保护创设在后的其他权利。可见，在权利扩张的背景下，一味要求通过限制商标权来保护在先权利便由于未能做到初始利益平衡而缺乏一定的合理性。

另一方面，相应在先权利较差的公示方式与效果也容易使得商标注

---

① 曹文泽，王迁. 中国知识产权法制四十年：历程、特征与展望［J］. 法学，2018（11）：8.

② 例如，原《民法通则》的起草单位是全国人大常委会法制工作委员会，《著作权法》的起草单位是国家版权局，《专利法》的起草单位是原国家专利局，而《商标法》的起草单位则是原国家工商行政管理局，上述四家起草单位无论从人员构成，还是职责范围上的关联均非常小。

③ 1982年《中华人民共和国商标法》制定时，我国正处于改革开放初期，民事权利体系并不完善，因此相关的民事权利，特别是其他知识产权在立法层面均未作明确规定。

册人及权利人落入损害在先权利的窠臼。虽然在先权利基本均属绝对权、对世权的范畴，但权利种类和法律规定的差异使得其相应权利的公示方式与效果也存在差异。诸如著作权、商品化权益等既缺乏公示制度，更无从谈公示效果。同时，即便是商标局至今在商标注册审查与评审工作中也难以有效、主动查询、知晓绝大多数类型的在先权利[①]。而且商标注册申请人事实上连预先全面检索在先注册商标以防止损害他人在先商标权都难以做到。由此，便会在客观上导致注册申请人以某一标志申请注册商标时在不知不觉中损害到他人的在先权利。可见，由于没有有效利益平衡制约的在先权利保护将会影响到商标权的正当产生与存续，使商标权人缺乏有效指引而无所适从。

二、在先权利行使限制的正当性

（一）社会本位权利观的形成

随着启蒙运动和资产阶级革命的发展，封建制度逐渐被新兴的资本主义制度所取代，资产阶级强调自由、解放，因而罗马法以降义务本位的民法基本理念逐渐被淘汰，并确立了权利本位的新理念。权利本位的理念则伴随着身份契约的解体和以个人合意所组成的社会契约的建立，使得独立的个人成为法律的中心理念，相应的以意思表示为基础且与义务性规则相对应的权利性规则成为法律的核心内容[②]。由此，权利本位下的民法确立了契约自由即意思自治、所有权绝对即尊重私人财产和过失责任即自己责任三大原则[③]。不难发现，权利本位下的个人是独立且最高的存在。特别是所有权绝对原则，更是构成了权利本位理念下民法的权利法定位基础。可见，在自由主义的时代，这一权利本位的权利观通过极力乃至极端保护个人财产权，鼓励与刺激完全自由的市场竞争，使得资本主义市场经济十分发达，从而创造了个人与人类空前巨大的财富。

然而，随着时间的推进，马克思主义所指出的资本主义的种种弊端

① 《国家工商总局关于深入实施商标品牌战略推进中国品牌建设的意见》（工商标字〔2017〕81号）规定，促进跨部门、跨区域商标执法信息共享，建立健全联席会议、线索通报、证据移转、案件协查等制度。

② 王伯琦．民法总则［M］．台北：中正书局，1979：32.

③ 梁慧星．民法总论［M］．5版．北京：法律出版社，2017：41-42.

不断暴露，在社会层面各种问题不断产生且难以控制[①]。由此，便引发了人们对所有权绝对原则为代表的权利本位权利观的反思。一方面，财产的所有权人是经济上的强势一方，因而对经济上的弱势一方难免会以强凌弱。同时，经济基础决定上层建筑，经济上的强势将会转变为法律上的优势，经济上的弱者会成为法律上的弱者。由此，便会引发劳资双方，即无产阶级与资产阶级间的对立与冲突。另一方面，绝对的所有权将不含有任何义务，其权利的行使与闲置均属于绝对自由，更无扶贫救弱的法律义务或责任，从而难免出现“朱门酒肉臭，路有冻死骨”“四海无闲田，农夫犹饿死”的极端贫富差距。而上述问题在市场失灵造成经济危机的背景下愈加凸显，权利本位的民法理念也饱受质疑。

因此，社会本位的民法理念应运而生。其不同于权利本位对义务本位的绝对推翻与扬弃，而仅是对权利本位以个人为中心的三大原则的修正与完善，由极端尊重个人自由转变为同时注重社会福利。要求缔结契约注重保护经济上的弱者，创立无过错责任原则与公平原则以回应损害，特别是对所有权附加义务，要求所有权人不得滥用权利，并遵守公序良俗、诚实信用原则[②]。由此，以所有权为核心的私权体系均以社会本位为其权利观，一切权利均是社会权，其行使便不能仅由个人决定，而应依社会利益的增减加以限制[③]。所有权绝对原则出现了社会化的倾向与限制，要求所有权人在行使权利时要承担增加社会整体利益的职责。进而诸多权利的内容与边界便需要通过临时或永久限缩以保护他人利益进而为公共利益保留一定的空间，即进行权利人、他人与社会间的利益平衡，这就构成了上述的以利益平衡为目的的在先权利限制的理论基础。

（二）权利的私人与公共双重属性

权利客体，是一种稀缺性的资源，因而需要通过创设权利、划定边界、提供保护来进行资源分配，即利益分配。因此，权利作为私人的利益具有明确的排他性特征，以确保自身利益不为他人所随意获得。同

① 杜兹纳，沃林顿，邱昭继，等. 统治、剥削和受苦——马克思主义的开放性与法律理论［J］. 现代哲学，2020（5）：40-47.

② 梁慧星. 从近代民法到现代民法——二十世纪民法回顾［J］. 中外法学，1997（2）：24-25.

③ 刁荣华. 现代民法基本问题［M］. 北京：中国政法大学出版社，1995：33.

时，在经济领域中利益可以增加或再生，因此能够持续创造财富的资源及其法律上的利益形式也必然获得持续的排他性保护[①]。在这一点上无论是传统的物权、债权，还是知识产权或新兴的其他知识性权利均无差别。而且不同于物权、债权等传统财产权，对于知识产权或新兴的知识性权利而言，其更具有排他性保护的需求。作为无形的权利，其很难凭借人的直观感知或一纸证书便完整、准确地完成利益分配，确立权利边界。在这一背景下，相关保密性的保护手段便成为权利人必不可少的维权措施[②]，如此其所具有的排他性便更为明显，更能表明相应权利的私人属性。

当然，以排他性为代表的私人属性并不是绝对的，即便具有最高位阶的所有权也需要遵守权利不得滥用、诚实信用、公序良俗等基本法律原则，而不具有随意行使的完全自由。同时，国家为社会公共利益的需要，也会依法对私人财产进行征收征用并予以补偿。同样，前述已经分析，知识产权等权利创设和存在的意义在于通过鼓励创新创造来增加知识产品供给，从而增加使用者或传播者的利益并推动其使用与传播，最终提升全社会的公共利益[③]。进而，存在着权利用尽、合理使用、法定许可、强制许可等法定的权利限制制度。由此可见，在既有的民法体系中权利的排他性均是相对的。换言之，民事权利在具有私人属性的同时具有一定的公共属性，而这双重的属性便构成了对其保护进行一定限制的正当性基础。

具体言之，权利私人属性的排他性特征体现为对一定资源、利益的垄断性支配自由，虽然由于不同的权利差异存在垄断程度与范围的差异，但该垄断特征却并无不同。因此，法律赋予权利人一定程度的垄断自由可以定分止争、维护秩序、实现利己利人的公共利益最大化。但同时绝对强调权利私人属性的过度垄断不仅无法实现上述目的，反而会出现权利冲突并导致贫富分化、阶级对立等损害人类社会公共利益的诸多弊端。因此，权利应当是私人利益与公共利益的统一体，其同时具有公

---

① 宁立志. 知识产权权利限制的法经济学分析［J］. 法学杂志，2011，32（12）：35.

② 刘华. 知识产权制度的理性与绩效分析［M］. 北京：中国社会科学出版社，2004：172.

③ HETTINGER Edwin. Justifying Intellectual Property［J］. Philosophy & Public Affairs，1989（18）：31-52.

共属性。公共属性，一方面指权利在存在与行使过程中具有一定的限制，如知识产权期限截止便进入公共领域[①]。另一方面，权利具有继承性[②]，任何权利的产生都是基于既存的或前人的成果与付出，即便原始取得的所有权也需通过占有、消耗或转化一定公共资源才能实现。可见，权利私人与公共的双重属性决定了以保护为主并为公共利益施以一定限制的制度逻辑，而非绝对保护或过度限制。相应地，商标法中的以广义知识产权为主加上零星人格权的在先权利体系便在获得保护的同时要接受一定的限制。

三、在先权利行使限制的要求

（一）在先权利行使限制的法律原则

对商标法中的在先权利保护进行限制具有必要性与正当性，也要对限制进行反限制，即提出明确的限制要求。而最主要的要求便是在限制过程中所要遵循的法律原则。首先，在先权利保护的基本原则之一是利益平衡原则，这也是对保护进行限制的基础，因此，利益平衡便是首要的限制原则。在此基础之上，还应当符合其他原则的要求。

1.权利不得滥用原则

民法的基本理念从权利本位转向社会本位的关键，在于确立了权利不得滥用原则以对所有权绝对原则进行修正，从而拉开了权利限制的序幕。权利不得滥用是对权利的行使加以限制，“不得专以损害他人利益为目的”[③]。我国《民法典》第一百三十二条明确规定，民事主体不得滥用权利损害国家利益、社会公共利益或者他人合法权益。根据该原则的要求，民事主体在行使权利的同时均负有不得滥用权利的义务，即不得超过正当界限，否则应当承担相应的责任。可见，权利不得滥用原则具有明确民事权利的具体范围、随时代变动而缩小权利范围以及通过法律强制协调权利人与他人间利益冲突等功能[④]，因而其正是在先权利行使限制所需，且是行使限制具体操作的首要原则。

---

① 郑成思. 知识产权论［M］. 北京：法律出版社，1998：75-89.
② 董云. 知识产权权利限制的理论与实践［J］. 人民论坛，2013（2）：80.
③ 《德国民法典》第二百二十六条规定，权利的行使不得以损害他人利益为目的。
④ 内田贵，大村敦志. 民法的争点［M］. 北京：中国人民大学出版社，2023：101-104.

2. 禁止绝对垄断原则

顾名思义，禁止绝对垄断是防止权利人对知识产权的绝对垄断，是权利不得滥用原则在知识产权领域中的具体体现。商标法在先权利中的绝大多数权利均属广义的知识产权范畴，因而禁止绝对垄断原则作为限制要求必不可少。知识产权是法律授予的一种专有性的支配权利，具有合法垄断的自由。但正因过度垄断会导致严重弊端，禁止绝对垄断作为权利不得滥用原则在知产领域的体现才应运而生[①]。毕竟，只有赋予权利人一定范围内的垄断自由才能激励其不断创新、创造，但过度垄断既会使其失去创新动力，又会阻碍信息与知识传播，损害他人与社会公共利益[②]。因此，绝对垄断必须禁止。

3. 合法限制与有限限制原则

权利法定是民法的基本原则，更表明了权利创设阶段初始利益平衡需由法律进行。同样，对已经创设完成的诸多权利进行二次利益平衡自然也需要相应的法律依据或具体规则做指引。而只有以公开且普适的法律规范对权利进行限制，才能为包括权利人在内的民事主体间的利益冲突提供协调的可能，否则私设公堂或政出多门只会损害权利人的合法权益，进而破坏现有权利体系与运行秩序，最终必然造成公共利益的损害。当然，法律既非一成不变，又非万事万能，在具体适用时还是应当遵循具体规则、原则和自由裁量的顺序[③]。

同样，依据法律而进行的权利限制也应当有必要的限度，限制权利不是消灭权利[④]，更非彻底否定初始利益平衡下所形成的权利体系，否则将本末倒置。因此，与知识产权相关的国际条约也明确规定，权利限制不得阻碍制度发展，而是为了确定权利边界使权利更好实现[⑤]。

（二）在先权利行使限制的经济标准

利益既是法律概念，又是经济概念，因此对以利益平衡为目的的权利行使限制便离不开经济学的身影。而且，上述权利行使限制的法学理

① 郑成思．私权、知识产权与物权的权利限制［J］．法学，2004（9）：74．
② 彭哲．衡平策略中的收益权——专利权批判与重新定位［J］．山东农业大学学报（社会科学版），2005（2）：87．
③ 张文显．法理学［M］．5版．北京：高等教育出版社，2018：122-124．
④ 郑成思．私权、知识产权与物权的权利限制［J］．法学，2004（9）：74．
⑤ 《保护文学和艺术作品伯尔尼公约》第九条和《与贸易有关的知识产权协定》第十三条均作了规定。

论与法律基础只是从宏观的法律角度提出了一般性要求，在具体适用的规则方面也很难为判定利益是否平衡等提供明确标准，而这正好是经济学中的相关标准的本职工作。可见，经济标准同样也是商标法中的在先权利行使限制要求的重要组成部分。

1.防止外部不经济标准

除少数人格权客体外，绝大多数的权利客体均属广义的商品范畴，在经济领域便具有进行交换的功能。依据供需理论，无论是传统财产权性的物质生产还是知识产权性的精神生产，抑或两者的结合，其目的均为交换商品以实现各取所需而通过交换后的商品组合达到利益最大化，这便是市场的运行机制[①]。然而，市场无法自动优化配置实现利益最大化，在经济运行过程中除对交换主体产生影响外，还存在对外的经济影响，即外部经济效应[②]。该经济效应有正负之分，对他人有益使其减少成本则为正，反之，使其增加成本则为负，即外部不经济。具体而言，对在先权利与在后商标权间冲突的协调，便可能存在对在后商标权的限制会增加与在后商标权相关社会公众的负担而损害其利益，以及对在先权利保护的过度限制导致权利人及相关公众负担增加两种外部不经济的情况。因此，对在先权利无论是保护还是限制，均要防止出现外部不经济。

2.以效益最大化为平衡标准

对法律进行经济学分析，其中最为重要者便是科斯定理（Coase Theorem），其通过交易成本理论对法律制度于资源配置的影响进行分析，得出了经济交易主要受到权利界定与安排影响的结论。该定理指出，当交易成本为零时权利界定与安排的结果总是具有效益的；但交易成本必然存在，此时的权利界定与安排结果便决定了效益的正负多寡。因此，只有法律规则所界定与安排的结果使得效益最大，该规则才是合理最优的。[③]具体到权利冲突所造成损害的背景中，不是简单单向的甲损害乙的结果或责任分析。损害其实是相互的，因而真正要解决的是应

---

① 任红梅，岳宏志. 马克思供给需求理论：一个文献综述［J］. 西安财经学院学报，2015，28（3）：101-106.

② 萨缪尔森，诺德豪斯. 经济学［M］. 萧琛，等译. 16版. 北京：华夏出版社，1999：267.

③ 费尔德，李政军. 科斯定理1-2-3［J］. 经济社会体制比较，2002（5）：8.

当允许甲损害乙还是反过来乙损害甲的选择所体现的如何避免更大损害的问题[①]。换言之，在对存在冲突的不同权利进行限制与协调必然会造成损害的前提下，该限制的标准便是避免产生较多的损害，即从反面体现为效益的最大化。

3.符合帕累托效率标准

既然在先权利行使限制要防止外部不经济的负面经济效应，同时实现效益最大化和损害最小化，那么首先要明确的问题便是判断效益的标准，否则上述要求无法具体指导实践。经济学领域的判断标准主要有卡尔多-希克斯效率标准（Kaldor-Hicks Principle）和帕累托标准（Pareto Criterion），前者认为虽然利益协调会导致一部分主体获益而另一部分受损，但最终的结果是有效益的便可，对受损者可以进行事后补偿[②]。而后者则认为效益的含义在于对任何一方均有利，而非在总体有利的结果下损害某一方的利益。只有对一方有利但不损害其他人利益的结果才会存在效益[③]。换言之，只有权利人、使用人与社会公众等各方均能享有利益的制度设计才是具有效益乃至实现效益最大化的，否则致使任何一方受损便是无效益而无法实现利益平衡的，这也是法律制度创设私权及其归属，特别是知识产权的正当性基础与依据[④]。

第二节　规范冲突下的在先权利行使限制分析

无论是在先权利还是在后商标权，一般而言均由法律明确创设，其称谓、定义、范围、程序和期限等无一不由法律规定。因此，法定的在先权利与法定的在后商标权间的冲突，以及在后商标权对在先权利的损害主要体现为法律规范间的冲突。因此，对在先权利的保护不宜绝对化，否则将出现对商标法彻底否定的效果。由此，法律规范冲突下的在先权利保护应存在一定限制。

---

① 科斯．财产权利与制度变迁［M］．刘守英，等译．上海：上海人民出版社，2014：4.

② 王治平．从帕累托效率到卡尔多希克斯效率［N］．经济学消息报，2007-11-23.

③ 范里安．微观经济学：现代观点［M］．费方域，朱保华，等译．上海：格致出版社，上海三联书店，上海人民出版社，2015：24.

④ 莫杰思．知识产权正当性解释［M］．金海军，史兆欢，寇海侠，译．北京：商务印书馆，2019：57；207.

一、商标法与其他法律冲突导致的限制

（一）商标法与民法冲突下的限制

在法律规范冲突范围内，最为首要的就是作为特别法的商标法与一般法的民法间存在的冲突。虽然经过分析确定商标法中的在先权利主要属于广义知识产权范畴，但一方面广义知识产权理论上均属于民事权利，我国原有的《民法通则》《侵权责任法》《民法总则》以及最新的《民法典》也已对其进行了明确界定；另一方面，其他在先权利诸如肖像权则属于传统的人格权。同时，在《民法典》保护民事主体法律规定的“利益”以及人格权编对姓名（名称）人格要素商业化利用所产生的财产利益予以肯定的基础上，现在仍未被法律所明确创设的商品化权益等新型在先权利在理论上也可符合民法的保护要求。因此，无论是否有明确的法律依据，各种类型的在先权利理论上均可依据民法作为请求权基础获得保护。而相比之下商标法及商标权虽然同属民法体系，此时却因侵权、不正当竞争和违约站在了民法乃至经济法的对立面，因而也表现为彻底独立于民法。如此，商标法与民法便会产生冲突。

具体而言，商标权虽是民法所创设的，但却是依据单行的商标法律制度产生与运行的。在其因权利冲突可能损害在先权利的时候，其只能获得商标法的庇护，但因本身不存在损害等原因无法通过民法获得保护。相反，在先权利则可以获得民法与相关民事单行法的双重保护。因此，在权利冲突下损害在先权利的行为便会被两法均评价为侵权。但毕竟此时商标权依据的商标法是合法存在的，且依据商标法规则并不存在因此自动、自然失效或不存在的情况。同时，由于商标权的产生遵循申请在先、注册确权的原则，因此，这与绝大多数民事权利依据一般的事实或法律行为便可产生也不相同。由此可见，在后商标权侵犯在先权利与一般的侵权行为存在明显差异。但无论是在理论上还是在司法实践中，均允许在先权利人在商标权仍合法存在的前提下，以该商标权“不能因获得某种形式上、程序上所谓的合法授权而改变其侵权行为的性

质”[①]为由，通过民法主张侵权或不正当竞争并获得救济。

然而，该观点在论证过程中却完全无视了商标权的产生逻辑及依据，甚至直接否定了《商标法》。将其中由立法机关通过法律委任行政机关具体执行的实质性商标授权确权制度评价为“某种形式上、程序上所谓的合法授权”。而其所依据的《审理在先权利冲突案件规定》更是规定概括地以原《民法通则》和《民事诉讼法》第一百零八条原则性起诉条款而非其具体条款所体现的原则和规则为依据主张在后商标权侵权的依据。可见，司法解释笼统地以一般法——《民法通则》直接否定了特别法——《商标法》。不难发现，在这一过程中《商标法》固有的保护在先权利的规则被在先权利人和法院忽视，商标权人也无法援引《商标法》的相关规定进行抗辩。同时，在同一条针对先后注册商标间的冲突情形却明确规定“告知原告向有关行政主管机关申请解决”，可见该司法解释故意为在先权利忽略商标行政制度。此外，《商标法》虽然制定最早但在后续修改过程中已经依据利益平衡原则对商标权进行了二次限制，并为在先权利在本法范围内尽可能提供保护，上述对其人为的忽视与架空则明显过度限制了商标权，从而违反了利益平衡等法律原则和效益最大化等经济标准。因此，应当在民事保护途径中对在先权利保护进行一定程度的限制。

（二）商标法与其他知识产权法冲突下的限制

虽然民法是民事领域的基本法和一般法，但同时也存在专司知识产权保护的特别法。而商标法中的在先权利恰好以知识产权为主，因此，在先权利与在后商标权的冲突，便主要体现为创设并维护两者的其他知识产权法与商标法间的冲突。

一方面，在第二章所确定的著作权法和专利法中，相应的著作权和外观设计专利权的保护范围相比于商标权要大得多，前者无论是字面相似还是实质性相似，无论是传统的作品使用方式还是通过电子波信号或信息网络传播作品均会落入侵犯著作权的范围。因此，即便将相关标志作为商标注册使用时，相关公众并不会将其视为作品也同样属于损害在

① 最高人民法院. 鲁沃夫公司与北京鹊翔医疗科技有限责任公司侵犯商标专用权和不正当竞争纠纷（2010）民申字第1468号民事裁定书［M］//程永顺. 务实知识产权判例精选（第18辑）：商标与域名判例. 北京：知识产权出版社，2010：135-144.

先的著作权。

虽然我国法律规定后者权利范围限于所使用的特定产品类别，但外观设计本身便具有类似作品的特征，对其保护所列举的“制造、销售、许诺销售与进口”等行为也无所不包。在此前提下，虽然商标注册使用在于发挥商标显著性所体现来源识别功能而非依附于特定产品的标志本身所具有的设计美感，且专利法明确禁止主要起标识作用的平面设计，但仍然落入了其保护范围。可见，将相关标志作为商标注册并使用的行为与单纯剽窃作品或假冒外观设计的行为不经区分均被认定为侵权行为，使得其他知识产权本身的保护范围扩大到了商标领域，获得了与在先注册商标相同的保护范围。正因如此，才有观点认为应以商标是否侵害他人商誉或市场影响为标准确定在先权利的类型与范围，否则会过度挤压他人注册、使用商标的空间①。

另一方面，在反不正当竞争法被纳入知识产权法范畴的今天，其所规定的禁止商业混淆行为以及原则性的不正当竞争定义条款被作为知识产权，特别是未有统一、明确保护规则的所谓商业标识权和新兴的商品化权益等的权利保护依据。虽然前几章已多次明确，反不正当竞争法既非权利法又非普适的侵权保护法，但由于其既规定了类似侵权行为认定的不正当竞争行为，又设定了停止侵权、损害赔偿，特别是法定赔偿等同于乃至超过民法侵权损害赔偿的救济措施，更是在“法条竞合，择一主张”的趋势下成为最好用的“侵权责任法”。因此，在多数情况下会被在先权利人将其与其他知识产权法或民法共同援引作为法律依据，如此一来前述的商标法与民法间的冲突及其忽略商标权及商标法的侵权救济制度便会原封不动地出现在其与反不正当竞争法之间。同时，商标注册使用行为不仅侵害在先权利，而且被评价为损害消费者合法权益与破坏市场正当秩序的不正当竞争行为。如此，便会使得作为市场经济主要组成部分的商标权与在先权利发生冲突时相比于单纯的民事权利冲突更易被否定和限制。

同时，无论是依据民法，还是包含反不正当竞争法在内的其他知识产权法只要被认定为侵权或不正当竞争行为，便要承担停止侵害、赔偿

① 韩景峰. 商标法中在先权利的法理分析［J］. 知识产权，2012（10）：25-26.

损失等责任，商标权便在事实上被认为是不再存在，权利人注册并使用商标的行为也毫无疑问地被评价为侵权而非行使权利。从这一角度来看，商标法彻底被民法和其他知识产权法等法律规范所架空或否定，这明显违背了通过制定商标法创设和保护商标权同时设立相应规则保护在先权利的立法目的。

二、商标行政体制与司法体制冲突导致的限制

（一）侵权诉讼制度对商标行政制度过度冲击

上述法律规范的冲突在宏观上造成了商标权与商标法被忽视乃至直接被否定的结果，同时也体现为民事侵权诉讼制度对商标行政授权确权制度造成了过度冲击。我国商标法在几种商标权取得体制中采取了注册体制，即只有提出申请并获准注册才能取得商标权[①]。而这一体制根据国际公约和各国惯例是由行政机关，即中央政府的专门部门负责的，我国商标法也是规定由国家知识产权局商标局负责商标注册审查与授权工作。同时，对可能损害相对人合法权益的具体行政行为可以进行复议是现代行政制度的重要特征[②]，商标注册与授权程序也不例外。当然，商标注册程序有其特殊性，在注册审查过程中允许包括在先权利人在内的利害关系人等就损害其合法权益的行为向商标注册初审公告提出异议，同时如果就该异议不服还可以申请复审或直接提出评审[③]。如此，商标法便在不同于其他民事权利产生的独特体制中为在先权利提供了保护空间[④]。

当然，商标法仅为注册商标和未注册驰名商标提供包含侵权救济在内的保护措施，因此，基于民法或民事单行法而产生的在先权利通过上述商标体制只能获得否定商标注册的效果而无法寻求侵权保护。一般而言，在先权利人可通过商标行政体制中的异议或评审程序将在后商标权不予注册或宣告无效，然后通过民事诉讼向法院主张侵权救济。在这一过程中，也不存在法律或程序冲突。然而，可能是超出了无效宣告所规

---

① 王太平．商标法：原理与案例［M］．北京：北京大学出版社，2015：181-183.
② 姜明安．行政法与行政诉讼法［M］．5版．北京：北京大学出版社，2011：371.
③ 郎胜．中华人民共和国商标法释义［M］．北京：法律出版社，2013：69-70.
④ 卞耀武．中华人民共和国商标法释义［M］．北京：法律出版社，2002：86-87.

定的五年期限限制，或认为无效宣告等程序时间过长或较为繁琐，在先权利人更倾向于规避商标行政制度而直接通过侵权诉讼制度保护在先权利，司法机关也接受了这一模式，并先后通过司法解释、司法文件和最高法的裁判文书[①]确认和肯定了规避商标行政制度的权利保护方式。如此，商标行政制度与侵权诉讼制度的冲突便成了商标法与其他法律规范间冲突的主战场。

理论界与实务界认为在先权利与商标权之间的冲突超出了商标行政制度的管辖范畴，应通过侵权诉讼制度进行规制[②]。然而，商标行政制度是商标权产生、规制与保护的基础，也是商标法的核心内容。在权利冲突或在先权利保护中直接跳过商标行政制度，便会使得已经与民法发生对立的商标权在具体案件审理过程中面对由民法、其他知识产权法和反不正当竞争法共同支持的在先权利更加孤立无援。同时，商标法并非不保护在先权利，只不过因其立法目的及作用的限制而仅能通过商标行政制度提供保护，至于侵权保护则非其不为而是不能。而且商标行政制度所设定的流程和期限只是为了更好地平衡商标权人和利害关系人间的利益并确保程序公正合法，对程序最终决定不服也仍可通过行政诉讼寻求救济[③]。可见，商标行政制度是经过不断完善并能保护在先权利的，上述主张或赞同规避的理由很难成立，直接适用侵权诉讼制度不仅对商标行政制度造成了严重冲击，而且会使商标法已经形成的利益平衡状态被打破，在先权利保护便成为绝对垄断性的过度保护。

（二）司法权对行政权的僭越

根据宪法规定，我国实行人民代表大会制度，行政权、司法权（审判权和检察权）等权力是最高国家权力机关分别授予国家行政机关和司法机关的分工职权，即两类机关行使各自的法定权力，分工负责，各行其是[④]。对于前者是行政机关执行法律、管理内政外交事务的权力，而

---

① 最高人民法院. 鲁沃夫公司与北京鹊翔医疗科技有限责任公司侵犯商标专用权和不正当竞争纠纷（2010）民申字第1468号民事裁定书［M］//程永顺. 务实知识产权判例精选（第18辑）：商标与域名判例. 北京：知识产权出版社，2010：135-144.

② 谭华霖. 知识产权权利冲突的内在机理及化解机制［J］. 知识产权，2011（2）：23-29.

③ 郎胜. 中华人民共和国商标法释义［M］. 北京：法律出版社，2013：90.

④ 彭涛. 司法权与行政权的冲突处理规则［J］. 法律科学（西北政法大学学报），2016，34（6）：36-43.

后者则是司法机关将法律适用于具体案件的权力[①]。根据相关法律的规定，商标授权确权属于行政权，对包括商标权保护在内的民事权利保护则由司法权与行政权共同负责并以司法权为主导[②]。同时，根据行政诉讼的定位，其目的在于通过对行政行为进行事后的司法审查来解决行政纠纷，为相对人提供行政法律救济，监督确保行政权规范行使[③]。由此可以明确，行政权与司法权一般而言不具有连接点，两者也很难产生职权划分的冲突，即便是在两者发生密切关联的行政诉讼中，也是先有行政权的活动然后才会有司法权的介入对其进行监督，两者存在明显的先后顺序。因此，在这一逻辑下行政权与司法权应当互相尊重，不越雷池。

在商标法中在先权利保护的背景下，商标权产生所依据的行政权在法律规定的范围内的活动效力便应当得到作为行政相对人的在先权利人与能够提供在先权利侵权保护的司法权的普遍尊重。该尊重一方面体现为在先权利人应当首先基于商标法所提供的在先权利保护规则主张救济，以便从根本上解决在后商标权损害其在先权利的行为，同时应当严格遵守商标法相关规则所规定的流程与期限。另一方面，司法权应当尊重行政权的首次判断权[④]，恪守事后介入的司法审查原则，即应当尊重行政权依据商标法授予商标权的效力和相关规则制度，不能彻底忽视商标法所设定的商标行政权而越俎代庖赋予或取消特定的商标权。

正因如此，基于前述多次重复的商标行政授权确权制度便应具有优先适用的顺位，而限制侵权诉讼制度的提前适用。一方面，基于商标注册获权产生的纠纷应当首先通过行政权予以解决，毕竟纠纷产生的源头在于行政授权。对在先权利人而言，虽然通过民事侵权诉讼制度以司法权主张救济可能流程相对便捷且保护更加全面，但行政权所确认的商标权客观上在商标行政制度中仍然合法存在且具有普遍公示公信效力。而

① 张坤世．司法权与行政权：中国法治语境下的关系定位［J］．社科纵横，2020，35（7）：107-112.

② 《中华人民共和国商标法》（2019年修正）第六十条规定，有本法第五十七条所列侵犯注册商标专用权行为之一，引起纠纷的，由当事人协商解决；不愿协商或者协商不成的，商标注册人或者利害关系人可以向人民法院起诉，也可以请求工商行政管理部门处理。

③ 胡建淼．行政诉讼法学［M］．北京：法律出版社，2019：18-19.

④ 李荣珍，王南瑛．论行政首次判断权原则及其司法适用［J］．海南大学学报（人文社会科学版），2019，37（3）：134-135.

民事侵权的判决或裁定只具有个案效力无法重复适用，更无法普遍否定与商标权有关的第三人的主观善意并以此阻止商标权人许可、转让、质押等实质行使商标权的行为。因此，即便是以司法权僭越行政权，其最终效果也要远逊于行政权自己的效果。另一方面，司法权对行政权的影响力较为有限。首先，只有在行政诉讼中司法权才能够监督审查行政权，且仅限于商标授权确权等具体行政行为，而不能规制商标法授权确权制度本身。其次，对具体行政行为的监督也仅限于判断其行为是否合法并要求其重新作出行为，而非法院代其作出决定①。可见，无论从实际效果还是权力分工来看，在保护在先权利方面司法权均不应且不必被动或主动侵入行政权的范围，上述僭越行为应当被制止以对在先权利保护进行限制。

第三节 利益冲突下的在先权利行使限制分析

私法是对可归属于私人利益的分配，在法律制定即创设权利时进行了首次利益平衡，因此，当不同法律之间创设的权利发生冲突时，利益就发生了冲突。且根据上述分析，利益冲突既可能因立法本身的局限而出现，又可能因时代发展所产生，在本书主题下对这两种情形是否应当限制在先权利保护将分别分析。

一、新生权益情形下产生的限制

（一）既有在先权利范围扩张对商标权的过度限制

第一章在论证保护在先权利的原因时便提出，权利扩张的私法潮流是体现为在后商标权损害在先权利的权利冲突的主要原因。当然，成文法国家一般仍要遵循权利法定原则，理论上行政机关、司法机关乃至民事主体均不得自行创设属于绝对权的人格权，特别是知识产权等财产权②，相应地，权利扩张也主要体现为既有权利本身范围的扩张，即权

---

① 姜明安. 行政法与行政诉讼法［M］. 5版. 北京：北京大学出版社，2011：416-422.

② 王涌. 财产权谱系、财产权法定主义与民法典《财产法总则》［J］. 政法论坛，2016，34（1）：103-118.

利内容、保护期限、侵权类型等的扩张。这一权利范围扩张一方面体现了立法者及社会公众对权利或法学理论的新认知，另一方面也体现了立法固有的局限性无法解决社会变化所带来的对既有权利的新需求。同时，这一权利范围的扩张既能通过有关法律条文的修改方式完成，又能通过法律解释的方式进行。例如，在1999年“王蒙诉世纪互联通讯技术有限公司侵犯著作权纠纷案”中，法院便通过对当时《著作权法》第十条权利列举表述中的“等”字扩大解释为作者通过互联网传播作品的权利，扩大了著作权的内容[①]。而后2001年《著作权法》修改时便增加了信息网络传播权。这一权利扩张虽符合著作权法基本理论、国际条约规定、著作权发展潮流和世界主要国家的立法趋势，但严格来说也是仅限于著作权法领域内的一种单方面扩张行为，并未综合考虑潜在行为人依据其他法律规范所享有的民事权利或自由。因此，上述著作权的扩张在客观上便会产生限制了包含商标权人在内的民事主体通过互联网使用该作品的行动自由的结果。

当然，除此之外诸如商标权、专利权乃至传统的人身权、财产权等民事权利在立法创设完成后大都经历了多次权利范围的变动，且均处于一种单方面的扩张状态。这就意味着社会公众自由和利益在不断地被权利范围扩张所限制，而在各种权利间此消彼长的扩张竞赛中，除广大的社会公众外可能没有真正意义上的输家。同时，此法中的权利人便是彼法中的义务人，即不特定的社会公众，可见在具体的法律关系中只有实际扩张的权利人才是最后的赢家。换言之，虽然商标权也不断进行了扩张，诸如扩大了混淆的范围、禁止反向假冒、纳入互联网商标使用行为以及提高驰名商标保护力度等法律修改使商标权不断增强[②]，但单纯在保护在先权利的语境下并不谈及商标权保护的内容，其问题核心在于商标权是否被限制或消灭，即直接否定商标权保护的基础而不论其范围是否扩张。同时，前面也已分析在多数情形下商标权通过取得注册而产生

---

① 北京市海淀区人民法院. 王蒙诉世纪互联通讯技术有限公司侵犯著作权纠纷（1999）海知初字第57号民事判决书［Z/OL］.（2005-05-20）［2024-01-10］. https://www.pkulaw.com/pfnl/a25051f3312b07f33b18fda98e824d919d8987f81a51d638bdfb.html? keyword=%E7%8E%8B%E8%92%99&way=listView.

② 冯晓青，杨利华. 中国商标法研究与立法实践［M］. 北京：中国政法大学出版社，2013：71-72.

便可能损害在先权利，乃至申请注册便被认定为侵权，此时同样无关于商标权本身的扩张。加之，通过分析商标权与在先权利立法创设的时间先后等因素便不难发现，在不对权利扩张进行价值或道德判断的前提下，在先权利的扩张必然会进一步限制在后的商标权。因此，对扩张后的在先权利进行保护也应当有限制，才能实现再次利益平衡。

（二）在先权利类型增加对商标权的过度限制

由于立法的局限性和体系性，权利范围的扩张并不能完全满足社会发展的需求与变化，因此理论界与实务界便会不断提出新的权利类型作为回应并可能被法律规范所纳入。当然，我国立法一直以来力求稳妥，很少直接创设较新的权利类型，因而相关新型权利的增加也主要是通过司法解释乃至行政规范等广义立法方式进行的，如第二章所提到的《审理商标行政案件规定》将“在先权利”扩大为“在先权益”并明确规定了新型的“作品名称、作品中的角色名称”的权益禁止为商标注册所侵犯，2016年《商标审查及审理标准》同样也增加了“知名商品/服务特有名称、包装、装潢”的权益。当然，诸如上述类型的扩张也并非空穴来风或闭门造车，与上述的权利扩张一样具有理论、现实和国际趋势的正当性。但与此同时，这样一种权利类型的增加也在客观上对商标权进行了过度的限制乃至损害，明显超出了商标法所体现的保护在先权利的目的。

从商标法乃至我国立法的用语表述来看，权利与权益乃至利益的概念都是不同的，如《民法典》第三条表述为“民事主体的人身权利、财产权利以及其他合法权益受法律保护”，《商标法》第一条表述为“保护商标专用权……以保障消费者和生产、经营者的利益”。此外，商标法也只明确规定了商标专用权、在先权利与优先权而再未提及其他权利。可见，从文本来看商标法所述的在先权利并不当然包含所谓的利益或权益。上述商标法相关的司法解释和行政规范扩大在先权利范围、增加在先权利类型的行为明显不符合商标法的规定。而从立法逻辑来看，由于诸多原因使得《商标法》成为新中国第一部真正意义上的财产权利法，所以立法之初也便无所谓在先权利的概念。当然，随着之后《专利法》、《民法通则》和《著作权法》等法律的出台使得立法层面的民事权利体系不断完善，商标法中的在先权利保护的问题也才出现，之后才有了《商标法实施细则》和《商标法》修改对该规则的增加与完善。可见，《商标法》并不排斥在先权利及其扩张与增加，但这一增加必须由立法进行才有可能真正做到新的利益平衡，否则便是忽视了商标法保护在先权利的传统，甚至是以下位法来限制上位法的错误做法。

同时据前所述，即便是以立法的形式进行，由于立法起草工作等客观上的单方面性也很难真正做到新的利益平衡，更可能是未经考虑造成对商标权的进一步限制与压缩，因此，在先权利类型的后续增加必然会对在先创设的商标权产生限制。由此不难发现，在新生权益的情形下无论是权利范围扩张还是权利类型新增，且不论是以立法还是司法、行政方式进行，均会导致对商标权的过度限制，破坏既有的利益平衡并体现为对在先权利提供过度保护。

二、公共利益保护下产生的限制

（一）因商标权相关主体利益损害产生的限制

商标因具有显著性而存在，并因此发挥独有的来源识别、指示功能，从而形成产品或服务来源信息载体与消费者等相关公众形成互动，前者可以经营获利、积累商誉，后者则能够认牌购物、表彰身份，由此产生运行以维护良好的市场秩序、满足人民需求、提高产品与服务质量、增加就业与税收等效果，最终促进社会整体福利的提升[①]。以上既是商标法的立法宗旨，又是商标作为市场要素的经济学意义。也正因如此，保护商标权和管理商标秩序便成为商标法的核心内容，毕竟其不仅维护了特定商标权人的利益，更通过规制其行权过程以保护其他相关的商标权人、代表人、代理人、被许可人、质权人及消费者等商标权相关的主体的利益进而有效维护了社会公共利益。因此，本书才一再强调商标权创设、保护与限制均应以利益平衡为前提，以不损害任何一方的利益为标准。因此，商标权之外的其他民事权利，特别是商标法中的在先权利获得保护便同时反映为对商标权的限制乃至消灭时同样要遵循上述

---

① 王太平. 商标法：原理与案例［M］. 北京：北京大学出版社，2015：31-38.

要求。

具体言之，商标因使用而实际具有显著性并产生积累商誉[①]。对绝大多数在先权利客体而言，虽然与在后商标在标志上具有同一或关联性，但在其相应权利范围内并非指示或识别来源的商业标识（如作品），也并不因此而获得权利产生利益（如肖像），乃至这一特征与其获权条件互不相容背道而驰（如平面外观设计）。可见，虽然在后商标客观使用了在先权利客体，甚至在法律上应当评价为侵权，但商誉乃至显著性的产生均与在先权利无关，更非在先权利人的劳动所得。若允许在先权利人通过取得商标及其显著性的方式获得保护，将违背自然劳动理论和功利主义理论等论述财产权利正当性的基本理论，从而构成明显的不当得利[②]，这不仅破坏了商标法的获权得利逻辑，更否定了民法体系的基本规则。

同时，即便是允许在先权利人取得商标及其显著性，也仅在在先权利本身的权利及经济利益范围能够涵盖商标权的前提之下才能进行，且依据民法的添附原理，该商标的显著性及商誉的产生与增加与商标权人的劳动付出密切相关，因而最终在先权利的内容也无法完全归属于在先权利人。即便最终的商标权或因比重较大，或因商誉等内容无法分割而归属于在先权利人也应当给予商标权人明确的经济补偿[③]。而如果商标权人所生的权利乃至商誉的经济比重大于在先权利人，单纯的经济补偿或消灭商标权与主张停止侵权便会过度损害商标权人的利益，进而破坏商标法秩序并最终损害社会公共利益。可见，对在先权利过度的保护便会损害商标权相关主体的权利，进而损害社会整体利益，如此便应对在先权利保护进行限制。

（二）因商标权而生的公共利益损害产生的限制

同时正如前述，对商标权的保护不仅影响相关主体的权利和利益，更会最终影响社会公众的利益。因此，在在后商标已经平稳存续一段时间，并产生了显著性及商誉或新生大量后发商誉的情形下，绝对化地对

---

① 熊文聪. 知识产权权利冲突：命题的反思与检讨［J］. 法制与社会发展，2013，19（3）：64.

② 王利明等. 民法学［M］. 5版. 北京：法律出版社，2017：528-530.

③ 尹田. 物权法［M］. 北京：北京大学出版社，2012：97-98.

其进行限制也会对公共利益产生严重影响。首先，在权利冲突的背景下，商标权与在先权利的冲突实际上是利益分配纠纷。此时，法律及有关机关应当解决的首要问题在于重新平衡各方利益，以便协调各方权利和谐并存，最终实现社会公共资源的有效配置，而非绝对化地以保护在先权利及相关原则认定存在损害或侵权而径直认定商标权无效或判决停止侵权，即消灭一方利益。否则，该结果既无助于资源的有效配置而违反了效益原则与帕累托标准，又很难为潜在权利主体及社会公众所接受和信服[①]。

其次，绝对化的在先权利保护也会造成绝对化的在先权利，从而产生过度的权利垄断行为。无论是使商标权无效宣告而归于自始无效，还是判决承担永远禁止使用注册商标的停止侵害责任，均可被视为一种永久性的行为禁止命令。而根据我国《商标法》、《民法典》和《民事诉讼法》等的规定，上述行为禁止命令作出程序的启动主体及举证责任人均是在先权利人及其利害关系人。因此，在先权利人等在一定程度上最终掌握了商标权存亡的决定权。由此，便会产生在先权利人等以禁令强制获得商标权或以禁令相威胁而获得不当利益的情形[②]。这样，不仅会让在先权利人等获得正当的保护，更会赋予其通过禁令垄断或侵占他人权利与不当阻碍其他市场主体正当竞争活动的权利。特别是在以广义知识产权为主体的商标法在先权利中必然引发在先权利及其保护的绝对化与过度垄断，不仅过度限制了商标权，而且违背了法律赋予知识产权人一定程度垄断权以激励创新、传播知识并最终实现创作者、使用者及社会公众三方利益平衡的初衷。

最后，绝对化的在先权利保护将会给社会公众带来不合理的成本。一方面，商标权作为一种知识产权和重要资产，可以通过许可使用、质押等方式获得利益、扩大使用范围，以增加就业和税收促进经济发展，而这一切均取决于商标权的潜在利用人的意志[③]。由于商标权的无形性

---

① 胡充寒，肖启明．权利冲突案件中停止侵权判决方式的选择及限制［J］．法律适用，2008（10）：74．

② 曹博．权利失效规则与诚实信用原则在商标法中的冲突及协调［J］．知识产权，2014（3）：53-54．

③ 陈武．权利不确定性与知识产权停止侵害请求权之限制［J］．中外法学，2011，23（2）：363．

以及专用权和禁止权的差异等特征，必然导致权利边界不甚清晰。此时，由国家机关发给权利人的商标注册证及分类表与区分表便成为具有公示公信效力的唯一权利及其边界凭证。潜在利用人能够也应当信任该证书。因此，一般只要潜在利用人能够确认该证书的真伪便可放心申请许可或进行质押。然而，当在先权利绝对化保护既没有宣告商标权无效而收回注册证书，又判决商标权人停止侵权时，潜在利用人便会产生困惑，面临继续申请许可、放弃许可以及调查清楚再决定的选择①，从而增加了搜寻成本，减少了交易机会。此外，也会产生难以弥补的错误成本②。由于我国现阶段的法律规范状态，司法及行政实践超越全国人大立法而扩大了在先权利范围或创设了新的在先权利类型，以该权利限制商标权难免会存在错误之处，可能该停止侵害乃至无效宣告的决定最终会被推翻，由此便造成了不可逆的资源浪费和对商标权利用人、合同相对人等的利益损害，更易导致社会公众的困惑。

三、权利和权益差别下产生的限制

如前所述，虽然立法未对在先权利作出明确界定，且一般民事立法也未明确规定特定的利益或权益种类，但却并未阻止在司法和行政实践中将特定权益作为在先权利予以保护，并可以获得无效宣告商标权以及通过民事诉讼制度主张侵权判决停止侵害责任等保护途径的救济。可见，在实践中已经将特定权益视为在先权利，并获得了与法律规定的权利等同程度的保护，即对在后商标权等同程度的限制。但细究而言对其进行保护已属法外施恩，而其借此又限制乃至过度限制法律明确规定的商标权便显得过分。

具体而言，首先从立法位阶差别来看，民法体系应当严格遵循权利法定原则，只有立法机关所制定的法律才能设定权利。毕竟，新设一种权利就意味着广大民事主体自由活动的空间又一次被压缩，因而不得由行政或司法机关随意限制法律主体的行动自由。进而言之，在先权利也

---

① STERK. Property rules, liability rules, and uncertainty about property rights [J]. Michigan Law Review, 2008 (7): 1292.

② LEMLEY M, WEISER P. Should property or liability rules govern information? [J]. Texas Law Review, 2007 (4): 793.

不仅仅是在商标法中才能获得保护或仅是在后商标权人才需对其尊重，特别是属绝对权的人格权与财产权应当禁止任何人的损害[①]。这样，在先权益便会同时获得超出商标个案，乃至超出商标法范畴的保护，进而限制了不特定人的自由和利益。可见，为防止遭受在后商标权的损害而创设的在先权益会对他人普遍性造成负面影响，进而影响社会公共利益。

其次，从权利与权益的内容差别来看，在理论和立法上对权利的内容、权能及其行使方式等规则均有明确且对世性的规定，相反具体在先权益的类型并没有真正达成社会共识，也未能从理论上与立法表达上明确其具体内容、权能以及行使与保护规则[②]。通过相关司法解释和行政规范的条文不难发现，设定的相关权益的关注点在于商标注册是否与其发生混淆而造成损害的认定标准，而非其存在正当性和权利范围等内容。同时，《商标审查审理指南》更是在设定具体权益后通过概括性条款为后续创设新的在先权益提供了空间，且同样未设定任何标准或要求。显而易见，实践中的所创设的权益的基础远比法律明确规定的权利要弱，更缺乏对商标权人和社会公众的指引作用。

最后，从商标法体系对两者的差别来看，前述商标法仅明确了商标权等几种权利类型，对理论界所述的先用权，即他人在先使用并有一定影响的未注册商标所具有的权益均未明确其权利或权益地位，更未在商标法范围内为其提供类似商标权的保护[③]。同时，仅对恶意抢注的行为赋予其等同于在先权利的保护程度而不得限制他人善意抢注的行为。由此也可见，商标法对先用权的保护程度远小于在先权利。因此，在商标法明确区分权利和权益的前提下，将权益等同于权利纳入在先权利的范围并对商标权进行无条件的限制乃至消灭便明显违背了商标法的立法逻辑，特别是明确增加并完善保护在先权利条款后的体系逻辑。

---

① 杨立新．民法总则［M］．2版．北京：法律出版社，2018：203.

② 崔建远．姓名与商标：路径及方法论之检讨最高人民法院（2016）最高法行再27号行政判决书之评释［J］．中外法学，2017，29（2）：287-288.

③ 孙山．未注册商标法律保护的逻辑基础与规范设计［J］．甘肃政法学院学报，2015（2）：60.

第四节 本章小结

在先权利与在后商标权间的冲突是造成在先权利损害的原因，也因此对其提供保护。同时，两者间的冲突需要利益平衡，在后商标权的正当产生与存续也需要制度指引。如此一来，对在先权利保护进行限制便呼之欲出。当然，限制应当名正言顺，只有对民事权利在民法权利本位转向社会本位并因此具备公共与私人双重属性的基础上，才有进行限制的正当性，并以权利不得滥用、禁止绝对垄断和合法与有限限制为法律原则，以防止外部不经济、效益最大化和帕累托效率为经济标准对限制进行指导。具体言之，在先权利行使限制主要体现在规范和利益冲突两个方面：

在规范冲突上，一方面体现为作为特别法的商标法与作为一般法的民法和其他特别法的著作权法等创设的权利即利益分配间由于立法时间、意图与侧重点等差异产生的冲突，因此需要以限制在先权利保护的方式协调各法利益分配机制，而非一味限制商标法与商标权。另一方面，体现为商标行政制度与司法侵权诉讼等制度因在先权利人以利益权衡进行选用导致行政授权被司法裁判所架空、忽视而发生的冲突。因而，需要司法权谨守权力分工与事后监督的定位，防止以保护在先权利之名，行僭越行政权之实。

在利益冲突上，一方面体现为既有权利的单方面扩张对商标权造成了过度限制，并最终损害了社会公共利益与自由空间，因而应当对在先权利人与商标权人间以及其与社会公众间的利益冲突进行协调，对其保护作出一定限制。另一方面，体现为新型权利的产生对在后商标权造成的限制。无论是以司法或行政方式创设没有明确内涵的新型权利，还是立法新设的权利，均是对置身事外的商标权的一次次限制，更是对公众自由空间的进一步压缩。因此，对此类在先权利的保护也应当进行限制。

第五章　我国商标法在先权利保护制度的完善建议

在前四章研究结论的基础上，第五章将对我国商标法中的在先权利保护制度的完善提出具体建议。其一，分析与确定在先权利的定义及其规范模式，为保护制度确定好起点，进而明确在先权利的类型、范围及保护具体原则的内涵与适用情形。其二，在第二章在先权利定义及其损害实质认定结论的基础上确立在先权利的损害含义、责任和认定标准，而非以复杂多样难以统一的侵权定论。其三，尝试解决在先权利保护途径间的冲突，协调完善各种保护途径存在的问题，从而建立在先权利保护途径体系。其四，以利益平衡和效益兼顾原则为指导，设计可行的在先权利行使限制制度，从而较为全面地对商标法中的在先权利保护制度进行完善，使其能顺利有效运行。为保证完善建议更加明确，在相应部分建议会以条文的方式进行展现。

第一节 完善在先权利保护制度的立法规则

本书一开始对商标法中的在先权利保护的基础和保护类型进行了分析，初步论证了在先权利保护的正当性、必要性以及保护原则和在先权利的基本概念和可能类型等问题，为完善商标法中的在先权利保护制度提供了理论基础，而其中首先便应对在先权利的定义、类型与原则的适用等制度基础内容进行具体完善。

一、明确商标法中的在先权利定义

（一）立法放权与开放援引性保护模式的否定

根据前述分析可知，我国《商标法》对在先权利的保护仅概括性规定为“不得损害他人现有的在先权利”且对在先权利的定义及类型均未提及。在司法实践中，一般均是以商标权侵权纠纷中的被告或民事侵权与不正当竞争纠纷案件中的原告主张的在先权利类型为依据，援引相应的法律规定作为请求权基础①。而在行政实践中，商标行政机关则在《商标审查审理指南》规定了一个在先权利的定义，并列举了几项较为常见的在先权利类型及其损害认定标准。之后，这一模式被司法机关所认可并规定在审理商标行政机关商标具体行政行为案件的《审理商标行政案件规定》之中。不难发现，商标法单纯概括规定的模式除为在先权利保护提供法律基础外，并无任何可以实际操作的可能性，缺乏对在先权利定义与类型的规定与限制，虽然能使得司法与行政机关在实践中不受拘束地具体问题具体分析，以便为潜在的在先权利人尽最大可能提供保护。但同样会存在自创定义而肆意扩张在先权利范围、放松损害认定标准等问题。任何事物都具有两面性，因而将认定权力完全交由司法及行政机关自由行使，必然会在保护在先权利的同时损害商标权人乃至不

① 北京市高级人民法院．莫纳奇公司与商标评审委员会、姚伟志商标异议复审行政纠纷（2015）高行（知）终字第4419号行政判决书［Z/OL］．https：//wenshu.court.gov.cn/website/wenshu/181107ANFZ0BXSK4/index. html? docId=gL4HukrAw8KKsIhAoohRaNLnHSRj9UHUDmuD4ubHcvB4A2BHlL3YX/UKq3u+IEo49VJItWTtmBadI89R7xoNasKw4MC0h3o54pw21uFqx9tHinPcrjE2B5Cy04eZKjEK.

上海市第二中级人民法院．蓝迪公司诉上海爱特福等侵害商标权纠纷（2003）沪二中民五（知）终字第9号民事判决书［Z/OL］．https：//www.lawpa.cn/wenshu/4222.html.

特定的民事主体的自由、利益乃至权利。

此外，通过前述对《审理商标行政案件规定》和《商标审查审理指南》的分析可知，两者均采用了定义与重点列举的模式，但两者在定义、列举的权利类型以及该权利是否为注册商标所损害的认定标准等方面，虽然大致相同但也存在着表述与实质差异。这样，不仅两者未能在《商标法》统一的概括规则下对在先权利保护提供明确指引，更会因为具体定义、范围与认定等基础规则的差异使当事人无所适从乃至对法律规范产生困惑与质疑，从而违背了商标法保护在先权利的初衷。同时，两者设定的在先权利保护典型类型与认定标准也并非凭空自创，也是援引或结合相关法律规定所设计的。而这也会引发上述无限制地以复杂多样的客体重叠侵权标准认定在先商标注册损害在先权利的情形，不仅导致商标权人无所适从，而且会损害不特定个人与社会公众的利益。

更为重要的是，在商标行政纠纷中商标行政机关就在先权利所作的裁定最后还会在行政诉讼中进行审查认定，因而两者规范的不同便意味着各自依法办事所作的决定却因规范依据本身的差异而产生冲突。具体言之，虽然行政诉讼本质上是一种司法审查，具有纠正和监督行政违法行为，为相对人提供行政法律救济的重要作用。但一方面，商标行政行为具有特殊性，特别是因在先权利问题而产生的行政纠纷不仅涉及相对人，还有特定的第三人及其所代表的潜在的不特定的民事主体①。可见，其不能与一般的具体行政行为和行政诉讼一样，不必着重考虑他人与社会公共的利益而直接就事论事作出针对性的决定。另一方面，虽然法院可以通过行政诉讼判定商标行政机关的裁定不合法，但最终还是要商标行政机关自己重新作出裁定。因此，行政与司法规定之间存在的冲突并不因行政诉讼的终局性结果而消失，反而会因此产生其依据不同于司法解释的行政规范作出合法的行政裁定却反复被司法机关认定为不合法的严重冲突。

不难发现，商标法概括式的法律规定不仅未能为在先权利保护提供明确的指引，更因其默认的授权与援引式的规定使得在先权利及其保护

① 《中华人民共和国商标法》（2019年修正）第四十四条规定，当事人对商标评审委员会的裁定不服的，可以自收到通知之日起三十日内向人民法院起诉。人民法院应当通知商标裁定程序的对方当事人作为第三人参加诉讼。

的范围被无限制扩大，同时产生了行政与司法机关的法律规范不可调和的冲突。进而可能损害不特定民事主体与社会公共的利益，从而更难实现在先权利保护的目的。因此，商标法在先权利保护概括式的规定模式理应被抛弃。

（二）商标法定义与重点列举结合的规定模式

既然抛弃现有的单纯概括式的规范模式，便要选择新的规定模式。然而，通过第二章的分析可知，无论是《巴黎公约》还是《Trips协定》均概括性规定保护在先权利。而欧盟与欧洲以及日本、韩国等地的商标法也只是进一步规定在先权利的几个种类①。至于《美国1946年商标法》则未明确提及在先权利及其保护，而仅是在第二条中规定了对历代美国总统夫妇姓名的保护和对通用姓氏商标的排除，而作品和专利侵权并非提出商标异议的理由②。换言之，我国《商标法》现有规定与各国立法模式大体一致，并无明显不妥。但作为成文法国家，《商标法》中的在先权利定义与类型缺位确实使得在先权利保护制度缺乏可操作性，很难为司法与行政实践，特别是在先权利人与商标注册申请人提供指引。而由此规定模式所产生的默示委任司法与行政机关设定定义和类型并援引其他权利法的侵权规定认定商标注册是否损害在先权利的现状也确实存在上述问题。当然，上述问题主要因司法与行政机关法律规范的不一致而产生，并非明确定义及主要类型这一规范模式本身的问题。因此，可考虑在《商标法》直接明确在先权利的定义及范围。

具体而言，首先要明确商标法中的在先权利的定义。在《商标审查审理指南》和《审理商标行政案件规定》中，规定为“当事人在诉争商标申请日之前享有的”和“商标权以外的民事权利或者其他应予保护的

① 《法国知识产权法典》L.711-4条规定，侵犯在先权利的标记不得作为商标，尤其是侵犯：a）在先注册商标或保护工业产权巴黎公约第六条之二所称的驰名商标；b）公司名称或字号，如果在公众意识中有混淆的危险；c）全国范围内知名的厂商名称或标牌，如果在公众意识中有混淆的危险；d）受保护的原产地名称；e）著作权；f）受保护的工业品外观设计权；g）第三人的人身权，尤其是姓氏、假名或肖像权；h）地方行政单位的名称、形象或声誉。

《日本商标法》第四条规定，（一）下列商标，即使符合前条规定条件亦不能取得商标注册：8.含有他人肖像或姓名、名称或著名雅号、艺名、笔名或其著名简称的商标（取得他人许可时除外）。

② MCCARTHY T.McCarthy on trademark and unfair competition［M］. 4th Edition.St.Paul：Thomson/West，2006：§18.

合法权益"的开放式定义要件。然而，经过第一章的分析已经明确，商标法中的在先权利既不等同于其他领域的在先权利，又不能完全等同于广义的民事权利。除上述"申请日前享有"与"标识性民事权利"的要求外，还应当是"就与申请注册的商标标志相同或近似的标志享有"的民事权利，否则商标注册便无关他人的在先权利。此外，既然国际法、国内法和比较法均规定商标注册会损害在先权利，便意味着损害并非因商标使用行为而产生，而是因商标注册获得权利。换言之，在先权利损害是指商标权与其他民事权利的冲突，而非单纯地侵犯在先权利的民事侵权行为。而商标权是以注册的商品或服务的类别为专用权界限，以注册类别的类似范围为禁用权界限[①]，因此在先权利损害也必然应当是在特定的注册商标权范围内发生的。所以，在先权利的定义还应当增加"在商标注册的商品或服务类别相同或类似范围内遭受损害"的要件。上述新增的定义要件看似重复，但实际上却明确了前述分析的在先权利损害的符号意义侵占实质，也只有如此才能确保定义指向的在先权利范围不会不合理地妨碍公众申请注册商标的权利和自由。

当然，再详细的定义也只能划定一个模糊的权利范围，还是无法为主要的在先权利人提供明确的指引。因此，效仿德、法、日、韩等国列举在先权利的具体种类也是有必要的。当然，符合定义要求的民事权利类型也不在少数，穷尽式列举不可能实现。因而，可以考虑根据第二章所分析的在先权利类型，从中选取典型，进行大分类下的重点列举，诸如其他知识产权（如著作权、外观设计专利权）、人格权（如肖像权）等。如此，便可为在司法与行政实践中较为常见的在先权利人提供明确指引，并规制商标注册申请人的行为。同时，也可以上述典型权利为切入点，为在先权利的具体类型，即损害认定标准提供分析思路。

综上，可考虑在《商标法》第三十二条中的规定："申请商标注册不得损害他人现有的在先权利，也不得以不正当手段抢先注册他人已经使用并有一定影响的商标。"在先权利，是指在诉争商标申请日之前，

① 王莲峰. 商标法学［M］. 4版. 北京：北京大学出版社，2023：158-159.

与诉争商标标志相同或近似的标志在相同或近似的商品或服务范围内享有的其他标识性民事权利，诸如著作权、外观设计专利权、肖像权以及具有一定社会知名度的姓名、名称的合法权益等。

二、明确商标法中的在先权利的类型与范围

（一）在先权利类型的认定标准

由上述定义不难发现，若要构成商标法中的在先权利，需要满足申请日前存在、权利客体相同或近似、在相同或类似商品范围被损害、标识性民事权利四项要件，因此，构成了认定在先权利类型最基本的标准，即权利产生在先性和权利客体标志性、先后权利客体关联性和商标注册范围有权性四点。

首先，对于权利客体标志性的含义不难理解，前两章业已分析。既然在先权利是因商标注册而遭受损害，该权利客体自然便可作为商标申请注册，因而属于商标法所规定的标志类型。相应地，可以将大部分的客体非标识性以及客体标志不可注册商标的民事权利排除在外，从而最大程度缩小在先权利的范围。当然，这一点虽现有法律规范并未明确表述，但也是暗含在法律体系化解读内且毋庸置疑。需要注意的是，在判定某一权利是否为标识性权利时，应当以是否符合商标注册要求进行判断，而非单独分析该权利客体本身是否为某种标志，这样才能确保其是商标法中的在先权利。

其次，先后权利客体关联性即客体范围不仅局限于完全相同的客体，而应扩展到具有关联特征的客体范围。从在先权利客体的标识性特征角度看，凡是标识性客体所承载的权利范围必然要大于客体的范围，便不同于非客体标志性的物权、合同债权、社员权以及多数人格权与身份权，其权利范围谨守客体界限的特征。诸如著作权、外观设计专利权和肖像权等没有歧义的在先权利，均以客体的实质性相似或近似为权利最大范围。而从商标权的角度来看，作为商业标识权的重要一类其自然也是以标志的近似为权利（排他权）范围，否则商标注册也便不需审查是否与在先注册商标近似了。如此可见，正因商标权与在先权利均具有毋庸置疑的客体标志性特征，因而两者的权利范围便会因标志本身的模

糊性而超出客体客观确定的范围而在关联范围内，即在标志近似的范围内发生冲突[①]。因此，在认定在先权利类型时便可以客体近似关联与否为标准，而是否构成近似关联则应综合商标近似及相应在先权利客体近似的认定方法。

最后，便是注册范围有权性即在商标注册商品或服务类别范围内享有权利。无论是认定在先权利损害实质是侵权，还是其与商标权间的符号意义侵占，均能够体现出上述分析的在先权利人在商标注册的范围内遭受损害的含义。毕竟，商标权以注册核定的商品或服务类别范围为权利范围，若在此范围内并无在先权利，商标法也不必规定自商标注册申请起便保护在先权利。同样，这一要件也是由商标法中的在先权利是标识性权利的基本特征延伸而来的。换言之，商标本身的特征决定了在先权利的特征，因此对在先权利是否在注册范围内享有权利也需以商标法下的商品或服务分类即尼斯分类及区分表为判断基准。当然，众多在先权利在相应法律规范中可能并非以标识性权利进行范围划定或分类，如著作权的作品类型；抑或是有自己独特的分类标准，如外观设计专利权的产品洛迦诺分类。因此，在具体确定时应当以商标分类为主，同时考虑在先权利的分类与商标分类的对应情况[②]。此外，判断在先权利存在与否也应相应扩大至类似范围。

（二）谨慎将利益纳入在先权利范围

除上述四个要件外，在先权利的属性还限定为“民事权利”。对“民事”较易理解，即平等主体间人身与财产法律关系所产生的权利，而非公权力或公民政治权利，不必赘述。但对“权利”内涵的理解，理论界与实务界却存在着不同的观点。一种观点认为权利应采广义概念，既包含法律明确规定的权利，又包含利益，即权益。如前述的司法与行政机关对在先权利所设定的定义便规定“民事权利或者其他应予保护的合法权益”。不少学者也认为，在先权利分为权利和利益，且主要指法律规定不明确但在反不正当竞争法和民法上享有保护的在

① 曹新明．论知识产权冲突协调原则［J］．法学研究，1999（3）：75.

② 《专利审查指南》第四部分第5章：7.根据专利法第二十三条第三款的审查规定，对于在中国境内为相关公众广为知晓的注册商标，在判定权利冲突时可以适当放宽产品种类。

先利益[①]。而另一种观点则认为，在先权利也要遵循权利法定的基本原则，所以只能是除商标法外为法律所明确规定的民事权利，而不能由司法及行政机关自行造法创设[②]。从现有的规范定义便不难发现，在实践中采用了广义说，将法律中的并未规定的各种权利或利益类型纳入了保护范围。诸如知名商品/服务特有名称、包装、装潢和作品名称、作品中的角色名称权益，同时根据第二章的分析，在实践中也将字号权规定为在先权利，再加之对法律规定的企业名称权、姓名权和域名权的排除，在先权利的类型确实出现了以法律未明确规定的在先利益为主的情形。

可以说，这一情形是对实践需求和立法局限性的一种积极反应，从而在很大程度上保护了本应确立为民事权利的各种利益类型。然而，前面已分析过，无论是从《商标法》中的“在先权利”及“权利”相关的表述角度，还是从广义上说对权利法定作为基本的法律原则与成文法国家设权惯例的违背，乃至对包含商标注册申请人在内的不特定主体权利和义务影响的角度来看，均具有弊大于利的结果。同时，这些在先利益是只能在商标法在先权利规则中获得保护，还是可以通过民事侵权诉讼或行政执法像明确的权利一样获得全方位的保护的问题，由于其不具备一般财产权或人格权所具有的明确的权利范围以及使用、收益和处分等完整权能，因此，理论界与实务界也没有一致的观点。诸如知名商品/服务特有名称、包装、装潢权益虽然为《反不正当竞争法》所明确保护且在实践中的认定有了一定经验，但严格来说其仍然缺乏财产权所应具有的通过占有或登记所体现的公示公信效力[③]，且反不正当竞争法本身也不能创设权利。因此，将其作为在先权利而限制商标注册申请人的自由并不适宜。

当然，在实践中上述利益确实是由特定主体经过创造与持续性投入才在客观上形成的，也会因他人抢先注册乃至恶意抢注而实际遭受损害，误导消费者等相关公众，并不符合商标注册的根本目的与存在意

---

① 李扬．商标法中在先权利的知识产权法解释［J］．法律科学．西北政法学院学报，2006（5）：41．

② 崔国斌．知识产权法官造法批判［J］．中国法学，2006（1）：153-159．

③ 张鹏．规制商标恶意抢注规范的体系化解读［J］．知识产权，2018（7）：26．

义。因此，可以考虑采取《民法典》对自然人姓名和法人与非法人组织名称中的别名、字号与简称参照姓名权和名称权进行保护的单独规定[①]，为其所生财产利益以“知名度+混淆”的标准提供保护，既不会产生完全将其纳入明确民事权利对现有权利体系所造成的影响，又能将反不正当竞争法以及在司法与行政实践中所形成的认定和保护规则纳入民法之中，进而减少新设权利规则可能产生的不合实际、难于操作等问题。需要说明的是，在立法中进行上述修改前虽然会存在恶意抢注等问题，但两害相权取其轻，在坚持权利法定原则的前提下所必然要承受的代价而不能随意进行司法或行政造法保护所谓的在先利益。

此外，在为立法明确设权之前，其还是可以通过最新修改的《商标法》第四条为依据，主张在后商标权人侵占其商誉而属于“不以使用为目的的恶意注册”并提出异议或申请无效宣告使商标权，且上述异议或无效宣告程序的启动没有期限限制。之后，其便可以通过《反不正当竞争法》主张不正当竞争损害救济，从而获得与在先权利相同的保护效果。

三、明确在先权利保护具体原则的适用

（一）保护原则选用与具体内涵的确定

除在先权利的定义及类型外，在商标法在先权利保护制度中最为重要的便是具体适用时应遵循的原则。第一章便开宗明义对理论上可能涉及的在先权利保护原则进行了整理与分析。而在前面对在先权利的定义、类型、保护途径及限制等问题进行分析后，有必要对我国商标法中的在先权利保护制度的原则具体适用进行选择及内涵的确认，从而指导具体保护规则的运行。

首先，自然要适用保护在先权利原则。这既是对在先权利保护制度目的的强调，又再次明确了在后商标权与在先权利之间发生冲突时的关注重点和优先保护对象。毕竟，作为物权优先原则在知识产权领域的延伸，其在整个财产权乃至民事权利领域均具有逻辑统一性和体系自洽

① 杨凯旋．论别名财产利益的保护——基于《民法典》第1017条展开［J］．北方法学，2020，14（6）：150-151．

性。同时，前述也明确了在司法与行政实践中早就以保护在先权利为制度适用的首要原则，因此，其选用并无争议。但在该原则的发展变化过程中，内涵也同样发生变化进而分化出绝对与相对两种类型。前面已述，绝对主义意味着无条件地保护在先权利，因而不存在对其进行限制的可能，且认定在后权利的存在便是一种损害而必须使其无效。相比之下相对主义便较为缓和，允许在一定条件下以某种方式补偿在先权利，其保护力度相对有限制。这两种观点难分对错，但相对主义更为适宜。一方面，在先权利损害已被认为是因权利客体符号独特意义侵占结果而非单纯的侵权行为，因此绝对主义缺乏一定正当性。另一方面，在先权利保护同时也要考虑其他不特定人和社会公共利益[①]，必然会受到一定限制，此时与绝对主义存在矛盾。因此，在先权利保护自然应采相对主义。

其次，作为民法的帝王条款，诚实信用原则自然不可被排除在外。毕竟，商标法要求诚信原则要在商标注册申请、获权及使用过程中贯彻始终，这便与自商标注册申请起便不得损害他人在先权利的具体规则相衔接而当然成为指导原则。不过，诚信原则主要约束的是商标注册申请人的主观意图，禁止其以不诚信的目的从事行为，否则欺诈毁灭一切。但在符号意义侵占的损害实质结论下，在后商标的注册申请与获权并不能一概评价为出于不诚信的目的，因此在具体个案中的诚信原则的适用应当谨慎，而非只存在客体重叠等情形就认定为不诚信，防止使得保护在先权利原则实际上发挥绝对效力。

再次，禁止混淆与公平竞争原则。禁止混淆实际上与公平竞争基本同义，均是指不得采取假冒、欺诈等方式使得相关公众产生误导或混淆，从而损害在先权利。由此可见，相比于保护在先权利及诚信原则，禁止混淆原则于商标法中的在先权利保护而言更为具体且具有实际可操作的指导作用。毕竟，前面已述商标法中的在先权利与商标权均属于标识性权利，且会在近似标志与类似商品的范围内发生冲突，其便可概述为标志信息混淆的结果。当然，此处之所以要强调公平竞争，并非人云

---

① 梁兴国. 知识产权权利冲突问题研究——一种法哲学的进路［D］. 北京：中国政法大学，2007：163.

亦云或重复强调，而是表明保护在先权利防止商标权人侵权或不正当竞争的同时，也要防止在先权利人通过该保护制度进行不正当竞争，进而损害商标权人及社会公共利益。换言之，应当通过否定绝对化保护在先权利，以在先权利行使限制的方式维护公平竞争秩序。

最后，便是利益平衡原则和效益兼顾原则。利益平衡原则便意味着不可能无条件使在后商标权无效，而是在符合商标法基本原则和目的的情况下使得两者能够共存；效益兼顾原则则表明在先权利保护应当在一定程度上让位于商标法效益及社会公众的福利。因而，其内涵从字面意思便可知晓，实质上仍然是对在先权利保护的限制，防止出现对在先权利进行绝对化保护。综上，便可明确以保护在先权利原则为核心，辅以规制不诚信注册及后续使用行为的诚信原则和禁止混淆原则，限制在先权利保护的公平竞争和利益平衡与效益兼顾原则的具体原则适用体系，在保护在先权利的同时避免绝对化保护所带来的负面影响。

（二）具体原则的适用情形分析

既然已经确定了上述五项在先权利保护的原则及其内涵，便应对如何适用及其适用关系进行分析。一般而言，必然要适用相对主义内涵的保护在先权利原则，否则该规则也无法启动与运行。而且，这一原则不仅适用于商标行政制度及其后续的行政诉讼制度，同样也适用于单独的民事侵权和不正当竞争纠纷诉讼制度，从而使得在先权利在整个民事权利体系中尽可能获得优先保护。此外，在合同保护途径中由于合同债权本身的性质，该原则无法适用。但前面已述，该保护途径适用范围已然有限且仅能为在先权利人提供保护，合同途径严格意义上并不属于在先权利保护制度范畴。因此，这并不会影响保护在先权利原则的地位及适用。当然，保护在先权利原则本身并没有太多的指导意义，其重要作用在于明确符合定义要求的民事权利只要先于商标权产生，便应优先受到保护，而至于如何判断是否需要保护以及如何保护则要通过其他原则和具体规则才能完成。

同样，诚信原则也是不可或缺的，但严格来说其并非针对在先权利保护制度而设置，且虽然于2013年便明确规定在《商标法》中但却很少被直接启动适用，因此其于在先权利保护真正适用的范围也必然有限。然而，诚信原则主要规制行为人的主观意图，即故意乃至恶意目的，在先权利保护在实践中也主要体现为恶意抢注、囤积及后续的“商标蟑螂”等行为。因此，诚信原则在上述不以使用为目的的商标恶意注册等行为中便能发挥作用[①]，进而在在先权利保护制度中适用。当然，诚信原则在适用时还是要严格区分恶意抢注与非恶意注册等情形，以防止扩大适用。

而禁止混淆与公平竞争原则相比之下能为在先权利保护提供具体的规则指导，因此，也可以将其视为在先权利保护制度中的真正适用的原则。鉴于已将禁止混淆与公平竞争的内涵进行了区分，其适用便也应当进行区分。对于禁止混淆，是要求在后注册商标不得与在先权利为相关公众所混淆，即不得在两者权利范围内使公众对权利客体标志的独特意义产生混淆的可能性，从而判断在先权利是否应当受到保护。换言之，在先权利损害认定便可以混淆可能性为切入点，后面会详细分析。而对于公平竞争，其作用在于防止在先权利以优先保护的名义过度限制乃至否定在后商标权，抢夺其就商标所享有的知名度、商誉及其代表的经济利益。毕竟，一方面，商标法领域不仅有正向混淆，而且存在反向混淆[②]。另一方面，并非符合定义的在先权利便绝对会为在后商标所损害，也并非后者的利益完全来自前者，因而该商标独立产生的劳动成果不能被在先权利人所否定和占有。因此，该原则不仅明确了是否保护在先权利的判断标准，而且对判断标准进行了限制。

可见，上述三项原则主要以保护在先权利为适用要求，即便存在限制作用也是为了确保在先权利及其保护名副其实，因而三者仍然是民法权利本位思想下的原则。相反，利益平衡原则和效益兼顾原则是社会本位的产物，其存在的目的在于为社会公共利益而对私人权利进行一定限制，因此其适用主要遵循限制权利的思路而非权利保护。当然，无论是利益平衡还是效益兼顾，均是以公共利益为基点的概括性说法，不能具体指导规则操作，因此后续将会以该原则为指导完善制度限制的具体规

---

① 王莲峰．新《商标法》第四条的适用研究［J］．政法论丛，2020（1）：102-112．

② 浙江省高级人民法院．浙江蓝野酒业公司诉上海百事可乐饮料公司商标侵权纠纷（2007）浙民三终字第74号民事判决书［Z/OL］．（2019-08-21）［2024-01-10］．https：//www.chinacourt.org/article/detail/2019/08/id/4334022.shtml.

则。需要说明的是，我国《商标法》已经明确了保护在先权利原则和诚实信用原则，利益平衡原则和效益兼顾原则是在司法保护过程中适用的主要原则。因此，禁止混淆与公平竞争原则便是《商标法》需要明确与重点规定的原则，相关内容将在后面进行具体展开。

第二节　确定在先权利损害认定的具体规则

明确了在先权利的定义及类型便奠定了在先权利保护的基础，但保护的关键在于禁止和避免注册商标损害在先权利。因此，确定以明确损害含义和损害责任认定为内容的在先权利损害认定规则便成为完善在先权利保护制度的关键。

一、明确在先权利损害的含义

注册商标损害在先权利违背了商标法的相关规则而不容于商标法律制度和注册体制，因此需要被驳回申请或宣告无效。同时，其本身也是违反相应权利法、侵犯在先权利的不法民事行为，需要承担相应的民事责任。如此，损害的含义便会同时或先后出现在商标行政与侵权救济两种保护途径的语境之下。因此，两种语境下的损害含义均要确定并进行必要的衔接。

（一）商标行政途径损害的标识意义混淆含义

前面已经明确分析，在先权利损害实质便是在先权利客体标识符号的独特意指意义被在后的商标所侵害，因此商标法中的在先权利损害的含义就应当明确为造成标识含义混淆而非单纯认定为侵权，只有这样才能符合商标法本身保护在先权利的体系逻辑。毕竟，无论是在后的注册商标还是被损害在先权利均符合商标注册的要求而具有权利客体的标识性，即商标标识性的特征。在这一基础之上，必然要以标识性客体的共同特征，符号结构来确定损害的含义。通过符号能指、所指与对象的三元结构所形成的意指意义来判断是否能够造成标识混淆。具体言之，便是考察先后权利的客体标识、所使用的环境和商品或服务等在整体上是否构成标识独特符号意义的重叠或者冲突，而非单纯的标识近似便认定造成了损害。

需要注意的是，单纯的标识相同或近似并不一定造成损害。商标法下的在先权利损害必须整体判断先后权利客体和使用环境等各方面的因素来认定是否造成标识独特意义混淆。毕竟，任何符号均有含义，世间不可能存在没有符号的含义，也不会存在没有含义的符号。同时，符号及其含义也并非永远一一对应、完全契合，因而必然存在相同含义的不同符号或一个符号具有并不相同的一个或多个含义的情况[①]。因此，即便是某个特定的标识性权利，其客体标志符号的含义也并不是唯一的。而此时权利既然已经特定，那么在该权利范围内其符号的含义于权利人而言应当是唯一的，否则该权利便无法确定。换言之，法律创设权利的目的在于定分止争，确定民事主体自由活动的边界，而标识性权利边界的确定由于有形无体的客体特征，必然要通过标志符号本身的确定完成。因此，在符号所指含义不唯一的情况下，权利人仅能在特定情形下就其中的某一特定含义而非全部含义享有权利。

此外，标识含义混淆与否也不宜以主要含义否定次要含义的方式进行判断。某一符号所指的各项含义总是会分出主次，有些含义也可能并不为人所熟知。一般公众在看到某一符号能指时便会不由自主地联想到某一常用或主要的含义，这一现象便会为权利人所引用来证明其权利已然遭受损害，如乔丹案，但也带来了巨大争议[②]。毕竟，无论符号的含义是约定俗成或自行设计均是客观存在的，且并不以特定群体是否熟知为存在标准，同时其更是标识性权利划分各自范围界限的唯一标准。因此，以主要、重要之由用某一含义来遮盖或者否定另一含义实质上是主张某一符号所指唯一，其意指也唯一，进而名正言顺地垄断该符号。可见，这一主张实际上仍然突破了法律规定的界限来扩大权利范围。综上，无论从先后权利标识性客体符号结构，还是符号所指含义的广泛性，均决定了在先权利损害的含义只能是在先权利客体标识符号的独特意指意义被在后的商标侵害所造成的标识含义混淆。

---

① 彭学龙．商标法的符号学分析［M］．北京：法律出版社，2007：50.

② 丛立先．我国《商标法》上的在先权利与外国人姓名权保护研究［J］．知识产权，2020（6）：18-24.

（二）损害含义衔接侵权救济途径

虽然以商标为中心明确了可注册为商标的在先权利客体均属于标识而可采用符号结构进行分析，并明确了注册商标损害在先权利便是造成了标识意义混淆。但这仅是在商标行政途径中，准确地说是在商标异议和无效宣告阶段明确并同意了损害的含义，对于之后的行政诉讼以及同时或先后存在的民事侵权诉讼而言却并无意义。因此，确定在先权利损害认定规则还需要使得行政途径的损害含义与侵权救济等司法途径的损害含义相衔接。

第一章明确提到现有的在先权利保护途径很难体系化，原因之一是侵权途径本身体系复杂，特别是侵权损害含义并不统一。以我国法律明确规定的几种在先权利为例，存在着实质性相似（著作权）、产品混淆（外观设计专利权）、标识混淆（姓名或名称财产利益）和同一性（肖像权）等不同的损害含义。因此，损害含义衔接首先要解决的问题便是如何统一复杂的损害认定标准。

具体而言，前述已经分析众多标识性在先权利虽然其在各自领域内的损害含义并不统一，但实际上均可以从符号结构的角度进行阐释，如著作权侵权损害的实质性相似便是侵权作品使用的相同或近似表达符号所具有的独特意义基本上与原作品独创性表达的意义相同，从而导致读者误认为作品来自侵权人，即抄袭剽窃或者得到了著作权人的授权，即未经许可的演绎。同样，外观设计符号所具有的美感意义因为能够招揽顾客、促进消费欲望而被他人抄袭、模仿，所以构成侵权。而且在实践中法院在认定外观设计侵权及其侵害在先商标权时也会明确分析外观设计本身及相关产品或商品是否相同或近似[1]，即外观设计的侵权损害实际也是设计标识的意义混淆。至于肖像权以及姓名（名称）财产利益的客体本身便是传达主体信息的肖像和姓名（名称），损害认定也是以构成人格混同或商业混淆为结果，自然也属于标识混淆的一种。其他诸如商品化权益、商业外观权益和有一定影响的未注册商标权益等的损害含义更是没有脱离标识混淆的范围[2]。在此前提下，行政与司法途径间的

---

① 崔国斌. 专利法：原理与案例［M］. 北京：北京大学出版社，2015：942-943.
② 李明德. 美国知识产权法［M］. 2版. 北京：法律出版社，2014：691-750.

损害含义自然可以有效衔接。

需要说明的是，此处的损害含义衔接并非要另起炉灶，提出为众多在先权利重新设计民事侵权损害含义的建议。只是意在说明商标法语境下的在后注册商标造成在先权利损害实际上是统一的，可以通过标识意义混淆来体现，且该混淆是否真的构成损害仍需要以在先权利的保护范围为界限，既不随意扩大在先权利范围又不会错误地限缩在先权利。这样，将损害含义统一为标识混淆便可以和现有的在先权利侵权损害进行衔接，也不会出现两者范围矛盾冲突进而导致统一和衔接损害含义失去意义的情形。因此，可以在商标法中明确标识意义混淆的在先权利损害含义，结合前述明确的在先权利的定义和类型便能在现有法律体系内有效统一和衔接在先权利的损害认定规则。

二、统一在先权利损害责任认定

无论是《商标审查审理指南》，还是《审理商标行政案件规定》均对典型在先权利损害责任认定及适用要件进行了细化。当然，由于未能统一行政保护途径的损害含义，因此均援引了相应权利法的侵权责任认定规则并自行创设了在先权益的损害认定规则。可见，明确损害含义只是确定在先权利损害认定规则的第一步，明确统一的在先权利损害责任的认定规则更具有实践意义。

（一）统一损害赔偿的过错责任原则

纵览民事侵权及上述在先权利损害责任认定规则不难发现，差异最为明显的是责任认定需要视行为人的主观过错而定。通常来看，一般民事侵权均采过错责任原则，而知识产权侵权则存在过错责任、无过错责任以及两者兼有的观点众说纷纭[①]，这也是统一在先权利损害责任认定最大的困难。但实际上，在先权利损害或侵权责任的认定均应采取过错责任原则。

对著作权直接侵权的认定一般无须考虑行为人主观上是否具有抄袭、剽窃的意图，只要客观行为符合要求即属于损害在先著作权。然

---

① 郑成思. 侵害知识产权的无过错责任［J］. 中国法学，1998（1）：81-90.

而，侵权认定标准是“接触+实质性相似”，即只有在接触前提下的实质性相似表达才会被认为是抄袭等侵权，否则无论两作品的产生先后如何，只要认定未有接触即便完全相同也不属于侵权①。当然，此处的接触是一种可能性判断，但也表明在不存在接触可能性的情况下不存在侵权行为。接触可能性意味着行为人具有知晓在先作品存在而仍“创作”即抄袭了作品的可能②，这当然应被评价为过错。换言之，著作权侵权认定并非不考虑主观意图，只不过主观意图被接触要求所吸收而无须重复体现。

在外观设计专利权侵权认定过程中，专利法规定，申请授权的外观设计不得与现有设计及他人已经申请并公告的设计相同或近似。根据专利法的原理，现有设计及已经进行公告的设计即属于公知的设计而默认他人应当知晓③。此时，行为人仍在相同或类似的产品上将与他人在先富有美感的设计相同或近似的标志作为商标注册并使用便至少存在过失乃至故意等主观过错④。而若行为人在设计未公开前故意窃取或因经济往来而知晓设计方案却仍从事上述行为，则明显具有主观恶意。同样，在商标侵权认定中，对于经过公告的在先注册商标和驰名商标，在后商标注册及使用人也具有一定的注意义务，其未经许可的商标侵权使用行为自然表明主观上也存在过错。

换言之，在客观行为可以吸收主观认知的情况下侵权责任并非不考虑主过错，而是不需要重复考虑。毕竟，归责原则是对损害赔偿责任的认定，只有存在过错与损害结果才承担该责任，而停止侵害等责任源于维护绝对权法律地位的请求权，既不要求主观过错，更不要求损害结果⑤。而在默认商标注册人有过错的前提下侵权责任的成立及承担均不需重复考虑或考虑过错，进而承担相应的停止侵害、赔偿损失等责任。

这一规则对于在后注册商标同样重要，只有注册人客观应知或明知在先权利存在产生主观过错才能被认定为是损害在先权利并承担相应的责任。当然，在商标法下无论损害在先权利与否，商标注册的性质均可

① 王迁．著作权法［M］．北京：中国人民大学出版社，2015：35．
② 崔国斌．著作权法：原理与案例［M］．北京：北京大学出版社，2015：655-656．
③ 李明德．美国知识产权法［M］．2版．北京：法律出版社，2014：805．
④ 张广良．知识产权侵权民事救济［M］．北京：法律出版社，2003：88．
⑤ 程啸．侵权责任法［M］．3版．北京：法律出版社，2020：106-129．

划分为恶意注册与非恶意注册两类。其中的恶意注册并损害在先权利的行为自然等同于明知在先权利存在而故意抢注商标的侵权行为，非恶意注册则视为应知而未知等情形的侵权行为。如此一来，无论损害在先权利的注册商标是否造成经济损害，均应通过商标行政保护途径被无效宣告，只有这样才能彻底停止侵权行为，即再一次证明只有商标行政途径才能彻底解决损害或侵犯在先权利的行为。

（二）以商标为中心判断在先权利损害行为

既然统一在先权利损害赔偿责任的过错原则和在先权利停止侵害等责任无须考虑过错乃至损害结果，便能在此基础上统一在先权利损害责任的构成要件，即参照一般民事损害赔偿侵权责任由损害行为、损害结果、两者间的因果关系和行为人主观过错四要件构成[①]。而其中最为重要的两项便是损害行为与损害结果。由于商标法在先权利客体的有形状无实体的特征[②]，在这一基础上其停止侵害等责任需要考虑在后商标的注册及使用行为是否具有违法性并构成侵权行为便不同于传统的物权侵权。换言之，仍然需要判断其是否真正会造成损害，即以造成标识意义混淆的损害结果来认定侵权行为，而非以前述多次否定的单纯客体重叠标准认定侵权，否则便会造成在先权利绝对垄断和获得超出在先权利范围的保护等情形。

由于权利客体的差异，在在先权利损害责任认定方面损害行为与损害结果这两个构成要件相对而言是密不可分的。同时，由于损害行为均是由商标注册及后续的使用行为引起的，因此在具体实践过程中直接以商标的相应特征来判断在先权利损害行为及结果便可。具体而言，对在先权利的保护始自商标注册。这一方面是源于我国商标法采取注册体制，若在先权利人不自行主张异议，则商标便不受争议而注册获权。另一方面，商标法是规范商标注册制度和保护商标权的民事单行法，其对在先权利的保护也仅能从商标注册获权的方面着手。同时，这也能够明确对在先权利造成损害的是商标注册获权及其行权行为，而非单纯将在先权利的客体标志进行使用，特别是作为商标使用的行为。因此，在先

① 程啸．侵权责任法［M］．3版．北京：法律出版社，2020：205.
② 何敏．知识产权基本理论［M］．北京：法律出版社，2011：113-120.

权利损害的实质便是注册获权的商标在发挥来源识别功能及其衍生的质量保证、商誉积累、广告宣传和身份表彰等功能时由于符号意义冲突损害了在先权利。

在实践案例中也可体现出这一特点。从商标的角度来看或是抢夺在先权利人将该标志注册为商标的可能[①]，或是通过商标注册剽窃其在先权利客体已经承载的商誉[②]，或是以商标权直接侵入其在先权利范围[③]。通过上述案件不难看出，前两者是目前故意损害在先权利行为的主要类型，即典型的恶意注册行为，而最后一种则可以归入单纯的著作权侵权范畴。在前两者中体现的申请注册商标的权利（或称有一定影响的未注册商标权益）和商誉（或称知名字号权益）并非现有民法体系中的具体权利所明确要保护的对象，而后者虽然属于直接侵权行为但相比之下则产生情形有限，且被侵害的“葫芦娃”形象也是家喻户晓的，具有较高的商业价值，因此其实际侵害的也主要是作品的商业价值。可见，在先权利损害主要是因在后商标以来源识别为基础的诸多功能侵占了其权利所蕴含的利益。换言之，在先权利所遭受的并非单纯的功能破坏、权利客体侵占等类型的损害，而主要是符号独特意义所具有的经济利益侵占的不正当竞争行为。否则，诸如富有美感的产品外观设计本身并不具有来源识别功能且即便具有也不受专利法保护，但其因美感为市场接受产生商誉带来利益时才会有他人作为商标抢先注册的动机，进而便与同一客体的在后商标产生了不可调和的冲突，其他诸如没有明确法定权利地位的字号、包装装潢、域名等均是如此。因此，可以再次得出在先权利损害并不完全等同于侵权的结论，从而为以商标特征统一在先权利损害认定标准奠定基础。

---

① 北京市高级人民法院. 西安小肥羊烤肉馆与商标评审委员会、内蒙古小肥羊餐饮公司商标行政纠纷（2006）高行终字第94号行政判决书［Z/OL］.（2006-05-19）［2024-01-10］. https：//www.110.com/panli/panli_35865.html.

② 最高人民法院. 卢燕华与泉州德源轴承公司不正当竞争纠纷（2011）民提字第276号民事判决书。［Z/OL］.（2011-11-08）［2024-01-10］. https：//www.pkulaw.com/pfnl/a25051f3312b07f3b17ef88199bdd0981ed9f1dd1b3946f5bdfb.html? keyword=%E6%B3%89%E5%B7%9E%E5%BE%B7%E6%BA%90%E8%BD%B4%E6%89%BF%E5%85%AC%E5%8F%B8&way=listView.

③ 上海市高级人民法院. 上海美术电影制片厂与汕头宏裕化妆品公司侵犯著作财产权纠纷（2009）沪高民三（知）终字第7号民事判决书［Z/OL］.（2019-07-13）［2024-01-10］. https：//zzq.lawtime.cn/zzqalanli/2010101642512.html.

三、确立混淆可能性的损害认定标准

（一）混淆是标识性权利损害的统一标准

既然保护是以关联客体的商标为核心展开的，且在先权利均为标识性权利，那么其损害的认定便应当以混淆为唯一标准[①]。第一章已明确，商标法中的在先权利无论是以著作权和外观设计专利权为代表的知识产权、还是以肖像权为代表的人格权，抑或是以域名为代表的商业标识权，均属于标识性权利，也都与商标一道遵循符号的三元结构设定。因此，在这一共同点下无论是符号意义侵占，还是单纯权利侵害均可以通过标识性的标准进行认定。且前面已经从标志角度进行了分析，上述在先权利即便是认定损害属于侵权时也均体现为标识性权利所支配的符号独特意义被侵占的情形，因此在先权利是否为在后商标权所侵害便应是判断商标注册范围内的使用行为是否构成相关公众就在先权利所支配的独特意义发生混淆的可能性。

而从这一结论来看，此处所述的混淆便不仅是单纯商标意义上的混淆。虽然混淆理论源于商标法，但混淆确是在使用符号标志的过程中正常存在的一种现象，无论是网络流行的“谐音梗”，还是冒名顶替和假冒伪劣等常见行为均属于广义上的混淆行为，其实质都是通过利用或改变符号标志独特的意指意义而模糊了不同符号间、不同含义的同一符号间的区别以达成混淆目的。由此可见，混淆行为并不会局限于同种符号，不同种类、不同维度乃至不同文化、语言间的符号同样能够发生混淆的可能。因此，著作权中的复制行为可以是立体与平面间的转换，商标法中翻译的标志也属于近似标志，而反不正当竞争法中的擅自使用他人有一定影响的商业标识同样属于造成商业混淆的不正当竞争行为。因此，在后商标与在先权利客体之间发生混淆也不必局限于商标法意义上的商品来源混淆。

正因如此，由于在先权利类型的广泛性，除在先使用并有一定影响

① 《中华人民共和国民法典》第一千零一十七条，《最高人民法院关于审理侵犯专利权纠纷案件应用法律若干问题的解释》（法释〔2009〕21号，法释〔2020〕19号）第八条至第十一条和《中华人民共和国反不正当竞争法》（2019年修正）第六条，均对不属于商标但以标志为客体的侵权认定用了相关公众（消费者）混淆标准。

的未注册商标权益外均不属于广义上的商标权，此时混淆的对象不是商标独特的来源识别信息，即称为显著性的商标标志所具有的独特意指意义，而是诸如独创性表达意义、新的富有美感的设计意义等能将其与其他同类客体符号相区别的对象[①]，更是法律虽未明确保护但却是在先权利，特别是商业标识性权利所及并为计算侵权损失所必要的商誉、市场价值等经济利益的特定归属。而同时结合在先权利保护所重点关注的恶意抢注与不正当竞争性的商标注册行为，商标法中的在先权利损害所产生的混淆，并非指向产生该权利的客体标志独创性、新颖性等独特的意指意义，而更多则是指向了基于该独特意指意义所衍生的独特经济利益的归属意义。前者是指侵犯在先权利的混淆可能性，如擅自使用他人作品、外观设计或肖像作为商标注册的行为，而后者则是指损害在先权利经济利益而发生来源或关联关系等类型的混淆可能性，如使用他人知名而具有市场价值的作品、外观设计或肖像作为商标注册的行为。从这一点上看，同样能够反证上述商标法中的在先权利损害不能完全等同于民事侵权的结论。综上，混淆可能性是在先权利作为标识性权利为在后商标权所损害的统一标准。

（二）损害的广义混淆可能性标准

首先，在先权利损害认定的混淆标准是以商标性混淆理论为基础的。这一点毋庸置疑，法律领域内的混淆均是以商标混淆为起点，进而逐渐延伸到其他商业标识范围，因而更为广泛的与商标相关的诸多标识性权利也是如此。而前面已经分析，商标法中的在先权利不仅要符合客体标志性的要求，而且要符合“先后权利客体关联性”和“商标注册范围内具有权利”的要件，而这两点实际上就是“商标标志相同或近似”与“商品或服务相同或类似”的翻版。可见，以商标为中心的在先权利保护问题必然要以商标混淆为判断的基础标准，即在后商标与在先权利标志相同或近似的前提下，在商标注册的商品或服务类别范围内具有发生混淆的可能性。同时，判断商标权的主体也应当是商标法意义上的相关公众而非其他，毕竟是商标注册及后续获权使用的行为损害了在先权

① 熊文聪. 知识产权权利冲突：命题的反思与检讨［J］. 法制与社会发展，2013，19（3）：63.

利而非其他方式或性质的行为，因此无论是单纯的在先权利损害，抑或是民事侵权均是商标法意义上的行为，判断主体也自然会转化为该在后商标所涉及的相关公众。

其次，前面已述在先权利损害混淆的范围并不局限于商标间的混淆而具有广义性和外溢性的特征，且现有的反不正当竞争法理论及立法与司法实践也认可了混淆理论跨越了商标领域和标志类型，所以商标、域名乃至商品特有名称与包装装潢等之间在标志客观条件允许的前提下也可以互相混淆。但严格来说，其仍然是以商标混淆为判断的基础标准[①]，诸如标志近似、商品类似与相关公众等概念同样要援引商标法的规定，只不过在该特定情形下商标不再出现而已。同时，在先权利标志与在后商标间的混淆可能性也是因商标而起，且结合前述分析的在先权利损害所涉及的混淆可能性的两种类型，在先权利损害的混淆可能性虽然不等同于商标间混淆，但仍然是商标对在先权利归属及其经济利益所造成的混淆。因而，在先权利混淆中的商标混淆理论不仅是基础标准更是核心标准，即混淆虽有广义性和外溢性特征却也不能脱离商标。

最后，以来源和关联关系为混淆类型且以后者为主。虽然理论上的混淆类型较多，可以从时间、空间和方向等方面划分为正反向、售前中后以及来源与关联关系三大类共计五种混淆类型[②]，但为我国理论、立法和实务界所共同认可并应用的类型主要还是来源混淆与关联关系混淆。当然，在实践中个别法院还承认并应用了反向混淆，即在先商标使得在后商标发生了混淆，破坏了其建立独特来源识别关系及商誉的可能[③]。但这一混淆类型一方面既未能产生统一的实践认定标准，又未为我国主流意见所完全接受[④]，另一方面则因在先权利与在后商标权间的权利类型及产生先后等原因存在一定差异而在实践中并未适用，因此，

---

① 王瑞贺．中华人民共和国反不正当竞争法释义［M］．北京：法律出版社，2018：17.

② 王太平．商标法：原理与案例［M］．北京：北京大学出版社，2015：245.

③ 浙江省高级人民法院．浙江蓝野酒业公司诉上海百事可乐饮料公司商标侵权纠纷（2007）浙民三终字第74号民事判决书［Z/OL］．（2019-08-21）［2024-01-10］．https：//www.chinacourt.org/article/detail/2019/08/id/4334022.shtml.

④ 黄武双．反向混淆理论与规则视角下的“非诚勿扰”案［J］．知识产权，2016（1）：29-36.

杜颖．商标反向混淆构成要件理论及其适用［J］．法学，2008（10）：56-63.

李扬．商标侵权诉讼中的懈怠抗辩——美国法的评析及其启示［J］．清华法学，2015，9（2）：74-95.

在先权利损害混淆仍然以来源和关联关系混淆为主。同时，在后商标所发生的混淆主要是对在先权利的经济利益归属关系而非权利归属关系造成破坏，因此意味着先后权利间主要发生的并非来源信息的混淆，而是关联关系的混淆。换言之，在后商标权人的行为无论其主观状态如何，客观上主要体现为剽窃商誉、侵占经济利益，因此，在先权利损害混淆应以广义的关联混淆为主。

第三节 完善体系化的在先权利保护体系

第三章对在先权利的商标法、其他知识产权法、民法、反不正当竞争法以及合同法等保护途径体系化的可能性进行了分析，发现存在着行政途径内在终局性、侵权途径复杂性等具体困境，同时第四章对在商标法在先权利行使限制中涉及的商标法与其他法律间以及商标行政制度与民事侵权诉讼制度间的冲突也进行了分析。因此，本节结合上述内容与在先权利保护的相关理论基础对在先权利的行政与侵权暨司法保护途径进行协调完善，从而构建起在先权利保护途径体系。

一、商标行政保护途径的地位确定与内容完善

（一）坚持行政保护途径的专门性和优先性

商标行政保护途径既是商标权产生的源头，又是商标法在先权利保护的起点。在现代知识产权法国家，无论采取商标权注册、使用或是折中取得体制的立法模式，通过商标行政途径确认或授予商标权都是国际通行的规则与惯例，并为几乎涵盖世界各国和地区的《商标国际注册马德里协定》和《商标法条约》所明确。同时，我国自清末商标立法开始，又经历中华民国阶段、中华人民共和国成立后及改革开放后的商标立法至今仍然坚持以注册为商标权取得的基础[①]。可见，在这一历史与现实背景下我国商标法中的在先权利保护必然要坚持商标行政途径的专门性和优先性。

---

① 冯晓青，杨利华．中国商标法研究与立法实践［M］．北京：中国政法大学出版社，2013：57-59.

其一，以《商标法》为核心的商标行政保护途径是商标法中的在先权利保护的专门依据。通过第二章对在先权利的梳理可知，这整个民法体系中明确提及在先权利的仅有《商标法》和《专利法》，而无论是曾经施行的《民法通则》和《民法总则》，还是最新出台的《民法典》均未表述或提及保护在先权利的原则或规则性条款。因此，作为成文法和注册制国家，我国保护商标法中的在先权利首先必然要依据《商标法》第三十二条，而通过裁判文书检索也不难发现现有的商标法在先权利保护类案件中当事人大都会援引该条规定[①]。进言之，商标法所述的在先权利保护始于商标注册，而无论是从商标注册的实体与程序规则角度看，还是从注册商标权的产生角度看，均是以依据《民法典》第一百二十三条所规定商标权展开的《商标法》所规定的，且其是唯一作出规定的民事单行法。同时，《民事诉讼法》第一百二十七条第三项也明确规定，“依照法律规定，应当由其他机关处理的争议，告知原告向有关机关申请解决”。而损害在先权利既因商标注册产生，又只能通过商标行政途径彻底解决，自然符合该条的规定，优先通过商标行政途径解决。此外，无论是国家知识产权局商标局所制定的行政规范，还是最高人民法院所出台的相关司法解释均是以商标法，特别是商标注册及后续的行政实体与程序规则等规定为依据。可见，商标法行政保护途径本身便是专门且唯一保护在先权利的行政性法律途径。

其二，以《商标法》为核心的商标行政保护途径是商标法中的在先权利保护的起点与基点，因而自然具有优先性。换言之，商标行政保护途径优先并非指商标局的行政规范优先于最高法的相关司法解释（毕竟前者仅是对商标法的细化与执行规定），而是指商标法的行政实体与程序规则优先于其他一切规定，既包括民事权利应当受到保护的概括性原则，又包括制止民事侵权以及规制不正当竞争等具体规则。这既是因为商标法作为上位法与特别法应当优先于其他的下位法和一般法，又是因为没有商标法行政实体与程序规则赋予或无效商标权，也便不会有在后

① 通过无讼案例，2013年及之后以“商标”“在先权利”“判决”为关键词共检索到相关民事及行政判决有18 195份，在此基础上增加关键词“第三十二条（2013年《商标法》）”或“第三十一条（2001年《商标法》）”共检索到相关民事及行政判决8 779份，占总判决数量的48.25%。

商标权与在先权利的冲突，更不会产生在先权利损害。否则，商标权无效后即便损害依然存在，也与商标法毫无关系，更谈不上通过商标法获得保护。因此，商标行政保护途径的优先性更体现为协调在先权利与在后商标权的冲突以及弥补在先权利损害的优先性。毕竟相比之下除商标行政途径外，现有乃至可预见未来的其他保护途径都无法达成一劳永逸解决纠纷的目的[①]。因此，建议《商标法》第四十七条增加"但是，因商标注册人的恶意给他人造成的损失，应当依照有关法律规定给予赔偿"。同时，由司法解释规定，"原告以他人注册商标使用的标志侵犯其著作权、外观设计专利权、肖像权等在先权利为由提起诉讼时注册商标未被宣告无效的，人民法院应当根据民事诉讼法第一百二十七条第（三）项的规定，告知原告先向商标行政主管机关申请解决"。这样既激活了商标法恶意注册赔偿条款，又与民法及反不正当竞争法的构成的侵权保护途径进行了衔接。当然，现有的行政途径并非完美而能为在先权利人提供完善的救济，否则也不会存在与司法途径的冲突进而被僭越等问题。但解铃还须系铃人，在商标行政途径专门性与优先性的特征下，应当以完善而非忽视或架空该途径的方式为在先权利提供保护，否则上述结论便成了一句空话，同时前述的途径冲突与对在先权利的过度保护等问题也同样无法解决。

（二）完善商标行政保护途径的具体规则

既然前面已经分析了在后商标权人的行为所造成损害的实质是可能造成标志符号独特意义混淆的结果，因此商标法首要的便是在法条中明确在先权利损害的实质，从而开宗明义指导商标注册人、在先权利人、商标行政机关和人民法院等商标注册及权利主张等行为和工作。同时，明确损害的混淆可能性标准既能承接前面提出的在先权利的定义及构成要件以促进保护体系的形成，又能通过上述指导作用进一步限定和确定在先权利及其损害的实质，从而防止对在先产生的权利或权益过度保护或保护方向错误以及过度限制在后商标权等行为的产生。这样，需要获得商标法保护的真正的在先权利人便可通过法律的指导积极主张权利从

---

① 虽然诸如法国等国家允许法院乃至检察院实质介入商标权效力的认定程序，但我国行政法体系并无此传统与例外，参见《法国知识产权法典》L.714-3条。

而获得保护，而非径直寻求并不一定符合商标法损害要求的民事侵权或不正当竞争纠纷的诉讼保护途径。

因此，建议《商标法》第九条明确规定："申请注册的商标，应当有显著特征，便于识别，并不得以引人误认为在先权利来源于商标注册人或其与在先权利人存在授权等特定关联的方式损害他人现有的在先权利。"

当然，仅明确规定损害的实质仍然无法完全解决在先权利人等直接越过商标行政保护途径而通过诉讼途径主张侵权或不正当竞争保护，进而导致商标行政制度与司法诉讼制度间，商标法与其他法律间发生冲突等问题。因此，只有尽可能地为在先权利人等在商标法框架内提供完善且有力的保护才能逐步引导其优先通过行政途径而非维权成本并无实际差异的诉讼途径主张保护。具体而言，一方面应当取消对损害在先权利的恶意注册行为申请无效宣告的期限限制。我国商标法现有包括损害在先权利的相对无效宣告理由均设定了自商标注册之日起五年的申请期限，防止权利人怠于行使权利[①]。但与此同时，也为驰名商标提供了例外保护以允许其对恶意抢注申请无效宣告的可不受期限限制。可见，期限限制并非绝对且恶意抢注也不应受到期限限制，其对在先权利的损害并非随着时间流逝而消失，相反可能愈演愈烈。因此，应当效仿欧盟以及英国，对恶意抢注者一律不受申请期限限制而允许随时将其无效宣告[②]，建议由《商标法》第四十五条规定："已经注册的商标，违反本法第九条、第十三条第二款和第三款、第十五条、第十六条第一款、第三十条、第三十一条、第三十二条规定的，自商标注册之日起五年内，在先权利人或者利害关系人可以请求商标评审委员会宣告该注册商标无效。对恶意注册的，在先权利人和商标所有人等不受五年的时间限制。"如此，在先权利人也不会因超过了申请期限而只得寻求诉讼途径获得保护以造成上述冲突。

另一方面，应当从在先权利保护的异议和无效宣告实体与程序规则本身着手，提高其运行效率，减轻在先权利人等的维权成本。当然，压

① 王莲峰. 商标法学［M］. 4版. 北京：北京大学出版社，2023：153.

② 王莲峰，康瑞. 法律责任视角下商标恶意抢注的司法规制［J］. 中华商标，2018（7）：68-72.

缩异议审查和无效宣告评审时间，增加更为灵活的评审方式，使异议和评审程序向诉讼程序靠拢以及进一步降低商标评审费用等也不失为一些好办法，但更为重要的则是加大商标行政机关自查自筛的力度。我国商标法赋予商标行政机关在注册违反绝对理由和以欺骗或不正手段取得注册的情形下依职权宣告注册无效的权力，并在2019年修订后加大了对不以使用为目的的恶意注册行为的审查力度，同时国家知识产权局在配套的《规范商标申请注册行为若干规定》也规定上述恶意注册行为可由商标局依职权无效宣告[①]。而故意损害他人在先权利的商标注册虽然不完全等同于恶意抢夺他人商标进行注册的行为，但两者实际上均属于缺乏商标真诚使用意图，即其商标注册与使用均以混淆性地剽窃他人权利或商誉而非区别性地凭借自身努力从无到有建立商誉为目的[②]。可见，其实质上便是不以使用为目的的恶意注册行为，自然可以依据《商标法》第四条和第四十四条的规定由商标局依职权宣告无效。

需要说明的是，从上述两方面提出完善建议的目的在于尽可能在商标法行政途径中为在先权利提供较为完善且有力的保护，特别是以异议和无效宣告制度为核心一劳永逸地解决在先权利与在后商标权的冲突与损害，从而尽可能引导当事人通过商标法和商标行政保护途径解决上述争议，而非直接诉诸侵权或不正当竞争的诉讼途径。当然，上述建议也仅限于恶意损害他人在先权利的商标注册行为，对没有恶意的商标注册通过商标行政途径保护在先权利的问题将在后面在先权利限制制度中进行详细分析。

二、司法保护途径的衔接与补充

（一）明确司法保护途径的相对性与非权利变动效力

除商标行政途径自身存在的实体与程序规则的缺点外，在先权利人等倾向于通过司法保护途径寻求保护的原因主要还在于通过诉讼可以获得损害赔偿乃至惩罚性赔偿的财产救济以及诉前、诉中行为保全和停止

---

① 《规范商标申请注册行为若干规定》（2019年）第七条规定，对已注册的商标，商标注册部门发现属于违反本规定情形的，应当依据商标法第四十四条规定，宣告该注册商标无效。

② 王莲峰，刘润涛. 无真诚使用意图商标注册的立法规制［J］. 中华商标，2018（9）：86-92.

侵害的行为救济，同时由于在后商标权人行为的连续性而使得侵权或不正当竞争纠纷的诉讼时效一般不会计算三年便届满[①]。更为重要的是，由于上述相关司法解释的规定使得在先权利人等不需通过提出异议、申请无效宣告及其后续的行政诉讼制度而使商标权归于消灭，可以通过诉讼途径在获得上述好处的同时直接获得与商标权无效宣告同等效力的结果，但这也使得相关法律与保护途径之间发生了不可调和的冲突。因此，在提出坚持和完善行政保护途径优先性的同时，以司法保护途径作为衔接与补充，而其间的关键便在于明确司法保护途径的相对性以及不具有商标权变动效力的特征。

具体言之，由于在先权利人等是诉讼程序中的当事人，故而司法保护途径主要是指民事侵权或不正当竞争纠纷诉讼中的法院判决所载明的保护内容与方式，一般不包括裁定或决定等司法文书。因此，在先权利保护相关的民事判决便应当具有其他民事判决的普遍特征。一方面是民事判决具有相对性而非绝对的普适性。通说认为民事判决具有原有、附随与事实上的三种效力，其中事实效力是指判决具有证明效力而无须当事人再重复举证便为后续诉讼所采信[②]，而附随效力则是指基于判决原有效力所形成的案外其他法律关系也受判决约束[③]，如基于被判决无效的主债权债务关系而生的担保债权债务关系也随之无效。最重要的原有效力则是指判决最基本和直接的效力，包括当事人必须接受约束的既判力、当事人必须履行义务的执行力和当事人间权利义务关系变动的形成力。

通过对民事判决效力的分析不难发现，其仅对法院和具体案件中的当事人发生法律效力，而案外无关的第三人并不需要接受该判决的拘束。即便其具有扩张性的附随效力也仅限于与该案涉及的权利义务关系相关的当事人，其实际上仍然是对案件相对人的拘束。而具体到商标法中在先权利保护，即便法院判决在后商标权人注册和行使权利的行为实质上构成对他人在先权利的侵害或不正当竞争，其也无法约束授予商标

---

① 熊文聪. 持续性侵权之诉的诉讼时效辨析——以《商标法》相关司法解释为例 [J]. 中华商标，2017（8）：16-19.
② 江伟. 民事诉讼法 [M]. 5版. 北京：高等教育出版社，2016：309.
③ 陈荣宗. 民事诉讼法 [M]. 台北：三民书局，1996：687.

权的商标行政机关和案外第三人。因此，商标行政机关没有义务和责任依照该生效判决决定在后商标不予注册或裁定注册无效，案外第三人与在后商标权人间围绕该注册商标所产生的权利义务关系也不因该生效民事判决而产生实际影响。正因如此，我国《商标法》第四十七条才对商标无效宣告的裁定或决定对人民法院、仲裁机构、其他行政机关或其他当事人间涉及商标的权利义务关系所产生的影响作出了规定，而非反过来规定其会影响商标无效宣告的决定或裁定的作出。

更为重要的是，由于权利法定原则的存在，我国民事判决一般不会直接决定权利，特别是绝对权的产生、变动和消灭，因此《民事诉讼法》及其司法解释没有作出相关规定。而仅是由原《物权法》和最新出台的《民法典》第二编物权规定，“因人民法院、仲裁机构的法律文书或者人民政府的征收决定等，导致物权设立、变更、转让或者消灭的，自法律文书或者征收决定等生效时发生效力”并为《民法典物权编司法解释（一）》所强调。然而，除此之外再无其他任何权利类型可通过民事判决发生变动。同时，对物权规定进行体系解读不难发现，除判决途径外，继承和事实行为同样能够引发物权变动且后者同样能够引发物权的设立。换言之，在具体物权可通过广义的法律行为和事实行为设立、变动和消灭的前提下，属于法律行为范畴的民事判决自然也有此效果。然而，商标权不同于物权，除驰名商标以外的设立、除继承以外的变动，以及除因不续展外的消灭均必须通过商标行政机关的程序才能完成，而且司法认定驰名商标也不涉及对商标注册的认可或否定，所以民事判决自然不具有变动注册商标权的效力。正因如此，加之商标注册的公示制度，商标局并无义务根据《民事诉讼法》的规定配合法院进行转移商标权的归属或对注册商标损害在先权利进行调查取证等工作[①]。同时，《商标法》第四十五条第三款虽然规

① 《中华人民共和国民事诉讼法》（2023年修正）第一百一十七条规定，有义务协助调查、执行的单位有下列行为之一的，人民法院除责令其履行协助义务外，并可以予以罚款：

（一）有关单位拒绝或者妨碍人民法院调查取证的；

（二）有关单位接到人民法院协助执行通知书后，拒不协助查询、扣押、冻结、划拨、变价财产的；

（三）有关单位接到人民法院协助执行通知书后，拒不协助扣留被执行人的收入、办理有关财产权证照转移手续、转交有关票证、证照或者其他财产的；

（四）其他拒绝协助执行的。

定了涉及在先权利的无效宣告评审中的因法院审理结果未定而可以中止审查的情形，但一方面其目的在于确定在先权利是否存在及其范围而非针对在后商标权是否应当存在或损害了在先权利[①]，另一方面商标行政机关对此具有决定权是“可以”而非“必须”中止审查。因此，司法保护途径于在先权利保护而言不应当具有主导性和决定性，只能发挥补充性作用。

（二）明确侵权和不正当竞争诉讼途径的补充性作用

既然司法保护途径因相对性和不影响商标权变动的特征而无法彻底解决在先权利保护的问题，且前面对商标行政救济途径的优先地位和完善建议业已明确。因此，为防止冲突的发生，司法保护途径便应当明确其补充性作用，做好与行政保护途径的衔接。而其中的首要问题，便是要明确在后商标权未经行政保护途径决定或裁定前的公示公信效力和权利绝对有效性。这既是由于上述各方面原因的必然结果，又是解决现实中的商标法和其他法律间、商标行政和司法诉讼保护途径间所产生的不可调和冲突的必然要求。当然，补充性作用在一定程度上确实会限制在先权利人等直接通过诉讼制度获得救济的空间和时机，但这也是为维系世界通行的商标行政获权方式，维持商标法特别法和上位法的地位，维护因商标权产生、变动和消灭的上述行政性特征而引发的由不特定案外第三人所组成的社会群体的合法权益和社会公共利益。因此，在利益平衡原则的指导下，法院便应当要求当事人事先通过行政程序使得商标权消灭，进而通过司法途径获得后续的损害赔偿等补充性保护。

具体而言，由于商标法本身很难为在先权利提供除宣告商标注册无效外的民事侵权或不正当竞争保护，因此其保护力度不甚完整，此时便需要通过诉讼制度予以补充。这时法院一方面便可对自始无效的商标注册申请行为对于在先权利的影响进行定性，确定其是侵入在先权利范围的民事侵权还是干扰消费者自主选择、破坏经营者竞争优势的不正当竞争，从而与商标行政制度中的对其在先权利损害的两种不同类型的混淆可能性的判断进行衔接，形成行政与司法对在先权利保护的良性互动和

---

① 郎胜. 中华人民共和国商标法释义［M］. 北京：法律出版社，2013：90-91.

体系化。另一方面，便是对在先权利从行为及财产上提供商标法缺失的救济。此时由于在后商标权已然自始无效且行为性质也已定谳，无论对其裁定诉前、诉中行为保全或判决停止侵权均不会造成商标行政机关颁发的商标注册证与法院民事诉讼法律文书间发生冲突进而影响到社会公共利益的情形。同时，在后商标权人自注册起的商标使用行为所获利润便属于侵害在先权利的非法所得，自然应当赔偿侵权损失，并对恶意侵权者施加惩罚性赔偿。如此，便可以较好完成商标行政与司法保护途径的分工合作，使司法保护途径发挥有力且不冲突不重复的衔接和补充作用。

当然，在先权利人等直接通过诉讼方式获得救济具有实际需求的合理性，因此禁止其上述行为便需要结合前述取消恶意抢注无效宣告的期限限制和赋予商标行政机关依职权宣告其注册无效权力的建议，使得对在先权利人等的限制影响尽可能缩小。同时，民事侵权和不正当竞争纠纷诉讼均有诉讼时效的规定，虽然在后商标的注册和使用行为一直持续使得时效不会届满，但对损害赔偿数额计算的时间范围却有规定。传统知识产权三法的司法解释规定权利人等对持续性侵权行为超过三年提起诉讼的，侵权损害赔偿数额自起诉之日起向前推算三年[①]。同时，之后出台的《最高人民法院关于审理不正当竞争民事案件应用法律若干问题的解释》（现已废止）也规定商业标志类损害赔偿计算参照确定商标侵权损害赔偿额的方法进行，最新的《最高人民法院关于适用〈中华人民共和国反不正当竞争法〉若干问题的解释》更是直接规定"'有一定影响的'标识相同或者近似，可以参照商标相同或者近似的判断原则和方法"[②]。而现有的在先权利主要类型便集中在知识产权和商业标识领域，相应在先权利的损害赔偿数额计算也会限于在三年的时间范围内。

---

① 《最高人民法院关于审理商标民事纠纷案件适用法律若干问题的解释》（法释〔2002〕32号，法释〔2020〕19号）第十八条、《最高人民法院关于审理著作权民事纠纷案件适用法律若干问题的解释》（法释〔2002〕31号，法释〔2020〕19号）第二十八条和《最高人民法院关于审理专利纠纷案件适用法律问题的若干规定》（法释〔2015〕4号，法释〔2020〕19号）第二十三条。

② 《最高人民法院关于审理不正当竞争民事案件应用法律若干问题的解释》（法释〔2007〕2号）第十七条规定，确定反不正当竞争法第五条、第九条、第十四条规定的不正当竞争行为的损害赔偿额，可以参照确定侵犯注册商标专用权的损害赔偿额的方法进行。《最高人民法院关于适用〈中华人民共和国反不正当竞争法〉若干问题的解释》（法释〔2022〕9号）第十二条规定，人民法院认定与反不正当竞争法第六条规定的"有一定影响的"标识相同或者近似，可以参照商标相同或者近似的判断原则和方法。

而由于在先权利人等需要先通过行政保护途径提出异议或申请无效宣告乃至提起行政诉讼，其所经历的时间在进行至司法途径时很有可能早已超出三年的时间，若仍然严格遵循上述规则，则既过度限制了在先权利人获得损害赔偿的范围，又违背了该规定督促权利人积极行使权利的立法目的，更会打击其通过行政途径主张保护的积极性。因此，建议通过司法解释规定损害赔偿的时间范围自提出异议或直接申请无效宣告之日计算至提起民事诉讼之日而非自起诉之日起向前推算三年，使得损害赔偿的范围囊括其积极主动行使权利主张保护的全部期间，即规定“侵犯在先权利的诉讼时效为三年，自商标注册人或者利害权利人知道或者应当知道侵权行为之日起计算。在先权利人或者利害关系人超过三年起诉的，如果侵权或者不正当竞争行为在起诉时仍在持续，在该在先权利有效期限内，人民法院应当判决被告停止侵权或者不正当竞争行为，侵权或者不正当竞争损害赔偿数额应当自权利人向商标行政主管机关提出异议或者申请无效宣告之日起计算至其向人民法院起诉之日，但不得少于自权利人向人民法院起诉之日起向前推算三年计算的数额”。如此便能提高其直接寻求行政保护的积极性，使得行政与司法途径适用的顺序安排更为合理。

第四节 设计在先权利行使限制制度

当然，第三节所述的对在先权利保护行政和司法途径完善主要集中在在后商标属于恶意注册的前提下，因此可以在有力且全面保护在先权利的同时防止再次发生原有冲突。但在后商标并非完全是恶意注册，其更可能是事先未进行乃至未认真进行在先权利调查便申请注册，这仅能评价为过失或放任的故意[①]而不能评价为积极主动寻求损害结果发生的故意，即抢注的恶意。因此，上述规制恶意抢注所提出的取消申请无效宣告的期限限制和商标行政机关可以依职权宣告无效等完善建议均无法发挥作用，且此时以防止冲突的理由限制在先权利人，禁止权利人等直

① 孙明娟. 恶意注册的概念、类型化及其应用［J］. 中华商标，2018（3）：31.

接通过司法途径寻求救济便显得勉强。同时，在非恶意抢注情况下商标权人的目的主要在于自力更生努力创造属于自己的显著性和商誉，而非造成混淆，且该目的在一定时间内也会达到，即实际产生了新的商标权益。在这种情形下也不应当使其完全灭失，因此，需对在先权利进行一定程度的限制。

一、建立在先权利与商标权默示共存制度

（一）引入不容置疑商标的权利共存正当性基础

正如前所述，对非恶意抢注而损害在先权利的商标申请无效宣告仍然受到自申请注册之日起五年的期限限制且不可中止、中断或延长，换言之五年后该商标便不可因损害在先权利的理由申请无效宣告，在先权利人等便无法再通过商标法获得在先权利保护。当然，其还可以通过诸如缺乏显著性或三年连续不使用等其他理由申请无效宣告或撤销，但这严格意义上便不再属于在先权利保护范畴。因此，在先权利人便只能通过司法途径寻求救济进而产生上述冲突。可见，问题的核心便在于超过无效宣告申请期限后仍然存在的商标权与在先权利间的关系如何认定与解决。

我国商标法对此状态下的商标没有进行过描述或认定，而在美国《兰哈姆法》中则将其称为“不容置疑的商标（Incontestable Trademark）”①，从而“为商标注册人提供了稳定的商标权，以便鼓励其通过商标使用培育与该商标相关联的商誉”。②根据该条款2010年修订后的最新表述，只要该商标未违反绝对理由、未被放弃、具有欺骗性或侵害了在先的商标或企业名称，并且自注册之日起五年内若未经过任何终局性或正在处理的不利于在注册的行政或司法决定，同时满足注册起连续五年使用至今且未退化为或部分退化为通用名称，则“注册人在商业中的使用权不容置疑（The right of the owner to use such registered mark in commerce shall be incontestable）”③。从美国商标法的遣词造句

---

① 朱冬. 不可争议商标中在先权利的保护及限制［J］. 知识产权，2017（8）：59-60.

② SUPREME U S.Dollar Park & Fly，Inc.，469 U.S.189，198（1985）［Z/OL］.［2002-10-15］（2024-01-10）. https：//supreme.justia.com/cases/federal/us/469/189/.

③ 刘春田. 十二国商标法［M］. 北京：清华大学出版社，2013：491.

中不难发现，使用在体制下安稳经过五年时间的注册商标不仅仅是在商标注册程序上终结了商标权与其他权利的争议，更是从实质的商标权角度终结了权利争议。而对比中美两国的法条也不难发现，此处所述的非恶意抢注损害在先权利的商标基本符合美国的上述规定具有不容置疑性。

既然在后商标权从实体与程序上均具有了不容置疑性，其在商业中按照注册范围继续使用该商标的行为便不能再认定为是侵权或不正当竞争[①]，否则与法条明文规定的使用权所具有的不容置疑性便会发生明显矛盾。同时在先权利也不会因在后商标权的不容置疑性而消灭，这便产生了先后权利共同存在的状态。当然，毕竟在先权利实际上受到了损害，因而这种共存严格意义上是对在先权利的一种限制，但这一方面是权利人自我选择的结果。在经济信息化、网络化且商标注册必须进行线上线下公示的今天，自商标初步公告之日起到商标注册满五年实际上仍然是一个较长的期限。因此，权利人很难对统一国家市场内在后注册商标的存在毫不知情，特别是其本身便在市场经营中行使在先权利进行营利的情况下更是如此。因此，无论权利人是明知而懈怠或应知而未知，均构成了对放弃权利保护的自我选择。另一方面，便是对五年时间内商标连续使用的肯定与支持。美国规定符合要求的注册商标具有不容置疑的使用权应当连续五年在商业中使用体现了其商标法采取使用获权体制的传统[②]。而我国虽然未采取使用体制，但商标法同样重视商标使用且使用是商标真正发挥功能的前提[③]，所以自注册起连续使用五年的商标已经实际上具有了显著性和知名度，此时自然不能一刀切地将其宣告自始无效，否则既是对商标注册人五年持续投入的彻底抹杀，又会造成商标资源的浪费，乃至损害消费者的合法权益。

综上，以商标的不容置疑性为依据建立在先权利与在后商标权共存制度具有理论与实践的正当性，也符合诚实信用与利益平衡等基本原则。因此，我国可以考虑引入美国不容置疑商标制度，对符合绝对理由

① 谢尔登，克雷格，肯尼思．美国知识产权法原理［M］．宋献慧，译．3版．北京：商务印书馆，2013：371-372.

② 李明德．美国知识产权法［M］．2版．北京：法律出版社，2014：518-519.

③ 张玉敏．注册商标三年不使用撤销制度体系化解读［J］．中国法学，2015（1）：224-238.

且自注册之日起五年内未为他人以相对或绝对理由申请无效宣告并持续使用的商标赋予其程序与实体上不容置疑的效力，从而与在先权利共存。

（二）确立新生权益共存的默示许可制度

当然，美国商标法虽然规定了符合条件的在后注册商标具有不容置疑性而使得其与在先权利实际上必须共存，但却未能明确其共存的实际原因以及如何共存，因而该规定并不完善，也无法完全解决可能冲突的权利如何和谐共存的问题。对此，欧洲则自1988年《欧洲共同体委员会协调成员国商标立法第一号指令》便规定了默示许可制度（Acquiescence）并延续到最新的2017年《欧盟商标条例》和英、德、法等欧洲国家商标法[①]，《欧盟商标条例》第六十一条明确规定在商标法范围内包括在先商标权在内的各项在先权利人如果自商标注册之日起五年内知道但默许在后商标的注册，即未通过任何方式主张权利受到损害的情形下，经过五年后该商标便应当自然存在且在先权利与在后商标权之间不得互相对抗并阻碍对方权利的行使[②]。从这一规定不难发现，欧洲比美国对不容置疑商标状态及其与在先权利关系的规定更为明确，即强制要求两者互不干扰、和谐共存以免发生在先权利人等仍然通过侵权等民事诉讼主张保护或在后商标权人主张在先权利人商标侵权等情形，从而防止相关权利、法律和保护途径间的冲突再次发生。

可见，默示许可制度比不容置疑的商标规则更进一步协调了超过申请期限的在先权利与在后商标权间共存可能发生的问题。但细究之下不难发现，上述规则实际上并不完全适用于我国商标法中的在先权利。具体而言，在默示许可制度的上一条规则中，《欧盟商标条例》第六十条明确列举了诸如姓名权、肖像权、著作权和工业产权等在先权利，并赋予其通过协调局或向法院起诉而宣告在后商标无效的权利，同时规定只

① 查尔斯．简明欧洲商标与外观设计法［M］．李琛，等译．北京：商务印书馆，2017：193-196．

② 《欧盟商标条例》第六十一条规定，1.在先的欧盟商标所有人明知并默许在后的欧盟商标在欧盟境内连续使用五年的，则不得再以在先商标为由就在后商标已使用的商品或者服务申请宣告其无效或禁止其继续使用，但在后注册的欧盟商标是以恶意申请获得注册的除外。……3.前述两款的情形下，即使不得援引在先权利对抗在后欧盟商，但在后欧盟商标的所有人亦无权阻碍该在先权利的行使。

有明确同意在后商标注册的才不得提起无效宣告①。换言之，除我国商标法意义上的有一定影响的未注册商标和反不正当竞争法提及的其他商业标识外，其他在先权利人在欧盟申请无效宣告无论恶意注册与否均不受五年期限的限制。这不仅不同于我国现有的不区分类型的统一五年期限限制，也不同于我国仅能通过行政途径使商标权消灭的规定。

有鉴于此，应当结合我国的实际情况，在区分在先权利人注意义务程度的前提下，对前述产生新生权益的在后注册商标以默示许可提供无效宣告豁免，否则应当不受无效宣告期限限制。具体言之，商标法设置五年期限限制的目的在于督促在先权利人行使权利而非明知但不作为或应知而未知并认可在后商标经过连续五年实际使用产生自己的显著性及商誉的可能。然而，在先权利毕竟类型众多且并非均以用于生产经营为产生与存在目的，所以无差别地对在先权利人设置统一标准的注意义务而直接要求其默示许可并不公平。换言之，在先权利人五年内未主张权利不一定是怠于行使权利，而是由于未将在先权利用于或许可他人用于生产经营导致确实不知道或不可能知道在后商标的存在。同时，商标是否能够实际产生显著性和商誉也并非经过五年时间便一定能完成，经营策略、市场环境、广告宣传等因素更为重要。因此，默认在后商标经过五年的连续使用必然实际产生显著性与商誉也不合理。

综上，可以要求在先权利人举证在商标注册起五年内并未自己或许可他人将在先权利用于生产经营、未向任何生产经营者就在先权利提起诉讼或进行维权以及未被在后商标权人提起诉讼或进行维权来证明自己有正当理由不明知且不应知在后商标的存在，同时由在后商标权人举证证明五年内其经过连续使用已经形成实际的显著性和商誉。对在先权利人无正当理由不明知或不应知，同时已经形成实际显著性和商标的在后商标，以默示许可制度明确其不容置疑的性质与实质效力，并要求先后权利互不干扰地和谐共存。否则，则应当允许在先权利人不受五年期限限制而提出无效宣告申请。

---

① 《欧盟商标条例》第六十条规定，2.欧盟商标可能因其他在先权利尤其是下列在先权利的保护，根据管辖该权利的欧盟法或成员国法而被禁止使用的，可以向协调局申请或者在侵权诉讼中基于反诉宣告该商标无效：（a）名称权；（b）肖像权；（c）著作权；（d）工业产权。3.第1款或第2款所指权利的所有人在提出无效申请或反诉之前明确同意欧盟商标注册的，该商标可以免于宣告无效。

当然，在后商标注册毕竟不是恶意注册，也未违反绝对理由，且在一定时间内也会实际产生显著性及商誉。因此，也不应当对在先权利人毫无限制，任由其随意申请乃至反向威胁勒索。故而建议设置自注册之日起十年即等同于商标权注册有效期的期限限制，既可以督促权利人行使权利，又最大程度上排除了在先权利人有理由不知道或不应当知道在后商标存在的可能，同时在后商标在十年内也基本均会通过连续使用实际产生显著性或商誉，否则也会因闲置不使用被撤销或无力经营无法续展被注销。因此，建议考虑在《商标法》第四十五条规定："在先权利人自非恶意注册的在后商标注册之日起十年内可以申请宣告该注册商标无效，但明知或应知并默许该在后商标自注册之日起连续使用五年且实际产生显著性的，不得再以在先权利受损害为由申请宣告该注册商标无效或者提出诉讼。"同时，建议由《商标法实施条例》规定："在先权利人有自行或者许可他人将在先权利用于生产经营、向其他生产经营者就在先权利提起诉讼或者请求市场监督管理部门处理以及被在后商标权人提起诉讼或者请求市场监督管理部门处理等情形的，应当视为明知或者应知并默许在后商标注册。"需要说明的是，在未宣告无效之前商标权依然有效，因此无论是许可、继承或转让而由他人连续使用产生显著性或商誉的结果均等同于在后商标注册人自己使用的结果①，且不得差别对待。

二、明确先后权利行使的互不破坏要求

（一）权利共存应防止二次混淆

通过引入美国和欧盟的共存制度使得在先权利与符合要求的在后注册商标权和谐共存，可以实现利益平衡并维护行政途径主导司法途径补充并辅之以合同途径的救济体系，也能够从根本上解决法律、权利和保护途径间的冲突。然而，在先权利与在后商标权的共存不是冲突的结束，而仅仅是一个开始。毕竟除外观设计专利权以外的在先权利的存续期间无论是在法律规定上还是在实际个案中都会剩余很长时

① 国家知识产权局《商标审查审理指南》（2021年）下编第十七章撤销注册商标案件的审查审理 5.连续三年不使用注册商标情形的判定。

间，在后商标权虽然注册有效期为十年但也可以不断续展永远存在。可见，先后权利共存必然是一个长期状态，而在这一过程中虽然两者在法律地位上已经没有争议与冲突，但实际上还是会因为生产经营等具体情形产生问题。

一方面，两者在各自权利行使过程中难免会越过边界。从前面所设计的共存要件来看，在先权利人应知或明知在后商标的存在便意味着其对在先权利具有生产经营性行使等行为，其除共存外再无其他限制，可以自由行使该权利。此时无论在先权利人是有意还是无心，在生产经营性行使权利时便很可能落入在后商标权的范围，如将享有在先著作权的作品作为包装图案自己或转让、许可给他人用于与在后商标相同或类似的产品上则必然造成相关公众的混淆以及破坏市场秩序和干扰消费者选择的不正当竞争行为。其看似合法行使权利的行为实际上违背了和谐共存互不阻碍的要求，且改变了以司法途径获得救济的旧办法而以剽窃商誉的新手段获得可能超过侵权损害赔偿的金钱收入。同样，也无法保证在后商标权人会在注册范围内规范行使商标权，而不以行使商标权之名实施超出权利范围再次损害在先权利的行为。可见，共存状态下的先后权利若不规范行使便会存在发生二次混淆的可能，这便与共存的基础和目的背道而驰。

另一方面，权利的市场状态也会使得二次混淆很有可能发生。既然共存状态下的在先权利与在后商标权均处于市场之中用于生产经营，这便意味着两者的市场价值、知名度和商誉等相比于法律所赋予的权利更会为自己、对方和消费者等相关公众所看重。在这种情况下，由于先后权利客体标志关联、使用范围类似自然可能发生来源或关联关系混淆，乃至因先后权利客体的知名度差异而造成反向混淆。同时，这一客观情形也会被先后权利人所知晓进而被利用，从而助长上述混淆情况的发生。换言之，在市场环境中在先权利和在后商标权因混淆而发生冲突很有可能是被动发生的，这将使得权利共存成为空话，也使得两者间的不正当竞争更为严重。

因此，首先便要明确要求在先权利人不得以行使权利的名义实际上进入在后商标权的范围内，同时也要要求在后商标权人严格依据注册范围行使权利，否则两者的行为应当明确认定为侵权乃至出于恶意的侵权行为并可由对方主张侵权的行政与司法救济，特别是没收、销毁侵权商品与工具、罚款以及损害赔偿与惩罚性赔偿[①]。具体可由商标法进行明确规定，由商标行政机关或相关司法机关出面主持先后权利人签订相关共存协议并具有后续为行政机关和法院直接采信和认可效力的方式实行，以便从主观上规范两者行使权利的行为[②]。

其次，可以考虑要求权利人在实际使用客体标志时附加区别性标志。正因客体标志及使用范围相近的权利间会存在上述问题，我国商标法在处理善意抢注的商标与在先使用并有一定影响的未注册商标间共存问题时便赋予注册商标权人要求在先使用并有一定影响的商标在继续使用时附加适当的区别标志[③]。其意义在于在维护商标注册体制的前提下进行在先权利人、在后商标权人及相关公众三方间的利益平衡，防止相互混淆并使消费者误认[④]。同样，商标法中的在先权利保护也应当遵循上述的立法精神，对保护在先权利和坚持行政保护途径的主导前提下进行利益平衡的权利共存制度同样提出区别要求，一方面要求在先权利人在可能与商标权发生混淆的范围内行使权利时附加适当的区别性标识，另一方面要求在后商标权人标明该客观标志的所具有的在先权利状态，从而在客观上规范两者行使权利的行为。此外，也建议在先权利人在力所能及的范围内主动在其他类别的商品或服务上抢先注册商标并自行或许可他人使用，以防止遭受其他抢注人的损害。

（二）赋予先后权利人优先受让权

无论是要求在先权利与在后商标权和谐共存，不得互控侵权，还是要求两者规范行权，防止二次混淆。其实质上是对先后权利人的要求，即以先后权利人可以有效控制其权利为前提。然而，无论是除肖

① 《中华人民共和国商标法》（2019年修正）第六十三条规定，人民法院审理商标纠纷案件，应权利人请求，对属于假冒注册商标的商品，除特殊情况外，责令销毁；对主要用于制造假冒注册商标的商品的材料、工具，责令销毁，且不予补偿；或者在特殊情况下，责令禁止前述材料、工具进入商业渠道，且不予补偿。

② 周丽婷．商标权无效宣告阶段共存协议的采纳——评原告蓝巨星公司诉被告商标评审委员会、第三人塔尔帕公司商标权无效宣告请求行政纠纷案［J］．中华商标，2020（1）：25-28.

③ 《中华人民共和国商标法》（2019年修正）第五十九条规定，商标注册人申请商标注册前，他人已经在同一种商品或者类似商品上先于商标注册人使用与注册商标相同或者近似并有一定影响的商标的，注册商标专用权人无权禁止该使用人在原使用范围内继续使用该商标，但可以要求其附加适当区别标识。

④ 郎胜．中华人民共和国商标法释义［M］．北京：法律出版社，2013：114.

像权外的在先权利，还是在后商标权均具有变动权利归属进行对外转让的权能。因此，当一方的受让人是较为强势的市场主体之时，便很有可能对对方造成严重影响，而若是双方均强势则会爆发更激烈的冲突。特别是先后权利人有意凭借对方的知名度或商誉进行转让套现且相应受让人同样希望剽窃对方商誉时，该转让行为更加会导致市场竞争秩序破坏并误导消费者产生混淆的结果。如此一来是否能够维持先后权利的和谐共存状态便会产生疑问。同时，上述建议中的和谐共存协议若不明确规定则只是具有相对性的契约，因而无法约束受让人。

有鉴于此，可以考虑借鉴民法中的承租人和股东等的优先购买权制度，赋予先后权利人在对方转让权利时可以同等条件优先获得受让的权利。优先购买权制度自古便已产生，主要是由约定或者法律规定在特定法律关系中一方出卖所有权时另一方可依同等条件优先于第三人购买获得权利[①]。由该定义便不难发现其最初出现在物权法领域，我国也是自《民法通则》规定共有人间优先购买权开始设立了这一制度。当然，优先购买权制度并未局限于物权领域，而是衍生出了债权即承租人优先购买权、股东优先购买权以及知识产权领域中因共有、职务和委托等关系而产生的优先购买权。可见，优先购买权既可以通过法定产生，又可以通过约定设立，同样也不局限于物权或债权的领域[②]。

换言之，对均属于标识性权利的在先权利和在后商标权而言除法律规定无法转让的以外，也同样可以通过法定或约定方式设立优先购买权，或称为优先受让权更为适宜。一方面，可转让的在先权利和在后商标权从权利性质来看基本均属于广义的知识产权，且在理论与实践中也早已认可知识产权间的优先受让权。另一方面，虽然上述优先购买权均存在一个基于物权或债权等的相对且特定法律关系而商标法先后权利间并不存在这一法律关系，但在前面梳理和完善所形成的在先权利与在后商标权共存制度已然使得先后权利人间因此形成了一种特殊的权利共存关系，且与上述法律关系于优先购买权的作用并无实质区别。同时，虽然理论上对优先购买权的实质有着期待权、形成权

① 马俊驹. 民法案例教程（上）［M］. 北京：清华大学出版社，2002：295.

② 潘维和. 先买权之研究［M］//刁荣华. 现代民法基本问题. 台北：汉林出版社，1981：171.

等不同的观点[①]，但现有的各种学说内容也均不会对在先权利和在后商标权间通过法定或约定方式设立优先受让权从而形成理论或法律体系上的阻碍。

综上，可以在在先权利人与在后商标权人间设立双向的优先受让权，使得先后权利人在对方意图转让权利时有权获得通知并自行决定是否在同等条件下进行购买以绝后患或放弃而承担后续可能存在的风险，尽可能解决潜在的权利冲突，消除市场秩序影响。当然，在实践中转让人很可能违反通知义务而直接进行转让，对此一方面可以通过有关机关对先后权利共存状态的登记制度进行预防，也可为转让人设置侵权或不正当竞争连带责任的方式进行规制。同时，还可结合其他优先购买权的处理方式以转让合同是否履行进行区分，对已经履行的由转让人承担上述连带责任，对未履行的可以请求法院判令无效[②]。此外，前述的和谐共存协议虽然具有相对性，但由于其是权利共存的基础之一，也应当要求受让人，即新的共存权利人接受该协议的约束而成为新的共存协议当事人[③]。由此，便可以为先后权利和谐共存构建完整的体系。

综上，建议《商标法》第五十九条规定："注册商标经过规定的无效宣告期间仍然存续的，由商标局组织在先权利人和商标注册人签订不得互相侵害的共存协议，在同等条件下协议双方互相享有优先受让权，且可以要求对方在相同或近似商品或服务范围内使用时附加适当区别标识，并由商标局和在先权利主管部门在《商标公告》、商标注册簿、商标注册证、在先权利凭证上注明权利共存状态、共存协议的效力，以及先后权利的受让人、被许可使用人、担保债权人和商标代理人或者代表人等利害关系人。"

三、对在先权利救济手段进行限制

前面通过默示共存制度对符合要求的非恶意抢注在后商标权的正当存续进行了规则设计，从而对在先权利保护进行了一定程度的限制，因

① 马俊驹，余延满. 民法原论［M］. 北京：法律出版社，2010：346-347.

② 《最人民法院关于适用〈中华人民共和国公司法〉若干问题的规定（四）》（法释〔2017〕16号）第十七条至第二十二条详细规定了股权优先购买权的处理方式。

③ 黄武双，刘维. 商标共存：原理与判例［M］. 北京：法律出版社，2013：57.

此不必再通过司法途径获得补充性救济。对不符合共存要求的非恶意抢注及恶意抢注的在后商标，在先权利人则可以通过商标行政途径宣告其自始无效，进而通过司法保护途径确认其行为性质及财产方面的责任，在这之中又以赔偿损害和停止侵害为责任的重点乃至全部。然而，由于在先权利和在后商标权间以及行政与司法保护途径关系的复杂性，对在先权利提供的这两种救济手段也应当进行一定限制，防止过度限制在后商标注册人以及社会公众的利益。

（一）限制损害赔偿计算范围

对基本属于广义知识产权的在先权利持续性侵权及不正当竞争的损害赔偿，法院在计算损害数额时一般均自起诉之日起向前计算三年，即诉讼时效的期间，从而尽可能督促权利人提起民事诉讼。但由于强制性要求权利人先通过行政保护途径否定在后商标权，进而才能通过司法途径获得救济，因此损害赔偿计算的时间范围不应局限于起诉前三年，而应从首次通过行政途径主张救济之日起算。当然，虽然已经计算赔偿时限便意味着已经通过行政途径宣告在后商标权无效，但也会存在在先权利人故意通过“拉长战线”的方式意图获得更多的损害赔偿，如尽可能早地提出异议，但却在被驳回后尽可能晚地申请无效宣告，或者在商标行政机关宣告无效后拖延一段时间再提起诉讼。而通过现有司法解释对损害赔偿计算三年时限的初衷也可反证这一情形极有可能发生。

有鉴于此，应当对损害赔偿的计算时限进行细化，对没有正当理由而故意拉长异议、无效宣告、行政诉讼和民事诉讼间的时间间隔的在先权利人，应当将各段时间中的合理期限的损害赔偿分别计算再相加，剔除间隔时长，如对商标无效宣告后至提起民事诉讼前的期间只计算三年的损害赔偿期限，其余期限则由在先权利人举证证明其时长的合理性和必要性，并允许在后商标权人进行抗辩。而对诸如调查取证实际花费时间确实长、发生不可抗力事件以及在先权利人等因自身经济、身体等合理原因确实无法及时主张救济导致时间间隔过长等情形，原则上均应作为损害赔偿的计算时长。如此，才能公平合理地计算损害赔偿的应有数额。因此，可以考虑由相关司法解释进一步规定：“在先权利人应当对在先权利侵权或不正当竞争损害赔偿数额计算时间的合理性进行举证，由商标注册人质证。”

另一方面，我国传统的知识产权三法和反不正当竞争法均规定以实际损失（违法所得）、合理的许可费倍数以及法定赔偿的顺序计算赔偿数额，然而在实践中却很少有原告能够提出明确的实际损失数额，因而数额计算集中在后几项方式上。在对损害赔偿数额计算时应当明确是计算在先权利于附着在后商标的商品或服务增值几何，而非商标整体于商品或服务的增值，更非商品或服务本身的价值。同时，违法所得也必须局限于在先权利本身对剔除成本的利润的贡献比例[①]。毕竟，即便在后商标恶意抢注在先权利的目的只为剽窃商誉，但也并非能完全彻底剽窃过来并百分之百转化为经济利益，而即使这一过程能够实现也不能保证侵权所得中的利润完全源自在先权利所具有的商誉。

换言之，即便是恶意抢注也不能完全否认在后商标权人在生产经营过程中使用商标的劳动付出，因而商誉也自然要有属于在后商标权人自己的一部分。也正因如此，早在“武松打虎图”案后便有学者提出侵犯著作权与商标权的损害赔偿计算存在差异，“前者以复制品价值基础计算，但后者则是以商品而非商标的价值作为计算基础”[②]。综上，对在先权利损害赔偿数额的计算，既要合理确定时间范围，又要仔细认定贡献程度，而非以在先权利保护之名将在后商标权人的利益（利润）完全剥夺，进而使在先权利人获得不当利益。

（二）设置在先权利强制许可制度

限制损害赔偿计算范围的目的在于保护在后商标权人应当有的合法权益不受侵害，但同时对在先权利提供保护还可能对社会公共利益造成限制与损害。其中最为关键的便是与损害赔偿的财产责任并行的停止侵害的行为责任。停止侵害，便是要求侵权及不正当竞争行为人即日起永远停止其先前的行为或与之实质相同的行为[③]，在法律性质和效果上与英美法系中的永久禁令一致。换言之，在商标法中在先权利保护语境下要求已经被宣告无效的在后商标权人永远停止在原注册范围内使用相同

① 黄武双，黄骥. 美国商标案件金钱偿还数额的计算：原理与判例［M］. 北京：法律出版社，2014：69-70.

② 郑成思．“武松打虎”图法院判决及行政裁决引发的思考［J］. 法律适用，1997（10）：9.

③ 程啸. 侵权责任法［M］. 3版. 北京：法律出版社，2020：749-750.

或近似的商标。

毋庸置疑，停止侵害是民事责任体系的重要组成部分，因此无论是传统的物权、人格权，还是知识产权或商业标识权等作为排他性支配权，均可以这一责任类型行使其支配权和请求权，同时具体到《反不正当竞争法》法条中本就是以“不得”的前置表述列举的商业混淆行为，当然也要承担同质的停止实施不正当竞争行为的责任。因此，从法律体系来看对在后商标的恶意抢注或不符合共存要求的非恶意抢注者要求其承担停止侵害的责任是天经地义的。特别是当判决其承担法律责任时，在后商标已然因为在先权利人通过商标行政途径宣告无效而自始不存在，在后商标权人更是失去了实施相关行为的形式合法性。在这一背景之下，停止侵害的责任并不应当受到限制。

然而，作为知识产权的商标权其本身是对世权，在后商标权人经过几年期间的商标使用行为，虽然损害了在先权利，但其影响却不仅局限于先后权利人之间，更会影响到该商标所涉及的不特定的消费者等相关公众乃至社会公共利益。特别是对不符合共存要件的非恶意抢注者，其实际上可能已然具有实际独立的显著性和商誉，只不过在先权利人并不知晓其存在。而即便是恶意抢注者也无法排除其使用期间客观产生自己独立显著性和商誉的可能。一方面，这一独立权利的客观存在状态可能并不基于或不主要基于在先权利而生，若完全停止使用将会使得在后商标权人的劳动成果实际上为在先权利人所占有①。另一方面，上述显著性和商誉不仅体现了在后商标权人的利益，更会涉及相关公众等社会公共利益并与在先权利发生冲突②。因此，前述才会以新生权益与公共利益之名论证对在先权利保护进行限制的正当性和必要性。

当然，在实践中司法机关也早已认识到这一点，最高法在2009年出台的《知识产权审判意见》中明确若可能造成当事人间利益失衡、损害社会公共利益或实际上无法执行的情形中，可以不判决停止侵害而转化为充分的赔偿或补偿的方式了断纠纷。可见，该规定立足于限制停止

---

① 曹博．权利失效规则与诚实信用原则在商标法中的冲突及协调［J］．知识产权，2014（3）：53-54.

② 胡充寒，肖启明．权利冲突案件中停止侵权判决方式的选择及限制［J］．法律适用，2008（10）：74.

侵害的具体情形，而将其转化为对后续侵害行为的一种预先赔偿责任，并最终形成一种先付费后侵权的状态。换言之，无论是赔偿还是补偿均未改变在后商标未经许可的使用行为属于侵权或不正当竞争的行为定性，而这实际上与平衡当事人间利益和保护社会公共利益存在矛盾，毕竟民法体系不会承认侵权所获得利益的合法性，更不会以侵权等方式维护社会公共利益，譬如征收、征用以及对私人权利的限制等公益行为均是通过合法的方式完成的。

更为重要的是，侵权或不正当竞争是对判决前既有行为的定性，而不判决停止侵害则是针对可能的后续行为。故而若已然依法明确允许后续行为的存在则更不宜对其预先施加否定性评价。因此，在在后商标已然实际产生独立的显著性或商誉以及维护公共利益的情形下可以通过设立强制许可制度实现目的。一方面，强制许可便意味着后续行为在形式上获得了在先权利人的许可而不再属于侵权行为，也就符合不停止侵害的要求。另一方面，强制许可即以许可的方式由在后商标权人支付许可费以获取继续使用商标的授权，这便能更清晰确定未在生产经营中使用的在先权利对于在后商标权的价值贡献在于许可授权的费用[①]。而且在实际效果上与司法机关以赔偿或补偿的方式不执行停止侵害是相同的，毕竟现有的损害赔偿计算也有许可费或使用费方式。如此，便能实现在先权利与在后商标另一种形式的共存，且两者也形成了“一损俱损、一荣俱荣”的绑定关系，相比于上述权利共存会更加和谐。进言之，此时在后商标权便可以重新获得注册而不再损害在先权利，进而也可以设置双方间的优先受让权。当然，虽是强制许可，但也应依据在先权利的市场价值等情况确定许可费数额而避免畸高或畸低，使其在客观上与市场中的自由许可并无差别。因此，可以在相关司法解释中规定：“当被宣告无效的注册商标实际产生显著性时，如果判决停止侵害会造成当事人之间的重大利益失衡，或者有悖社会公共利益的，可以不再责令停止行为代之以商标注册人向在先权利人支付合理的许可使用费。”

---

① 刘春田．“在先权利”与工业产权——《武松打虎》案引起的法律思考［J］．中华商标，1997（4）：11-13.

第五节 本章小结

完善在先权利保护制度，首先，要开宗明义在《商标法》中采取定义加重点列举的模式明确在先权利的定义及类型。商标法中的在先权利具有产生在先性、客体标志性、客体关联性和商标注册范围有权性等特征。因此，商标法中的在先权利是指当事人在诉争商标申请日之前就与申请注册的商标标志相同或近似的标志享有的，可能在商标注册的商品或服务类别相同或类似范围内遭受损害的商标权以外的标识性民事权利，诸如著作权、外观设计专利权、肖像权以及姓名（名称）财产权益、未注册商标权益等法律明确规定的权利。而对现在未被法律明确认定为权利的在先权益类型，诸如《反不正当竞争法》提及的商业标识所享有的权益，除可归入上述姓名财产权益或未注册商标权益的以外，应当谨慎提供保护，防止对明确设立的商标权过度进行限制。因此，应当采用相对主义的保护在先权利原则，以诚信原则规制故意损害在先权利的商标权人，并防止造成先后权利混淆及相互不正当竞争，同时平衡权利、兼顾效益，形成保护在先权利的明确基础。

其次，明确在先权利损害的混淆认定规则。一方面，在先权利与在后商标权的客体均为标志，因此，损害含义应为标识客体独特意义混淆并可与侵权或不正当竞争的含义相衔接。另一方面，损害责任认定应当以过错责任为原则，以商标为中心判断在先权利损害行为。在先权利损害的认定标准应当以商标法中的广义混淆为标准，并以关联混淆为主，而非将其单纯认定为侵权或不正当竞争行为。

再次，解决在先权利各种保护途径间的冲突，协调并完善其保护途径的体系化。商标权因注册体制产生，也因其而消灭。因此，在我国法律体系对行政权与司法权分工的基础上，应当明确商标行政途径的专门性与优先性，在取消恶意损害在先权利的注册商标申请无效宣告期限限制和允许商标局依职权宣告其无效的前提下，坚持行政途径对在先权利保护的主导地位，以求解决其与司法途径的冲突。同时，明确司法途径仅对诉讼纠纷当事人具有效力的特征，也不会使商标权效力发生变动，使其在行政途径宣告无效后发挥损害赔偿救济等补充性作用。而为了弥补行政主导、司法补充对在先权利人造成的限制，可以将损害赔偿的计算起点提前至通过行政途径主张保护之时。

最后，通过对在先权利保护进行限制以平衡其与非恶意损害在先权利的商标权。其一，建立在先权利与在后商标权默示共存制度。对在先权利人不应知且不明知在后商标权存在且商标自注册之日起五年内经过连续使用实际产生显著性和商誉的情况下，赋予在后商标权不容置疑的地位，确保先后权利互不干扰。否则，在先权利人自注册之日起十年内可对该商标申请无效宣告。其二，对默示共存的先后权利进行规制。通过赋予双方优先受让权和签订和谐共存协议等方式防止二者在行使权利时造成二次混淆与市场秩序破坏。其三，对在先权利救济手段进行限制。通过谨慎界定损害赔偿的计算范围，防止出现在先权利人“放水养鱼”以及侵占在后商标权人商誉等不当得利的情形。设置强制许可制度，对可能涉及公共利益的在后商标权慎用停止侵害的责任承担方式，准许其以支付合理许可费的方式继续使用，乃至重新获得注册。

第六章　结论

本书从商标法在先权利的基本概念出发，以国际条约、国内立法和比较法文本为基础，初步明确商标法中的在先权利的基本定义，特别是可注册商标的标识性特征，并据此划分了在先权利的三大基本类型。由此，为明确在先权利的损害实质打下了坚实的基础，而只有明确损害实质，才能反向推导出在先权利的具体定义、特征与类型，进而才能正向推断出在先权利保护途径的体系化方法和损害认定标准，即在先权利与在后商标权作为标识性权利，其权利客体均为标志而具有符号的二元或三元结构。因此，只有符号能指与所指通过意指过程结合产生独特意义时上述权利才能产生，并因该独特意义被侵占而造成损害。这便与理论和实践中仅以权利客体重叠作为损害实质完全不同，故在以商标为核心的标识性权利冲突或损害中，明确其符号意义冲突与侵占的本质具有提纲挈领的作用，有利于后文具体内容的展开。

由此，便可以对在理论和实践中存在的在先权利类型进行筛选，以剔除单纯客体重叠损害实质认知下的众多在先权利类型。具体言之，在分析立法局限及行政与司法实践补充规则对在先权利的定义、类型及损害认定标准方面存在空白、错误与冲突等问题的背景下，对既有的其他知识产权、人格权及商业标识权等法律明确规定的权利和商品化权益、商业外观权益和未注册商标权益等未被法律明确为权利的权益从客体标志可注册性商标、权利（权益）范围内是否被注册商标侵占符号独特意义的标准对在先权利类型进行筛选，尽可能确定真正会被在后注册商标权所损害的权利类型，从根本上防止对在先权利的过度保护。

当然，我国商标法在先权利保护制度实际已经存在了二十多年，在理论上与实践中也形成了商标法行政保护、民事侵权与不正当竞争救济保护和合同保护等不同的保护途径，通过分析可知商标法行政途径具有内在终局性，侵权和合同途径具有体系独立性等特征。同时，侵权途径也由于权利类型多样和责任认定不一等原因具有体系复杂性且与商标行政、不正当竞争救济和合同途径存在竞争，合同途径更因合同标的的限制具有适用有限性。可见，内在终局且最终决定商标权生死存亡的商标行政途径与因包含损害赔偿等责任而获得当事人青睐的民事侵权途径由此产生了激烈的冲突。同时，未被法律明确规定的权益被行政与司法实践纳入在先权利范围以及在《商标法》制定后不断产生与扩张的在先权利与商标权间也因此存在着不可调和的冲突。加之权利保护以不可避免维护公共利益为前提，在先权利行使限制便呼之欲出。因此，从权利的社会本位观及私人与社会双重属性出发，结合法经济学的理论明确了规范及利益冲突下对在先权利保护进行限制的必要性、法律原则和经济标准，特别是应当进行限制的原因与内容，以求在先权利保护落到实处且正当合理。

在保护在先权利的视角下，通过文献分析、案例分析、比较法分析和归纳演绎等方法，对构建在先权利保护制度所需的理论基础、权利类型、保护途径和行使限制等四个方面的内容进行分析研究，既以注册商标为中心的标识性客体符号独占意义侵占损害实质的研究核心为出发点，又分为各自独立但有机关联统一的具体研究部分，从而可以较为全面地对商标法在先权利保护制度提出完善建议。同时，明确商标法在先权利的损害实质是符号独特意义侵占、损害认定标准为混淆可能性以及构建行政主导、司法衔接、和谐共存的在先权利保护及其限制制度方面有所创新。具体结论如下：

首先，商标法应当以定义加重点列举的规范模式明确在先权利“产生在先性、客体标志性、先后权利客体关联性和商标注册范围有权性”的定义与特征，并列举常见的肖像权、著作权、外观设计专利权且谨慎纳入未被法律认可的权益，为在先权利的筛选提供初步指引。

其次，要明确在先权利统一以客体标志广义混淆可能性为结果，以关联关系混淆为主的独立损害认定标准，而非各自为政地坚持原有侵权或不正当竞争标准，为在先权利的体系化做好铺垫。进一步，在坚持行政途径优先性和专门性以及明确侵权与不正当竞争司法诉讼途径补充性的同时，增强行政途径对在先权利的保护力度，做好其与司法诉讼途径在行为定性和损害赔偿等方面的衔接，从而解决途径冲突以构建完善的途径保护体系。

最后，应当认可在后商标新生权利存在的正当性，通过借鉴美国与欧盟的权利共存制度实现在先权利与在后商标权之间的和谐共存，并采取签订具有权利公示和诉讼证据效力的共存协议、赋予先后权利人优先受让权的方法使非恶意注册的先后权利能够和谐共存；采取对损害赔偿计算严格认定在先权利贡献范围和侵权维权持续时间范围以及设置在先权利强制许可制度，对恶意注册的先后权利间后续法律关系进行限定，从而实现保护优先、利益平衡的在先权利保护制度体系。

限于阅读范围和研究能力，本书对商标法在先权利保护问题的分析研究仍存在一些不足。例如，先后权利共存本身就已经是一个较为复杂且宏大的问题，已经超出了广义商标法所能涵盖的范围，可以作为一个独立选题撰写成书，诸如先后权利证券化后两者应当如何共存，在后商标成为注册驰名商标后的共存如何维持等问题，限于论文篇幅和主题便很难提及或展开。同时，本书在理论探索的广度和深度以及在对司法实践的实证研究方面都还有可以拓展的空间。希望本书对商标法在先权利保护的研究能成为经济全球化，特别是商标全球化背景下对新时代我国商标注册制度进行完善的一次有益尝试。

附录

附录对正文提出的《商标法》《商标法实施条例》以及相关司法解释中和在先权利相关的建议修改条文进行了整合梳理与对比并注明了条文主旨，对新增或修改的部分加粗显示。

附录一 《商标法》中与在先权利相关的建议修改条文对照表

序号	现有条文	建议条文	建议理由
1	第九条 申请注册的商标，应当有显著特征，便于识别，并不得与他人在先取得的合法权利相冲突	第九条（在先权利损害认定标准）申请注册的商标，应当有显著特征，便于识别，并不得以引人误认为在先权利来源于商标注册人或其与在先权利人存在授权等特定关联的方式损害他人现有的在先权利	明确在先权利损害的实际与含义为“标识独特意义混淆”，并将混淆分为来源和关联关系两种行为

续表

序号	现有条文	建议条文	建议理由
2	第三十二条 申请商标注册不得损害他人现有的在先权利，也不得以不正当手段抢先注册他人已经使用并有一定影响的商标	第三十二条（在先权利定义及类型） 申请商标注册不得损害他人现有的在先权利，也不得以不正当手段抢先注册他人已经使用并有一定影响的商标。 在先权利，是指在诉争商标申请日之前，与诉争商标标志相同或近似的标志在相同或近似的商品或服务范围内享有的其他标识性民事权利，诸如著作权、外观设计专利权、肖像权以及具有一定社会知名度的姓名、名称的合法权益等	明确在先权利“产生在先性、客体标志性、先后权利客体关联性和商标注册范围有权性”的定义、特征及典型类型
3	第四十五条 已经注册的商标，违反本法第十三条第二款和第三款、第十五条、第十六条第一款、第三十条、第三十一条、第三十二条规定的，自商标注册之日起五年内，在先权利人或者利害关系人可以请求商标评审委员会宣告该注册商标无效。对恶意注册的，驰名商标所有人不受五年的时间限制	第四十五条（损害在先权利注册商标的无效宣告） 已经注册的商标，违反本法第九条、第十三条第二款和第三款、第十五条、第十六条第一款、第三十条、第三十一条、第三十二条规定的，自商标注册之日起五年内，在先权利人或者利害关系人可以请求商标评审委员会宣告该注册商标无效。对恶意注册的，在先权利人和商标所有人等不受五年的时间限制。 在先权利人自非恶意注册的在后商标注册之日起十年内可以申请宣告该注册商标无效，但明知或应知并默许该在后商标自注册之日起连续使用五年且实际产生显著性的，不得再以在先权利受损害为由申请宣告该注册商标无效或者提出诉讼	1.对损害在先权利的恶意注册，宣告无效不应受到期限限制。 2.对非恶意注册，设置在先权利人默示前提下的共存制度

续表

序号	现有条文	建议条文	建议理由
4	第四十七条 依照本法第四十四条、第四十五条的规定宣告无效的注册商标，由商标局予以公告，该注册商标专用权视为自始即不存在。 宣告注册商标无效的决定或者裁定，对宣告无效前人民法院做出并已执行的商标侵权案件的判决、裁定、调解书和工商行政管理部门做出并已执行的商标侵权案件的处理决定以及已经履行的商标转让或者使用许可合同不具有追溯力。但是，因商标注册人的恶意给他人造成的损失，应当给予赔偿	第四十七条（在先权利损害赔偿及司法衔接） 依照本法第四十四条、第四十五条的规定宣告无效的注册商标，由商标局予以公告，该注册商标专用权视为自始即不存在。 宣告注册商标无效的决定或者裁定，对宣告无效前人民法院做出并已执行的商标侵权案件的判决、裁定、调解书和工商行政管理部门做出并已执行的商标侵权案件的处理决定以及已经履行的商标转让或者使用许可合同不具有追溯力。但是，因商标注册人的恶意给他人造成的损失，应当依照有关法律规定给予赔偿	明确在先权利人对无效宣告的注册商标有权要求赔偿，衔接司法与行政保护途径
5	第五十九条 商标注册人申请商标注册前，他人已经在同一种商品或者类似商品上先于商标注册人使用与注册商标相同或者近似并有一定影响的商标的，注册商标专用权人无权禁止该使用人在原使用范围内继续使用该商标，但可以要求其附加适当区别标识	第五十九条（先后权利共存） 商标注册人申请商标注册前，他人已经在同一种商品或者类似商品上先于商标注册人使用与注册商标相同或者近似并有一定影响的商标的，注册商标专用权人无权禁止该使用人在原使用范围内继续使用该商标，但可以要求其附加适当区别标识。 注册商标经过规定的无效宣告时间仍然存续的，由商标局组织在先权利人和商标注册人签订不得互相侵害的共存协议，协议双方在同等条件下互相享有优先受让权，且可以要求对方在相同或近似商品或服务范围内使用时附加适当区别标识，并由商标局和在先权利主管部门在《商标公告》、商标注册簿、商标注册证、在先权利凭证上注明权利共存状态。共存协议的效力涉及先后权利的受让人、被许可使用人、担保债权人和商标代理人或者代表人等利害关系人	对于和谐共存的先后权利，由双方权利人签订共存协议，要求以附加区别标识的方式防止互相损害，赋予双方优先受让权

附录二 《商标法实施条例》中与在先权利相关的建议修改条文对照表

现有条文	建议条文	建议理由
无	第X条（在先权利人“明知或应知并默许”的认定） 在先权利人有自行或者许可他人将在先权利用于生产经营、向其他生产经营者就在先权利提起诉讼或者请求市场监督管理部门处理以及被在后商标权人提起诉讼或者请求市场监督管理部门处理等情形的，应当视为明知或者应知并默许在后商标注册	配合《商标法》第四十五条建议条文： 1.对损害在先权利的恶意注册，宣告无效不应受到期限限制。 2.对非恶意注册，设置在先权利人默示前提下的共存制度

附录三 相关司法解释中与在先权利相关的建议修改条文对照表

序号	现有条文	建议条文	建议理由
1	《最高人民法院关于审理注册商标、企业名称与在先权利冲突的民事纠纷案件若干问题的规定》 第一条 原告以他人注册商标使用的文字、图形等侵犯其著作权、外观设计专利权、企业名称权等在先权利为由提起诉讼，符合民事诉讼法第一百一十九条规定的，人民法院应当受理。 原告以他人使用在核定商品上的注册商标与其在先的注册商标相同或者近似为由提起诉讼的，人民法院应当根据民事诉讼法第一百二十四条第（三）项的规定，告知原告向有关行政主管机关申请解决	《最高人民法院关于审理注册商标、企业名称与在先权利冲突的民事纠纷案件若干问题的规定》 第一条（在先权利保护的行政主导） 原告以他人注册商标使用的标志侵犯其著作权、外观设计专利权、肖像权等在先权利为由提起诉讼时注册商标未被宣告无效的，人民法院应当根据民事诉讼法第一百二十四条第（三）项的规定，告知原告先向商标行政主管机关申请解决	明确在先权利保护应当由行政主导，先宣告注册商标无效再提起民事诉讼

续表

序号	现有条文	建议条文	建议理由
2	《最高人民法院关于审理商标民事纠纷案件适用法律若干问题的解释》 第十八条 侵犯注册商标专用权的诉讼时效为三年，自商标注册人或者利害权利人知道或者应当知道权利受到损害以及义务人之日起计算。商标注册人或者利害关系人超过三年起诉的，如果侵权行为在起诉时仍在持续，在该注册商标专用权有效期限内，人民法院应当判决被告停止侵权行为，侵权损害赔偿数额应当自权利人向人民法院起诉之日起向前推算三年计算	《最高人民法院关于审理注册商标、企业名称与在先权利冲突的民事纠纷案件若干问题的规定》 第X条（在先权利损害赔偿计算时间） 侵犯在先权利的诉讼时效为三年，自商标注册人或者利害权利人知道或者应当知道权利受到损害以及义务人之日起计算。在先权利人或者利害关系人超过三年起诉的，如果侵权或者不正当竞争行为在起诉时仍在持续，则在该在先权利的有效期限内，人民法院应当判决被告停止侵权或者不正当竞争行为，侵权或者不正当竞争损害赔偿数额应当自权利人向商标行政主管机关提出异议或者申请无效宣告之日起计算至其向人民法院起诉之日，但不得少于自权利人向人民法院起诉之日起向前推算三年计算的数额。 在先权利人应当对在先权利侵权或不正当竞争损害赔偿数额计算时间的合理性进行举证，由商标注册人质证	提高在先权利人通过商标行政保护途径维权的积极性和获得保护的全面性。 将侵权或不正当竞争诉讼损害赔偿的计算时点提前至首次向商标局提出异议或无效宣告之日，并计算至提起民事诉讼之日

续表

序号	现有条文	建议条文	建议理由
3	《最高人民法院关于当前经济形势下知识产权审判服务大局若干问题的意见》 15.充分发挥停止侵害的救济作用，妥善适用停止侵害责任，有效遏制侵权行为。根据当事人的诉讼请求、案件的具体情况和停止侵害的实际需要，可以明确责令当事人销毁制造侵权产品的专用材料、工具等，但采取销毁措施应当以确有必要为前提，与侵权行为的严重程度相当，且不能造成不必要的损失。如果停止有关行为会造成当事人之间的重大利益失衡，或者有悖社会公共利益，或者实际上无法执行，可以根据案件具体情况进行利益衡量，不判决停止行为，而采取更充分的赔偿或者经济补偿等替代性措施了断纠纷	《最高人民法院关于审理注册商标、企业名称与在先权利冲突的民事纠纷案件若干问题的规定》 第X条（在先权利强制许可）当被宣告无效的注册商标实际产生显著性时，如果判决停止侵害会造成当事人之间的重大利益失衡，或者有悖社会公共利益的，可以不再责令停止行为代之以商标注册人向在先权利人支付合理的许可使用费	为了确保公共利益和当事人之间的利益平衡，设置强制许可制度，在特定情形下允许以支付合理许可费的方式使先后权利共存，而非判决停止侵害

参考文献

[1] BEEBE B. The semiotic analysis of Trademark Law [J]. UCLA Law Review, 2004 (3): 621-704.

[2] CHESHIRE, S. RFC6761-special-use domain names [R]. Internet Engineering Task Force, 2013.

[3] DOGAN S L, LEMLEY M A.A search-costs theory of limiting doctrines in Trademark Law [J]. Intellectual Property Law eJournal, 2007.

[4] GIERKE VON Otto. Deutsches Privatrecht Ⅲ [M]. Berlin: Duncker & Humblot, 2010.

[5] HETTINGER E. Justifying intellectual property [J]. Philosophy & Public Affairs, 1989 (18): 31-52.

[6] LEMLEY M, WEISER P. Should property or liability rules govern information? [J]. Texas Law Review, 2007 (04): 783-841.

[7] MCCARTHY T. McCarthy on trademark and unfair competition [M]. 4th ed.St.Paul: Thomson/West, 2006.

[8] NGUYEN X.Should it be a free for all?: The challenge of extending trade dress protection to the look and feel of web sites in the evolving internet [J]. American University Law Review, 2000 (6): 1233-1277.

[9] NIMMER M. The right of publicity [J]. Law and Contemporary Problems, 1954 (2): 203-223.

[10] LANDES W, POSNER R.The economics of Trademark Law [J]. The

Journal of Law & Economics，1987（2）：265-309.
[11] MCCLURE D. Trademarks and unfair competition：A critical history of legal thought［R］. Trademark Reporter，1979：305-356.
[12] STERK S. Property rules，liability rules，and uncertainty about property rights［J］. Michigan Law Review，2008（7）：1285-1336.
[13] WIPO. Character merchandising［R］. WO/INF/108，1994.12.
[14] WIPO. What is the nature of domain name disputes?［R/OL］.（2020-04-26）［2024-01-10］. https：//www. wipo. int/amc/en/center/faq/domains.html#5.
[15] 安建．中华人民共和国专利法释义［M］．北京：法律出版社，2009.
[16] 巴尔特．符号学原理［M］．王东亮，等译．上海：三联书店，1999.
[17] 边沁．论道德与立法的原则［M］．程立显，宇文利，译．西安：陕西人民出版社，2009.
[18] 卞耀武．中华人民共和国商标法释义［M］．北京：法律出版社，2002.
[19] 博登浩森．保护工业产权巴黎公约指南［M］．汤宗舜，段瑞林，译．北京：中国人民大学出版社，2003.
[20] 谢尔曼，本特利．现代知识产权法的演进：英国的历程（1760—1911）［M］．金海军，译．北京：北京大学出版社，2012.
[21] 曹博．权利失效规则与诚实信用原则在商标法中的冲突及协调［J］．知识产权，2014（3）：51-56.
[22] 曹柯．商标抢注及其规制程序［J］．人民司法，2011（5）：89-94.
[23] 曹文泽，王迁．中国知识产权法制四十年：历程、特征与展望［J］．法学，2018（11）：3-16.
[24] 曹新明．论知识产权冲突协调原则［J］．法学研究，1999（3）：72-81.
[25] 曹新伟．关于公开商标审查标准之我见［J］．中国工商管理研究，2000（10）：39-40.
[26] 吉伦．简明欧洲商标与外观设计法［M］．李琛，等译．北京：商务印书馆，2017.
[27] 陈奎．《商标审查及审理标准》（修订版）解读（下）［J］．中华商标，2017（4）：36-39.
[28] 陈荣宗．民事诉讼法［M］．台北：三民书局，1996.
[29] 陈武．权利不确定性与知识产权停止侵害请求权之限制［J］．中外法学，2011，23（2）：357-368.
[30] 陈宗明．符号世界［M］．武汉：湖北人民出版社，2004.
[31] 程德理．在先使用商标的“有一定影响”认定研究［J］．知识产权，2018

(11): 10-18.

[32] 程燎原，王人博. 权利论［M］. 桂林：广西师范大学出版社，2014.

[33] 程啸. 侵权责任法［M］. 3版. 北京：法律出版社，2020.

[34] 丛立先. 我国《商标法》上的在先权利与外国人姓名权保护研究［J］. 知识产权，2020 (6): 18-24.

[35] 崔国斌. 商标挟持与注册商标权的限制［J］. 知识产权，2015 (4): 35-44.

[36] 崔国斌. 知识产权法官造法批判［J］. 中国法学，2006 (1): 144-164.

[37] 崔国斌. 著作权法：原理与案例［M］. 北京：北京大学出版社，2015.

[38] 崔国斌. 专利法：原理与案例［M］. 北京：北京大学出版社，2015.

[39] 崔建远. 姓名与商标：路径及方法论之检讨 最高人民法院（2016）最高法行再27号行政判决书之评释［J］. 中外法学，2017，29 (2): 285-299.

[40] 刁荣华. 现代民法基本问题［M］. 北京：中国政法大学出版社，1995.

[41] 董云. 知识产权权利限制的理论与实践［J］. 人民论坛，2013 (2): 80-82.

[42] 杜颖. 论商品化权［M］//梁慧星. 民商法论丛：第13卷. 北京：法律出版社，2001: 1-31.

[43] 杜颖. 商标反向混淆构成要件理论及其适用［J］. 法学，2008 (10): 56-63.

[44] 佚名.法律专家众议"王老吉"商标纠纷［N］. 中国经营报，2012-07-23 (E8).

[45] 范健. 商法［M］. 4版. 北京：高等教育出版社，2011.

[46] 索绪尔. 普通语言学教程［M］. 高名凯，译. 北京：商务印书馆，1999.

[47] 冯晓青，杨利华. 知识产权权利冲突及其解决原则［J］. 法学论坛，2001 (3): 50-54.

[48] 冯晓青，杨利华. 中国商标法研究与立法实践［M］. 北京：中国政法大学出版社，2013.

[49] 冯晓青. 企业知识产权战略［M］. 3版.北京：知识产权出版社，2005.

[50] 冯晓青. 商标法利益平衡原理研究［J］. 长白学刊，2007 (5): 62-66.

[51] 谢克特. 商标法的历史基础［M］. 朱冬，译. 北京：知识产权出版社，2019.

[52] 付继存. 计算机网络域名与商标专用权发生冲突时，应当依法保护合法商标权人利益［M］//冯晓青. 知识产权权利冲突专题判解与学理研究. 北京：中国大百科全书出版社，2010: 378-403.

[53] 付继存．形式主义视角下我国商标注册制度价值研究［J］．知识产权，2011（5）：75-80.

[54] 高翔．我国外观设计专利保护的图标（ICON）类型探析［J］．电子知识产权，2019（1）：68-75.

[55] 高阳．论商业外观的功能性判定——以美国司法判例为中心的比较分析［J］．中南大学学报（社会科学版），2016，22（5）：26-32.

[56] 葛明珍．论权利冲突［D］．北京：中国社会科学院研究生院，2002.

[57] 国春．专家解读《商标审查标准》［J］．世界标准信息，2006（2）：87.

[58] 国家知识产权局．专利申请号标准 ZC 0006-2003［S］．北京：中国标准出版社，2003.

[59] 范里安．微观经济学：现代观点［M］．费方域，朱保华，译．上海：格致出版社，上海三联书店，上海人民出版社，2015.

[60] 韩景峰．商标法中在先权利的法理分析［J］．知识产权，2012（10）：24-30.

[61] 韩永进．符号、结构与技术［M］．北京：人民出版社，2007.

[62] 郝铁川．权利冲突：一个不成为问题的问题［J］．法学，2004（9）：3-6.

[63] 何怀文．中国著作权法：判例综述与规范解释［M］．北京：北京大学出版社，2016.

[64] 何敏．知识产权基本理论［M］．北京：法律出版社，2011.

[65] 何荣华．论知识产权权利限制的正当性［J］．编辑之友，2011（5）：105-107.

[66] 佚名．名人打响商标保卫战［EB/OL］．（2014-11-28）［2024-01-10］．http：//news.hexun.com/2014-11-28/170885860.html.

[67] 黑格尔．法哲学原理［M］．范扬，等译．北京：商务印书馆，1961.

[68] 胡充寒，肖启明．权利冲突案件中停止侵权判决方式的选择及限制［J］．法律适用，2008（10）：73-75.

[69] 胡光宝．全国人大法律委员会关于《中华人民共和国商标法修正案（草案）》修改情况的汇报——2001年8月27日在第九届全国人民代表大会常务委员会第二十三次会议上［J］．中华人民共和国全国人民代表大会常务委员会公报，2001（7）：546-548.

[70] 胡建淼．行政诉讼法学［M］．北京：法律出版社，2019.

[71] 胡康生．中华人民共和国反不正当竞争法释义［M］．北京：法律出版社，1994.

[72] 华鹰．新商标法关于商标在先权利规定的现实意义［J］．商业研究，2003（8）：144-145.

[73] 黄华新，徐慈华. 论意义的"生命"历程 [J]. 哲学研究，2004 (1): 42-48.
[74] 黄薇. 民法典的主要制度与创新 [J]. 中国人大，2020 (13): 22-25.
[75] 黄薇. 中华人民共和国民法典总则编释义 [M]. 北京: 法律出版社，2020.
[76] 黄武双，黄骥. 美国商标案件金钱偿还数额的计算: 原理与判例 [M]. 北京: 法律出版社，2014.
[77] 黄武双，刘维，等. 商标共存: 原理与判例 [M]. 北京: 法律出版社，2013.
[78] 黄武双. 反向混淆理论与规则视角下的"非诚勿扰"案 [J]. 知识产权，2016 (1): 29-36.
[79] 黄细江. 图形用户界面外观设计保护新论——苹果诉三星案引发的思考 [J]. 苏州大学学报 (法学版)，2017，4 (3): 80-92.
[80] 江伟. 民事诉讼法 [M]. 5版. 北京: 高等教育出版社，2016.
[81] 姜明安. 行政法与行政诉讼法 [M]. 5版. 北京: 北京大学出版社，2011.
[82] 蒋志培，孔祥俊，夏君丽. 对《最高人民法院关于审理注册商标、企业名称民事纠纷案件若干问题的规定》的理解与适用 (上) [J]. 工商行政管理，2008 (8): 35-38.
[83] 蒋志培，孔祥俊，夏君丽.《最高人民法院关于审理注册商标、企业名称与在先权利冲突的民事纠纷案件若干问题的规定》的理解与适用 [M] //陶凯元. 最高人民法院知识产权司法解释理解与适用: 最新增订版. 北京: 中国法制出版社，2016: 168-180.
[84] 杜兹纳，沃林顿，邱昭继，等. 统治、剥削和受苦——马克思主义的开放性与法律理论 [J]. 现代哲学，2020 (5): 40-47.
[85] 马苏耶. 保护文学和艺术作品伯尔尼公约 (1971年巴黎文本) 指南 [M]. 刘波林，译. 北京: 中国人民大学出版社，2002.
[86] 孔祥俊，夏君丽，周云川.《关于审理商标授权确权行政案件若干问题的意见》的理解与适用 [J]. 人民司法，2010 (11): 21-29.
[87] 孔祥俊. 商标法适用的基本问题 (增订版) [M]. 北京: 中国法制出版社，2014.
[88] 孔祥俊. 商标与不正当竞争法: 原理与判例 [M]. 北京: 法律出版社，2009.
[89] 孔祥俊. 姓名权与姓名的商品化权益及其保护——兼评"乔丹商标案"和相关司法解释 [J]. 法学，2018 (3): 161-176.

[90] 孔祥俊. 作品名称与角色名称商品化权益的反思与重构——关于保护正当性和保护路径的实证分析 [J]. 现代法学，2018，40 (2)：57-74.
[91] 齐默曼. 欧洲合同法中的诚信原则 [M]. 丁广宇，等译. 北京：法律出版社，2005.
[92] 郎胜. 中华人民共和国商标法释义 [M]. 北京：法律出版社，2013.
[93] 李阁霞. 角色商品化再论 [J]. 知识产权，2017 (3)：18-28.
[94] 李梦佳. 论商品化权的基本概念、性质及分类 [J]. 山东科技大学学报 (社会科学版)，2019，21 (1)：35-44.
[95] 李明德. 美国知识产权法 [M]. 2版. 北京：法律出版社，2014.
[96] 李荣珍，王南瑛. 论行政首次判断权原则及其司法适用 [J]. 海南大学学报 (人文社会科学版)，2019，37 (3)：133-140.
[97] 李扬. 商标法中在先权利的知识产权法解释 [J]. 法律科学. 2006 (5)：41-50.
[98] 李扬. 商标侵权诉讼中的懈怠抗辩——美国法的评析及其启示 [J]. 清华法学，2015，9 (2)：74-95.
[99] 李扬. 知识产权法基本原理 [M]. 北京：法律出版社，2010.
[100] 李永明，张振杰. 知识产权权利竞合研究 [J]. 法学研究，2001 (2)：89-103.
[101] 梁慧星. 诚实信用原则与漏洞补充 [J]. 法学研究，1994 (2)：22-29.
[102] 梁慧星. 从近代民法到现代民法——二十世纪民法回顾 [J]. 中外法学，1997 (2)：19-30.
[103] 梁慧星. 民法总论 [M]. 5版. 北京：法律出版社，2017.
[104] 梁兴国. 知识产权权利冲突问题研究——一种法哲学的进路 [D]. 北京：中国政法大学，2007.
[105] 凌斌. 肥羊之争：产权界定的法学和经济学思考——兼论《商标法》第9、11、31条 [J]. 中国法学，2008 (5)：170-189.
[106] 凌宗亮. 失效三维外观设计专利的可商标注册性分析 [J]. 电子知识产权，2010 (6)：50-55.
[107] 刘春田. 商标与商标权辨析 [J]. 知识产权，1998 (1)：10-14.
[108] 刘春田. 十二国商标法 [M]. 北京：清华大学出版社，2013.
[109] 刘春田. "在先权利" 与工业产权——《武松打虎》案引起的法律思考 [J]. 中华商标，1997 (4)：11-13.
[110] 刘春田. 知识财产权解析 [J]. 中国社会科学，2003 (4)：109-121，206.
[111] 刘春田. 知识产权法学 [M]. 2版. 北京：高等教育出版社，2022.

［112］ 刘华．知识产权制度的理性与绩效分析［M］．北京：中国社会科学出版社，2004.
［113］ 刘曼玉．论知识产权的权利冲突与协调［J］．铜陵学院学报，2007（4）：65-67；116.
［114］ 龙文懋．论知识产的稀缺性和可界定性［J］．首都师范大学学报（社会科学版），2005（2）：49-53.
［115］ 莫杰斯．知识产权正当性解释［M］．金海军，等译．北京：商务印书馆，2019.
［116］ 罗伯特，托马斯．法和经济学［M］．史晋川，董雪兵，等译．6版．上海：格致出版社，上海三联书店，上海人民出版社，2012.
［117］ 巴特．符号学美学［M］．董学文，等译．沈阳：辽宁人民出版社，1987.
［118］ 科斯．财产权利与制度变迁［M］．刘守英，等译．上海：上海人民出版社，2014.
［119］ 罗书臻．完善法律适用标准促进和维护诚信有序的商标法治环境［N］．人民法院报，2017-01-12（003）.
［120］ 洛克．政府论［M］．瞿菊农，叶启芳，译．北京：北京大学出版社，1996.
［121］ 吕国强．知识产权的权利冲突及其协调机制［J］．人民司法，2005（12）：85-91.
［122］ 马俊驹，余延满．民法原论［M］．北京：法律出版社，2010.
［123］ 马俊驹．民法案例教程（上）［M］．北京：清华大学出版社，2002：295.
［124］ 马原．中国民法讲义（上）［M］．北京：全国法院干部业余大学教材，1986.
［125］ 孟祥旭，李学庆．人机交互技术：原理与应用［M］．北京：清华大学出版社，2004.
［126］ 内田贵，大村敦志．民法的争点［M］．北京：中国人民大学出版社，2023.
［127］ 宁立志．知识产权权利限制的法经济学分析［J］．法学杂志，2011，32（12）：34-38.
［128］ 欧歆．域名的商誉保护问题探微［J］．法制与经济，2005（1）：52-54.
［129］ 潘维和．先买权之研究［M］//刁荣华．现代民法基本问题．台北：汉林出版社，1981：165-176.
［130］ 庞德．法理学：第四卷［M］．王宝民，等译．北京：法律出版社，2007.
［131］ 彭涛．司法权与行政权的冲突处理规则［J］．法律科学（西北政法大学学报），2016，34（6）：36-43.

［132］ 彭学龙．商标法的符号学分析［M］．北京：法律出版社，2007．

［133］ 彭学龙．商标法基本范畴的符号学分析［J］．法学研究，2007（1）：17-31．

［134］ 彭哲．衡平策略中的收益权——专利权批判与重新定位［J］．山东农业大学学报（社会科学版），2005（2）：86-91．

［135］ 邱聪智．民法研究［M］．北京：中国人民大学出版社，2002．

［136］ 萩萩原・有里．日本法律对商业形象权的保护［J］．知识产权，2003（5）：62-64．

［137］ 任红梅，岳宏志．马克思供给需求理论：一个文献综述［J］．西安财经学院学报，2015，28（03）：101-106．

［138］ 阮思宇．论知识产权的权利限制——以正当性分析为探索路径［D］．长春：吉林大学，2011．

［139］ 佘颖．我国商标有效注册量超2274万件［N］．中国青年报，2019-07-08（03）．

［140］ 佚名．「可口可乐」百年摩登弧形瓶的进化史［EB/OL］．（2015-05-06）［2024-01-10］．http：//www.shejipi.com/197831.html．

［141］ 沈春耀．全国人民代表大会常务委员会法制工作委员会关于提请审议《民法典各分编（草案）》议案的说明［M］//何勤华，李秀清，陈颐，等．新中国民法典草案总览（增订本）：续编．北京：北京大学出版社，2020：315-323．

［142］ 宋晓明，王闯，夏君丽，等．《关于审理商标授权确权行政案件若干问题的规定》的理解与适用［J］．人民司法（应用），2017（10）：35-43．

［143］ 孙明娟．恶意注册的概念、类型化及其应用［J］．中华商标，2018（3）：31-35．

［144］ 孙山．未注册商标法律保护的逻辑基础与规范设计［J］．甘肃政法学院学报，2015（2）：59-72．

［145］ 孙山．寻找被遗忘的法益［J］．法律科学（西北政法大学学报），2011，29（01）：59-70．

［146］ 谭华霖．究本与溯源：知识产权权利冲突原因考［J］．暨南学报（哲学社会科学版），2011，33（3）：61-66．

［147］ 谭华霖．知识产权权利冲突的内在机理及化解机制［J］．知识产权，2011（2）：23-29．

［148］ 霍克斯．结构主义和符号学［M］．瞿铁鹏，译．上海：上海译文出版社，1987．

［149］ 王伯琦．民法总则［M］．台北：中正书局，1979．

［150］ 王利明．人格权法研究［M］．3版．北京：中国人民大学出版社，2018.
［151］ 王利明，杨立新，王轶，等．民法学［M］．5版．北京：法律出版社，2017.
［152］ 王莲峰，康瑞．法律责任视角下商标恶意抢注的司法规制［J］．中华商标，2018（7）：68-72.
［153］ 王莲峰，刘润涛．无真诚使用意图商标注册的立法规制［J］．中华商标，2018（9）：86-92.
［154］ 王莲峰．商标法学［M］．4版．北京：北京大学出版社，2023.
［155］ 王莲峰．商业标识立法体系化研究［M］．北京：北京大学出版社，2009.
［156］ 王莲峰．新《商标法》第四条的适用研究［J］．政法论丛，2020（1）：102-112.
［157］ 王迁．知识产权法教程［M］．7版．北京：中国人民大学出版社，2021.
［158］ 王迁．著作权法［M］．北京：中国人民大学出版社，2015.
［159］ 王瑞贺．中华人民共和国反不正当竞争法释义［M］．北京：法律出版社，2018：17.
［160］ 王太平．商标法：原理与案例［M］．北京：北京大学出版社，2015.
［161］ 王太平．知识产权法法律原则［M］．北京：法律出版社，2004.
［162］ 王协瑞．电子信息技术［M］．济南：山东科学技术出版社，2013.
［163］ 王燕莉．民事“利益”独立保护之司法证成［J］．四川师范大学学报（社会科学版），2019，46（05）：82-89.
［164］ 王涌．财产权谱系、财产权法定主义与民法典《财产法总则》［J］．政法论坛，2016，34（01）：103-118.
［165］ 王泽鉴．民法总则［M］．台北：三民书局，1996.
［166］ 王泽鉴．侵权行为［M］．3版．北京：北京大学出版社，2016.
［167］ 王泽鉴．人格权法［M］．北京：北京大学出版社，2013.
［168］ 王治平．从帕累托效率到卡尔多希克斯效率［N］．经济学消息报，2007-11-23.
［169］ 王众孚．关于《中华人民共和国商标法修正案（草案）》的说明——2000年12月22日在第九届全国人民代表大会常务委员会第十九次会议上［J］．中华人民共和国全国人民代表大会常务委员会公报，2001（7）：543-546.
［170］ 魏丽丽．商标恶意抢注法律规制路径探究［J］．政法论丛，2020（1）：113-124.
［171］ 魏小毛．知识产权权利冲突是一场误会？［N］．中国知识产权报，2006-04-21（012）.
［172］ 魏振瀛．民法［M］．7版．北京：北京大学出版社，2017.

［173］ 吴道霞．商标法中的在先权范围研究［J］．黑龙江社会科学，2008（3）：145-149.

［174］ 吴汉东．形象的商品化与商品化的形象权［J］．法学，2004（10）：77-89.

［175］ 吴汉东．知识产权保护论［J］．法学研究，2000（1）：68-79.

［176］ 吴汉东．知识产权法［M］．北京：法律出版社，2020.

［177］ 吴伟光．商业外观的法律保护——以保护来源标识功能为原则［J］．清华法学，2009，3（06）：45-62.

［178］ 项淳一．全国人大法律委员会对《中华人民共和国专利法修正案（草案）》审议结果的报告［M］//全国人大常委会办公厅．中华人民共和国全国人民代表大会常务委员会公报（1992年卷）．北京：中国法制出版社，2004：279-310.

［179］ 谢尔登，纳德，肯尼思．美国知识产权法原理［M］．宋献慧，译．3版．北京：商务印书馆，2013.

［180］ 佚名．六小龄童终审败诉 蓝港四年名人官司划句号［EB/OL］．2013-06-26）［2024-01-10］． http：//games. sina. com. cn/o/n/2013-06-26/1201714497.shtml.

［181］ 熊伟．形象权法律制度研究［D］．武汉：武汉大学，1992.

［182］ 熊文聪．持续性侵权之诉的诉讼时效辨析——以《商标法》相关司法解释为例［J］．中华商标，2017（8）：16-19.

［183］ 熊文聪．知识产权权利冲突：命题的反思与检讨［J］．法制与社会发展，2013，19（3）：61-72.

［184］ 熊文聪．作品标题可否构成“有一定影响的商品名称”？——兼评“鬼吹灯之牧野诡事”案［J］．中华商标，2018（10）：56-61.

［185］ 徐国栋．民法基本原则解释——以诚实信用原则的法理分析为中心［M］．北京：中国政法大学出版社，2004.

［186］ 薛波．元照英美法词典（缩印版）［M］．北京：北京大学出版社，2017.

［187］ 颜厥安．规则、理性与法治［J］．台大法学论丛，2002（2）：1-58.

［188］ 杨才然．与知识产权有关的权利冲突协调原则之理论基础［J］．电子知识产权，2005（11）：17-21.

［189］ 杨凯旋．论别名财产利益的保护——基于《民法典》第1017条展开［J］．北方法学，2020，14（6）：147-157.

［190］ 杨凯旋．一定影响商业标识保护要件适用研究［J］．西部法学评论，2020（3）：84-101.

［191］ 杨立新．民法总则［M］．2版．北京：法律出版社，2018.

［192］杨仁寿．法学方法论［M］．2版．北京：中国政法大学出版社，2013.
［193］杨士维．商标代理界的忽悠："驳回率高"与"商标资源有限"［R/OL］．(2020-04-26)［2024-01-10］．https：//www. zhihedongfang. com/11386.html.
［194］杨曦．声音商标注册实质要件研究——以腾讯公司诉国家商评委案为视角［J］．电子知识产权，2019（2）：51-58.
［195］杨晓玲．商业标识权利冲突法律问题研究［D］．重庆：西南政法大学，2016.
［196］杨紫烜，徐杰．经济法学［M］．6版．北京：北京大学出版社，2012.
［197］尹田．物权法［M］．北京：北京大学出版社，2012.
［198］应振芳．外观设计权何以正当？——兼论我国外观设计制度的变革［J］．知识产权，2006（3）：60-64.
［199］袁博．"商标资源有限"是骗人的吗？［R/OL］．(2020-03-18)［2024-01-10］．https：//www.zhihedongfang.com/13838.html.
［200］袁博．论立体商标的注册条件：非功能性和显著性［J］．中华商标，2013(3)：77-81.
［201］袁田．司法视角下动画影视行业的知识产权保护——以"名称"和"角色形象"为视角［EB/OL］．(2020-05-20)［2024-01-10］．https：//www.ciplawyer.cn/html/spgdzs/20200520/144649.html.
［202］费尔德．科斯定理1-2-3［J］．经济社会体制比较，2002（5）：8.
［203］张楚．知识产权法［M］．2版．北京：高等教育出版社，2013.
［204］张法连．美国处理商标注册与在先权利的冲突问题探究评析日本华特克公司诉刘氏及美国华特克公司案［J］．法律适用，2009（7）：90-93.
［205］张广良．知识产权侵权民事救济［M］．北京：法律出版社，2003.
［206］张红．民法典之姓名权立法论［J］．河北法学，2019，37（10）：2-21.
［207］张今．知识产权法［M］．北京：中国人民大学出版社，2013.
［208］张俊浩．民法学原理（上册）［M］．3版．北京：中国政法大学出版社，2000.
［209］张坤世．司法权与行政权：中国法治语境下的关系定位［J］．社科纵横，2020，35（7）：107-112.
［210］张礼洪．论在先权利和商标专有权的冲突［J］．法律科学（西北政法学院学报），1994（3）：63-66.
［211］张鹏．规制商标恶意抢注规范的体系化解读［J］．知识产权，2018（7）：17-32.
［212］张文显．法理学［M］．5版．北京：高等教育出版社，2018.
［213］张文显．法学基本范畴研究［M］．北京：中国政法大学出版社，1993.

[214] 张玉敏. 注册商标三年不使用撤销制度体系化解读 [J]. 中国法学，2015 (1)：224-238.

[215] 赵凤梅，胡远明. 商标法在先权利保护的理论探讨 [J]. 山东科技大学学报（社会科学版），2004 (3)：69-73.

[216] 赵毅衡. 重新定义符号与符号学 [J]. 国际新闻界，2013，35 (6)：7.

[217] 赵震江. 法律社会学 [M]. 北京：北京大学出版社，1998.

[218] 郑成思. "武松打虎" 图法院判决及行政裁决引发的思考 [J]. 法律适用，1997 (10)：6-9.

[219] 郑成思. 版权法 [M]. 北京：中国人民大学出版社，1990.

[220] 郑成思. 侵害知识产权的无过错责任 [J]. 中国法学，1998 (1)：81-90.

[221] 郑成思. 私权、知识产权与物权的权利限制 [J]. 法学，2004 (9)：74-84.

[222] 郑成思. 知识产权论 [M]. 北京：法律出版社，1998.

[223] 郑胜利. 论现行《商标法》第三十二条后半句的适用 [EB/OL].（2017-03-07）[2024-01-10]. http：//chinaiprlaw.cn/index.php? id=4666.

[224] 中国社会科学院语言研究所词典编辑室. 现代汉语词典 [M]. 7版.北京：商务印书馆，2016.

[225] 周丽婷. 商标权无效宣告阶段共存协议的采纳——评原告蓝巨星公司诉被告商标评审委员会、第三人塔尔帕公司商标权无效宣告请求行政纠纷案 [J]. 中华商标，2020 (1)：25-28.

[226] 朱丹. 侵犯商标专用权惩罚性赔偿责任的司法适用 [N]. 人民法院报，2014-08-27 (007).

[227] 朱冬. 不可争议商标中在先权利的保护及限制 [J]. 知识产权，2017 (8)：58-63.

[228] 朱庆育. 民法总则 [M]. 2版. 北京：北京大学出版社，2016.

索引

商标法在先权利—1，29，31，33，34，60，64，72，95，103，117，121，124，128，129，138，143，144，168，169，170
在先权益—6，8，9，12，20，21，25，26，64，80-82，84，87，89，90，94，95，114，119，136，166
商业标识—3-5，9，12，18，25-27，34，35，38，41，45，48-51，55，60-64，73，76-81，83，90-94，108，116，126，140，141，151，156，164，166，169
显著性—38，48，49，51，63，66，68，69，71，76，85-93，108，115，116，141，153，154，156，157，164，165，167
损害实质—1，11，31，42，44，49，51，61，80，121，127，130，133，168，169
混淆可能性—36，37，44，132，140-142，145，150，169，170
权利限制—45，46，95-97，100-103，118，147
权利共存—153，155，157-161，165，170

后记

本书源自作者2021年的华东政法大学优秀博士毕业论文，此次得以专著的形式付梓要感谢东北财经大学出版社及编辑老师们的鼎力支持，也离不开工作单位大连海洋大学海洋法律与人文学院的大力支持，得益于妻子、双方父母等家人、朋友的支持理解，还要感谢博士生导师王莲峰教授的大力协助。没有大家的支持与帮助，这篇博士论文就无法完成从论文到专著的蜕变。现在本书正式出版，也作为对大家的回馈，没有辜负你们的厚爱。

鉴于专著和学位论文的体例与要求差异，本书作了一些内容精简与格式调整，删去了导言部分，改写了摘要，增加了索引，脚注与参考文献也有调整，敬请读者注意。

《商标法》是一部变幻莫测的法律，商标法在先权利更是一个永恒的研究主题，这也正是作者被它吸引不能自拔的原因。对此，作者一直在尝试做深入研究，希望未来的某一天能用更好的成果向各位读者汇报。

杨凯旋